Manuel Möglich

ALLES AUF ANFANG

Auf den Spuren gelebter Träume

Rowohlt · Berlin

1. Auflage April 2018

Originalausgabe

Copyright © 2018 by Rowohlt · Berlin Verlag GmbH, Berlin

Alle Rechte vorbehalten

Satz aus der Karmina bei Pinkuin Satz und Datentechnik, Berlin

Druck und Bindung CPI books GmbH, Leck, Germany

ISBN 978 3 87134 174 8

Für Maren

INHALT

«*Die Widersprüche sind unsere Hoffnung.*»
Bertolt Brecht

«*Let's start today!*»
Gorilla Biscuits

EiNE WELT OHNE GELD?

Zu Gast bei den Nomadelfen (Toskana)

Ich sehe im Rückspiegel die Mautstation kleiner werden. Der Beamte in seinem Kasten hat nicht meinen Ausweis verlangt, etwas Hartgeld reichte, und schon hob sich der Schlagbaum in die tief hängenden Regenwolken. Geld öffnet Türen.

Hinter dem Brenner erstrahlt Europa wie Gold. Auf dem letzten Stück vor dem Pass haben die dicken Tropfen nachgelassen. Mit jedem gefahrenen Meter verwandelt sich das glänzende Schwarz des Asphalts mehr in ein mattes Hellgrau. Das Firmament wirkt auch gleich heller, freundlicher. Vor dem Dolomitenpanorama, vom Tal hinauf bis zu den allzeit schneebedeckten Gipfeln, zeigt sich die Natur maximal dramatisch, gewaltig. Im langen Schatten der Berge erscheint die eigene Existenz mickrig und unbedeutend.

Südtirol soll nur ein Zwischenstopp sein, nicht der Beginn einer italienischen Reise, wie sie ein gewisser Johann Wolfgang von Goethe unternommen hat. Der war von diesem Landstrich nicht weniger fasziniert als ich: «Alles, was auf den höheren Gebirgen zu vegetieren versucht, hat hier schon mehr Kraft und Leben, die Sonne scheint heiß, und man glaubt wieder einmal an einen Gott.» Zu Gott habe ich das letzte Mal als Kind gebetet, mein Glaube ist höchstens Relikt. Vom Wort des All-mächtigen wird diese Reise gen Süden trotzdem handeln, da bin ich mir sicher.

«Rot od'r weiß?», erkundigt sich Albert, der Besitzer des klei-nen Agriturismo-Hofs unweit von Bozen.

Wie sich herausstellt, hat er nur darauf gewartet, dass ich um seine Empfehlung bitte.

«Bis zwölf om Mittog trink wirn Weißwein, drnoch nurn Rotn. Der mocht net aggressiv.»

Ein schnarchiger Kalenderspruch, aber ich will dem Chef nicht den Fehdehandschuh hinwerfen und füge mich. Die dickbauchige Flasche mit der dunklen Flüssigkeit präsentiert Albert wie einen Schatz.

Während ich trinke, steigt am Nachbartisch langsam der Lärmpegel. Der Weißwein muss schuld sein, was sonst, denke ich, doch ich liege falsch. Sommelier Albert diskutiert auf-gebracht mit einem Paar. Es geht um den Zustrom von Flücht-lingen, alle echauffieren sich. Die Außengrenzen des Landes sollten dichtgemacht werden, schwadronieren sie, die Zeit dafür sei reif. Nach einer differenzierten Auseinandersetzung klingt das nicht, für letzte Gewissheit sorgt die flache Hand, die wieder und wieder laut auf den Tisch klatscht und die «Love-Peace-&-Harmony»-Stimmung zerstört. Gift liegt in dieser na-salen Empörung. Alles, was eben noch golden geschimmert hat, wird augenblicklich zu Rost.

«Wie wäre es mit konstruktiven Vorschlägen?»

Denke ich mir und sage es nicht, dabei hätte ich mich ein-mischen sollen. Längst hat sich der Rotwein wie ein schwerer Mantel um mich gelegt, nimmt mir die Luft, die Sprache, jede

Schlagfertigkeit. Ich halte also die Klappe und verachte mich dafür, weil Schweigen Tolerieren heißt. Weit über dem Meeresspiegel sind es dieselben Sorgen und schaurigen Tiraden des Untergangs, die auch im Tiefland durch die Köpfe spuken. Lösungsansätze, Ideen oder einfach nur Mitgefühl: Fehlanzeige. Aber warum sollte man hier anders denken als an so vielen Orten in Europa? Hier, wo die Mehrheit sich als Minderheit versteht, viele von der Autonomie Südtirols träumen und die Abspaltung von Italien herbeisehnen. Am Nachbartisch flammt die Sorge hell auf wie ein Bengalo.

«Mit welchm Schouder solln die bezohlt werdn?»

Geld schließt Türen.

Bin ich wirklich aufgebrochen, um mich am Nachmittag mit Rotwein zu betrinken und mir diese Art von Gespräch anzuhören? Nein.

Alles auf Anfang stellen, eine neue Grundierung auftragen, um mit frischen Farben ein verheißungsvolles Bild zu malen. Und das nicht alleine, sondern gemeinsam mit anderen, jeder kriegt einen Pinsel und darf mit ran.

Was sich so einfach anhört, erfordert vor allem eines: Mut. Denn nicht immer ist das, was man sich so ausmalt, in der unmittelbaren Umgebung zu verwirklichen. Dennoch gibt es diese Menschen, die keinen Bock mehr haben auf Theorie und den Praxistest wagen. Die sich nicht länger mit Kompromissen zufriedengeben und den Traum von einem vollkommen anderen, *besseren* Leben zu leben versuchen. Ob es ihnen gelingt? Ebendas will ich herausfinden. Ich bin losgezogen, um in Europa und darüber hinaus Leute zu treffen, die schon heute oder in naher Zukunft eine Utopie verwirklichen wollen.

Dabei treibt mich mehr als nur Neugierde an. Das Vorhaben,

nach gelebten Utopien zu suchen, rührt aus einem Unbehagen tief in mir selbst. Es ist fast schon paradox. Angefangen hat es, als ich realisiert habe, dass ich nichts mehr empfinde: Eilmeldungen waren Buchstaben auf dem Display, gegen schreckliche Nachrichten hatte ich mich längst immunisiert. Und ich bin mir sicher, dass es nicht nur mir so geht. Der Mensch kann sich an so vieles gewöhnen – aber muss er das überhaupt? Sind wir nicht alle Zwängen ausgesetzt, die uns daran hindern zu tun, was getan werden könnte? Solange wir unser Gewissen beruhigen, indem wir Fair-Trade-Produkte im Bioladen kaufen, Ökostrom beziehen und fleißig Online-Petitionen unterschreiben, lässt sich das Unwohlsein vielleicht noch verdrängen. Doch eigentlich verschließen wir die Augen, machen täglich Zugeständnisse.

Als Realist, der an das Gute glauben will, ist mir immerhin eine Sache klar: Die Welt, in der wir leben, ist faktisch die beste aller Zeiten. Um nur ein paar Zahlen aus der jüngeren Vergangenheit zu nennen: Allein in den letzten zehn Jahren haben die Aids-Todesfälle weltweit um ein Drittel abgenommen; seit dem Jahr 2000 ist die Zahl der Malaria-Toten um sechzig Prozent zurückgegangen; die globale Lebenserwartung steigt weiter und liegt heute durchschnittlich bei siebzig Jahren; rund einhundert Millionen Menschen gelang es im Jahr 2016, extremer Armut zu entkommen; noch nie konnte ein größerer Teil der Weltbevölkerung lesen und schreiben. Früher war also überhaupt nicht alles besser. Tatsächlich leben wir schon lange in einer utopischen Welt – wenn man sie aus der Perspektive vergangener Jahrzehnte betrachtet, die von solchen Zuständen nur träumen konnten.

Warum sollten wir nicht weiterträumen? Es gibt genügend Gründe, an eine radikal andere, von heute aus gesehen utopische Zukunft zu glauben. Und damit nicht genug, vieles lässt sich schon hier und jetzt ausprobieren. Ich bin Personen begegnet, die ihre frühere Existenz aufgegeben haben, um einem alternativen Lebensentwurf zu folgen – ob es dabei um Ökologie oder Ökonomie geht, um die Liebe oder ein befreites Miteinander, den Kampf gegen den Tod auf der Erde oder die Neuerfindung des Lebens auf dem Mars. Sie alle nehmen das Risiko zu scheitern mit Kusshand in Kauf, weil sie wissen, dass viel zu gewinnen ist. Folgen Sie mir auf ihren Spuren und entscheiden Sie selbst, ob diese Menschen Pioniere oder wahnsinnige Träumer sind.

In der Maremma, dem südlichsten Zipfel der Toskana, erwarten mich die Nomadelfen. Mitte der Fünfziger ließ sich die Gemeinschaft in der Region nieder. Was mich sofort beeindruckt: Die Nomadelfen haben schon vor vielen Jahren das Geld aus ihrer Gemeinschaft verbannt. Ein Leben ohne Geld – je älter ich werde, desto weniger kann ich mir vorstellen, wie das funktionieren soll. Nicht weil ich Unmengen auf dem Konto oder ein besonderes Faible dafür hätte; egal, ob millionenschwer oder knietief im Dispo, fast jeder glaubt doch insgeheim, dass es ruhig ein bisschen mehr sein könnte. Schon das erste Taschengeld raubt einem die Unschuld, das bedruckte Papier wird zeitlebens mit Bedeutung aufgeladen, und der Gedanke daran ist ein steter Begleiter. Die innere Freiheit wird nur für Momente spürbar, wenn der Cashflow ausnahmsweise mal stimmt, und leider halten solche Momente nie lange an.

Keinen Cent werden die Nomadelfen während meines Aufenthalts von mir verlangen, weder für Essen noch für Unterkunft. Ihr Dorf liegt zwei Autostunden von Florenz entfernt. Auf der SS 223 von Norden kommend, führt mich eine eigene

Autobahnausfahrt kurz vor Grosseto direkt nach Nomadelfia. Es geht eine Zeitlang abwärts, dann wieder aufwärts, bis ich einen mannshohen rotbraunen Stein passiere, der in hebräischen, griechischen, lateinischen, kyrillischen und arabischen Schriftzeichen den Namen des Orts verkündet. «Legge di Fraternità» lese ich darunter: «Das Gesetz der Brüderlichkeit».

Nomadelfe kann werden, wer drei Kriterien erfüllt. Zumindest das erste davon trifft auf mich zu: Das einundzwanzigste Lebensjahr habe ich bereits seit einiger Zeit hinter mir. Kinder, die in der Gemeinschaft aufwachsen, müssen sich, sobald sie erwachsen sind, dafür oder dagegen aussprechen. Zweitens, und schon dieser Punkt macht es deutlich schwieriger für mich, laut «Ja!» zu schreien: Es gilt, auf jede Art von Eigentum zu verzichten. Man muss gewillt sein, mit dem Nötigsten für ein Leben in Würde auszukommen, nur kein unnötiger Ballast. Nomadelfia ist arm, aber nicht sexy. Nomadelfia ist arm und strenggläubig. Gottes Wort hat bei diesen Italienern noch absolute Gültigkeit. Die letzte zu erfüllende Bedingung, will man sich dem Kollektiv anschließen, lautet daher: Katholik sein, den Glauben und die Lehre der katholischen Kirche anerkennen und danach leben. Ich selbst bin mehr oder weniger protestantisch aufgewachsen, eher weniger als mehr, und noch viel dramatischer: Seit Jahren komme ich auch ohne eingetragene Konfession ganz gut durchs Leben. Damit wäre ich als Anwärter wohl von vornherein raus.

Nomadelfia fußt auf der Vision seines Gründers Don Zeno, der von einem neuen Volk träumte. Dieser Traum hat so manche Männer nicht nur in den Wahnsinn getrieben (wenn er nicht selbst schon ein Ausdruck von Wahnsinn war), sondern auch auf bestialische Ideen gebracht. Höre ich den Ausdruck «neues Volk», denke ich sofort an Rassenideologie – doch Don

Zeno lag das fern. Er besetzte nach dem Ende des Zweiten Weltkriegs mit seinen Leuten das ehemalige Durchgangslager Fossoli bei Modena. An jenem Ort, an dem Don Zeno im Jahr 1900 zur Welt gekommen war, hoben siebenundvierzig Jahre später die «kleinen Apostel», wie sich die Gruppe seinerzeit noch nannte, auf blutgetränktem Boden eine neue Gemeinschaft aus der Taufe. Aufgenommen wurden zunächst einhundertzwanzig Waisenkinder, später wuchs die Gemeinschaft auf rund siebenhundert Kinder und dreihundert Erwachsene an. Zum ersten Mal wagte man hier den Versuch, dem «Gesetz der Brüderlichkeit» zu folgen. Das neue Volk sollte sich an die Botschaft des Evangeliums halten. Bis heute kommt die Gemeinschaft dem Wunsch ihres Gründervaters, der 1981 starb, nach.

Woher rührt diese Faszination, diese Treue? Ist es der Kult um eine verstorbene Symbolfigur oder tatsächlich die Demut vor Gott und seinem Wort, der Heiligen Schrift? Vielleicht hallen bis heute die Worte Papst Johannes Pauls II. nach, der ein Jahr vor Don Zenos Tod ihn und einige seiner Brüder und Schwestern in Rom empfing. Das Oberhaupt der römisch-katholischen Kirche ließ sich zu folgender Aussage hinreißen: «Ihr habt ein Zeugnis eures Lebens, eurer Brüderlichkeit, eurer Erfahrung gebracht, das vielleicht ein kleines Samenkorn ist; aber das kleine Samenkorn muss wachsen, und vielleicht wird es die Kultur der Zukunft durchdringen.» Neun Jahre später kam Johannes Paul II. in die Maremma, um seine loyalen Anhänger zu besuchen.

Don Zenos Vision von Nomadelfia erinnert an Thomas Morus' «Utopia», an die Ur-Utopie. Morus entwarf vor mehr als fünfhundert Jahren in seinem Werk das Bild einer idealen Gesellschaft. Eine Staatsfiktion, die nach der Bibel zum meistgedruckten Buch der Welt wurde; schon das ist reichlich irre und macht deutlich, wie sehr die Menschen seit jeher nach der großen Alternative verlangten.

Auf der wahrlich traumhaften «Nova Insula Utopia» ist das Leben friedlich und gerecht. Alle Menschen sind gleich, allen gehört alles. So wie in Nomadelfia. Es existiert ein lebenslanges Wohnrecht, und jedes zehnte Jahr können Wohnungen untereinander getauscht werden – in Nomadelfia müssen die Bewohner alle drei Jahre die Häuser wechseln, bestehende Familiengruppen löst der Präsident der Gemeinschaft auf, um sie neu zusammenzusetzen. Und es gibt weitere Parallelen zwischen Don Zenos und Thomas Morus' Utopie. Geld beziehungsweise Gold haben beide aus ihrem System verbannt, trotzdem leidet niemand an Hunger, keiner muss sich um seine Arbeit sorgen oder Ausbeutung fürchten – aber ausnahmslos alle Mitglieder der Gemeinschaft sind verpflichtet, einer Beschäftigung nachzugehen. In Utopia lernen auch die Städter das Landleben und den Ackerbau kennen, in Nomadelfia schützt ein akademischer Titel nicht vor der Knochenarbeit im Stall. Wer nicht mehr arbeiten kann, wird versorgt. Arbeitslosigkeit und Altersarmut sind damit mal eben abgeschafft. Auf Morus' Insel tragen die Menschen Einheitskleidung, und auch der Gründervater der Nomadelfen hat sich über Bekleidung den Kopf zerbrochen. Sie soll elegant sein, dabei aber bescheiden und nicht weniger funktionell. Sicher könnte man noch viele weitere Parallelen finden.

Ein Unterschied liegt darin, dass die Utopier wenig mit Religion anfangen können. Der utopische Kommunismus dieses uralten Buchs verspricht dem Einzelnen die Erlösung schon auf Erden, nicht erst im Himmel. Glückseligkeit im Hier und Jetzt, das suchen die Nomadelfen ebenfalls – wenn auch auf dem Weg des Glaubens. Morus selbst, dem englischen Politiker, Gelehrten und Heiligen der römisch-katholischen Kirche, blieb zu Lebzeiten das Glück verwehrt. Da er sich weigerte, die anglikanische Kirche anzuerkennen, ließ Heinrich VIII. ihn 1535 hinrichten.

Die Grillen zirpen in Endlosschleife und liefern damit den Sound zur schweißtreibenden Hitze. Kinderspielzeug liegt auf der vertrockneten Wiese verstreut, die bald mehr braun als grün sein wird. Schatten spendet ein Haus aus gewaltigen Bruchsteinen, in die Mauer ist ein feines Mosaik eingearbeitet, das die Jungfrau Maria zeigt.

«In der Gemeinde verriegelt niemand sein Haus», kommentiert Giovanni, als ich verwundert feststelle, dass die Tür offen steht. Warum auch absperren? Viel zu holen gibt es drinnen vermutlich nicht, und die meisten Habseligkeiten sind Gegenstände von ideellem Wert. Vor allem aber soll hier alles geteilt werden. Im Evangelium nach Johannes heißt es: «Und alles, was mein ist, das ist dein, und was dein ist, das ist mein.»

Das gilt auch für die Fahrräder, die vor dem Haus abgestellt sind. Den hageren Mann mit der sehr hohen Stirn, die sich wohl bald zu einer Glatze erweitern wird, bekomme ich während meines gesamten Aufenthalts nur im immer gleichen blauen T-Shirt zu Gesicht, das ironischerweise mit der Flagge der USA bedruckt ist. Ein Symbol, das für so vieles steht, für Träume und Freiheit, Leid und Hass, doch nicht zuletzt für einen Turbokapitalismus par excellence, von dem sich die Nomadelfen losgesagt haben. Wenn es um den Fuhrpark geht, gibt sich Giovanni wenig bescheiden, täglich wählt er ein anderes Gefährt. Alle Räder sind Allgemeinbesitz, so funktioniert das hier mit der Sharing Economy. Don Zeno soll dieses Wirtschaftsmodell seinerzeit vorausgeahnt haben, behaupten manche in der Gemeinschaft.

Ein silberner, in die Jahre gekommener Alfa Romeo, der gemächlich an uns vorbeirollt, lässt mich stutzen.

«Sefora wirst du gleich kennenlernen. Lass uns reingehen, sie warten schon.» Mein Begleiter reibt sich die Hände, was er noch öfter tun wird, wenn es ihm nicht schnell genug geht.

Die Gruppe Diaccialone freut sich, mich als Gast zum Mittagessen begrüßen zu dürfen. In Nomadelfia gibt es elf dieser Familienverbände, jeder davon umfasst mehr als zwanzig Erwachsene und Kinder. Giovanni winkt mich in den kühlen Flur, von dort geht es in den Speisesaal, wo meine Gastgeber warten. Eine Flügeltür mit gelben Milchglasscheiben wird hastig zugeschoben – dahinter sehe ich einen kleinen Altar, wie er sich in jedem der Häuser findet. Morgens um sieben kommen die Nomadelfen hier zum Gebet zusammen. «Ut unum sint» lese ich noch neben dem Kruzifix auf einer Holztafel. «Dass sie eins seien», so der Wunsch von Papst Johannes Paul II., der in einem Rundschreiben die Einheit aller Christen forderte. In Nomadelfia ist das kein frommer Wunsch geblieben.

Die Kleinsten schauen mich mit großen Augen an, zu schüchtern, um eine Frage zu stellen, und lächeln die Sprachlosigkeit einfach weg. Niemand am Tisch glotzt auf ein Smartphone, die wenigsten besitzen eines. Stattdessen unterhält man sich mit seinem Platznachbarn. Als für einen Moment Stille einkehrt, schließen alle die Augen und falten die Hände. Kinder, Jugendliche, Erwachsene, Greise. Luca, Emilia und Enza sitzen neben mir und mir gegenüber. Außerdem Giovanni und sein Vater, der deutlich mehr Haar auf dem Kopf und im Gesicht trägt als sein Sohn, selbst wenn es längst ergraut ist. Ich tue es meinen Gastgebern gleich, falte die Hände zum Gebet.

20

Alle scheinen ganz bei sich zu sein, ich täusche es nur vor und komme mir deshalb ein wenig schäbig vor.

Der Wein in den Gläsern, der Käse auf den Tellern, das goldtrübe Olivenöl vor uns in der Flasche, all das Gemüse und Fleisch auf den Servierschalen, mit denen der Tisch eingedeckt wurde, stammt aus eigener Produktion. Jeder Familienverband bewirtschaftet einen Garten. Zu nahezu achtzig Prozent können sich die Nomadelfen autark versorgen, Wein und Öl verkauft die Gemeinde. Der Gewinn fließt in die Kasse des nomadelfischen Finanzministers, so etwas gibt es hier tatsächlich. Diejenigen, die vom italienischen Staat Rente oder Kindergeld beziehen, zahlen alles in die Kasse ein. So hat die Gemeinschaft Mittel für unterschiedliche Güter, zum Beispiel neue Gerätschaften und Maschinen, die nur gegen Devisen zu haben sind. Ganz ohne Cash geht es also doch nicht.

«Wenn ihr mal Geld braucht, was macht ihr dann?», wundere ich mich.

«Wir vereinbaren einen Termin mit unserem Finanzminister.»

Er ist es, der entscheidet, ob Anschaffungen getätigt werden können. Und er entscheidet auch über den Konsum der Mitglieder. Die Nomadelfen wissen, für was sie Geld ausgeben dürfen und für was nicht, es gibt Regeln, die jeder am Tisch kennt. Eine Pizza im Nachbarort: gelegentlich. Ein Parfüm oder ein Deo: schwierig. Luxusprodukte: nie.

Wir sind bereits beim Essen, als sich eine junge Nomadelfin auf den letzten freien Platz neben mir setzt. «Hi, ich bin Sefora!», stellt sie sich vor.

Die Alfa-Frau. Das glatte schwarze Haar trägt sie offen. Ihr Rock ist lang und weit geschnitten, dabei sehr modisch, die Schuhe haben keilförmige Absätze. Ich bin überrascht, weil dieser Stil nicht so recht hierherzugehören scheint. Sefora sieht aus, wie modeinteressierte Frauen gemeinhin so aussehen, und genau deshalb passt sie nicht zwischen die anderen Nomadelfen. Dabei erblickte sie hier das Licht der Welt und wurde garantiert anders sozialisiert als die meisten Kinder in der Maremma. Wie Giovanni ist auch Sefora Single, beide arbeiten im Büro der Gemeindeverwaltung. Kollegen auf Zeit, bis der Präsident der Gemeinschaft eine andere Aufgabe für sie findet. Das alles erfahre ich, noch bevor Sefora selbst zum Erzählen kommt und ohne dass ich danach gefragt hätte. Unser gemeinsamer Vertrauter im blauen USA-T-Shirt hat mir die Worte einer Grauhaarigen mit Kittelschürze übersetzt. Sieben leibliche und zwanzig Adoptivkinder hat sie großgezogen, das hinterlässt Spuren. Dass es rund um die Tafel allmählich stiller wird, liegt an der Neugier der Alten.

«Ob du verheiratet bist, will sie wissen.» Giovanni sieht zu mir rüber, reibt sich die Hände und dolmetscht meine knappe Antwort, für die er auf Italienisch ungleich länger braucht.

Das Getuschel nimmt noch zu, und die zum Schweigen Genötigte wirkt peinlich berührt. Alle am Tisch haben mitbekommen, dass sich meine Italienischkenntnisse auf eher nutzlose Phrasen wie «Carbonara e una Coca-Cola» beschränken, doch um diese Situation zu deuten, braucht es keine Worte. Heute Besucher, morgen Bewohner. Kannst du dir vorstellen, dich bei uns in Nomadelfia niederzulassen? So direkt fragt das niemand, nicht mal die nassforsche Oma. Falls ich mich dazu überreden ließe, würde ich ratzfatz Anschluss finden. So viel versichern sie mir.

Das Ankobern ist Methode, ich bilde mir nichts darauf ein, vermutlich verhalten sich die Nomadelfen jedem Typen gegenüber so. Wer mit dem Rücken zur Wand steht, muss jede Chance nutzen. Waren sie mal fünftausend, so zählt das Volk der Nomadelfen heute nicht mal mehr dreihundert. Der demographische Wandel und der Wille, die Gemeinschaft zu erhalten, macht erfinderisch. Ein Satz, den man im Zusammenhang mit großen Dax-Konzernen und ihren Aufsichtsräten so schnell nicht lesen wird: Die Frauenquote ist außergewöhnlich hoch. *Sie* interessiert sich, wie es scheint, deutlich mehr als *Er* für das Don-Zeno-Modell. Überwiegend weiblich sind deshalb die Neuankömmlinge. Trotz des Frauenüberschusses haben es die Damen aber keineswegs leicht. Das Patriarchat herrscht nicht nur unter Topmanagern in Vorstandskreisen, sondern auch in der Maremma.

Sefora, die nun endlich ihr Schweigen bricht, nimmt es gelassen, sie wird mit der Holzhammertaktik der Alten vertraut sein. Nach einem Studium in Rom wollte sie eigentlich Kriegsreporterin werden, aber einen ernsthaften Versuch, auf diesem Feld Fuß zu fassen, hat sie nie gewagt. Ich weiß nicht, welche Qualifikationen es für diesen Beruf braucht. Bei der Beobachtung der Lage Ruhe bewahren zu können, wie sie es die ganze Zeit über getan hat, dürfte förderlich sein. So wirkt sie, die eine tiefe Sehnsucht nach der weiten Welt und ihren Brennpunkten verspürt, in diesem Mikrokosmos fast wie ein Paradiesvogel, dem der Käfig längst zu klein geworden ist. Wie der Drang, in die Ferne zu reisen und über das Elend zu berichten, zu ihrer friedlichen Kindheit und Jugend in Nomadelfia passt, kann Sefora nicht beantworten, sie würde es gerne selbst wissen.

Um schnell das Thema zu wechseln, stellt Sefora ein paar Fragen. Mit dieser Übersprungshandlung scheint sie ihre Zweifel beiseiteschieben zu wollen, es funktioniert natürlich nicht, doch ich mag die Fremde. Dass sie hadert und noch nicht weiß, ob ihre Zukunft in Nomadelfia liegt, wird immer deutlicher.

Drei Jahre Bedenkzeit gewährt die Gemeinde denen, die vor die Wahl gestellt sind. Es ist fast wie im Noviziat, eine Phase des beidseitigen Kennenlernens. Die interessierte Person muss sich klarmachen, ob die hier gelebte Form des Miteinanders den eigenen Bedürfnissen, Wünschen und Träumen entspricht.

«Wie lange kannst du noch darüber nachdenken?»

«Ich überlege seit vier Jahren, und ich brauche noch ein wenig», lacht Sefora.

Die Community zeigt sich geduldig, niemand drängt sie. Entscheidet sich Sefora für ihre Heimat, bleibt ihr eine Karriere und die weite Welt versagt. Die Wahrscheinlichkeit, dass sie Mutter werden und sowohl eigene als auch adoptierte Kinder großziehen würde, wäre groß. Sollte Sefora ihre Entscheidung irgendwann bereuen und feststellen, dass Nomadelfia und sie nicht länger zusammengehören, könnte sie jederzeit das Ruder herumreißen, aussteigen und gehen. Niemand unterliegt dem Zwang, bis ans Ende der Tage Zenos Worten zu folgen.

Nicht nur die Türen stehen hier offen. Es gibt keine Mauer, die Nomadelfia abschottet. Doch ganz ohne finanzielle Mittel oder einen Job dürfte die Rückkehr in die kapitalistische Gesellschaft da draußen ein schwieriges Unterfangen bleiben, obwohl die Gemeinschaft ihren Dropouts in der ersten Zeit unter die Arme greift, wie betont wird. Nomadelfe zu werden sei an sich sowieso keine Wahl im eigentlichen Sinne, sondern schlichtweg die Antwort auf den Ruf Gottes. Irgendwo in der Ferne hört Sefora diesen Ruf noch. Doch auch wenn sie ihn einmal nicht mehr vernehmen sollte, sie bleibt optimistisch und kann sogar dem Schrumpfen ihrer Großfamilie etwas Positives abgewinnen: Die Ehemaligen seien heute überall in Italien zu finden.

Nach dem Essen steht die Zeit still. Bis zum frühen Nachmittag sind die Straßen wie leergefegt, allein die Hitze flimmert über dem Asphalt. Ausgerollte Schläuche liegen kreuz und quer auf einem sonst recht belebten Platz, an dessen Rand ein rotes Löschfahrzeug mit dem Nomadelfia-Schriftzug parkt. Die zusehends kleiner werdende Pfütze im Schatten eines Baumes bleibt Zeugnis der Arbeit, die Feuerwehrmänner vor kurzer Zeit hier verrichtet haben. An einem Hang in der Nähe liegt ein Hof, auf dem sich kein Trecker bewegt, nicht mal eine Kuh lässt sich bei den Temperaturen blicken, und an dem Stausee hinter einem der kleinen Hügel wird um diese Zeit auch nichts los sein. Nur die Grillen zirpen unbeeindruckt weiter und weiter.

Gelegentlich rollt dann doch jemand in einem Auto oder auf einem Fahrrad durch die Kulisse. Die, die vorbeikommen, grüßen ganz selbstverständlich. Es ist wie überall sonst auf dem Dorf. Erinnerungen an das Aufwachsen auf dem Land – nein, es ist doch nicht wie früher, denn als Knirps hatte man die Älteren zu grüßen, so gehörte sich das. Und es steigerte natürlich die Chancen, zur Konfirmation Geld von den Fremden mit halbwegs vertrauten Gesichtern zu bekommen. Genau deswegen wurde man ja konfirmiert, eine Stereoanlage war für einen Vierzehnjährigen schließlich superteuer. Vielleicht rührt die aufrichtige Art, die echte Freundlichkeit in diesem italienischen Nest daher, dass Geld tatsächlich niemandem etwas bedeutet. Meine Taschen sind leer, für Münzen und Scheine finde ich hier keine Verwendung, einen Schlüssel brauche ich ebenso wenig. Was mit Verzicht einhergeht, sorgt für ungeheure Gelassenheit, denn auch der Zeit jagen die Bewohner nicht hinterher, und ich tue es ihnen gleich.

«Wir können und wollen unsere Idee nicht verkaufen», hat

eine Frau beim Essen zu mir gesagt. «Man muss es selbst erleben.»

In Nomadelfia wird nicht Gutes getan, hier ist man einfach gut, höflich, aufmerksam. Und ziemlich relaxt.

Als Giovanni Mitte der Neunziger von seinen Eltern nach Nomadelfia verpflanzt wurde, war er zehn Jahre alt. Sein Vater ein Hardcore-Christ, besessen von einer Idee: Der einzig wahre Weg für seine Familie sollte ein Leben mit Jesus sein. Wäre Giovanni irgendwann auf die Idee gekommen, ein gottloses Dasein zu riskieren, hätte ich es ihm jedenfalls nicht verdenken können. Doch zwanzig Jahre später teilt er die Ansichten seines alten Herrn. Religion brauche eine Gruppe, um lebendig zu werden. Das größte Problem der Christen in Europa sei nicht ihr Glaube, sondern ihre Einsamkeit. Was nützen Kirchen, wenn eine Gemeinde nur einmal in der Woche für den Gottesdienst zusammenkommt, oder nicht einmal das? Viel mehr als ein Glaubensbekenntnis bleibe am Ende nicht.

In Nomadelfia leben die Bewohner tagein, tagaus das Wort Gottes, mindestens viermal pro Woche trifft man sich zum Gebet, und am Sonntag wird die Messe begangen. Ich befinde mich also unter Ultrachristen, doch davon bekomme ich erstaunlich wenig mit. Die Nomadelfen stellen ihren Glauben nicht zur Schau. Keine Bibelverse im Sprachgebrauch, keine Stoßgebete, nur ein kurzer Dank für den Allmächtigen vor dem Essen, ein Blitzgebet, mehr ist da nicht. Das Leben ist weit entfernt vom Klosteralltag mit seinen strikten Gebetszeiten und Verhaltensregeln.

Giovanni aus der Reserve zu locken, ihn dazu zu bringen, Kritik zu üben, kostet Zeit. Es gab eine Phase im Leben von Mr. USA-Shirt, in der er ernsthaft an diesem Modell, das ihn so nachhaltig geprägt hat, zweifelte. Als er für sein Politikstudium in Florenz das vier Quadratkilometer große Land der Gemeinschaft verließ, hatte der angehende Akademiker nicht vor zurückzukehren. Sein altes Leben war ihm zuwider, und der Horizont schien greifbar. Doch fünf Jahre in dem so nahen und gleichzeitig so fremden Teil der Toskana reichten ihm. Da war diese innere Leere, die sich immer weiter ausdehnte und ihn fast schon auffraß.

«Ich habe mich selbst nicht mehr gespürt und konnte mich nur selten freuen. Wie ein Roboter habe ich funktioniert.»

Mit der Zeit und dem Abstand kam die Erkenntnis, dass allein der Ort mit dem Hügel, auf dem ein riesiges Kreuz alles überragt und jede Nacht den Himmel wie ein Leuchtfeuer erhellt, Giovanni ausfüllen kann. Nomadelfia ist seine Heimat und seine Welt.

«Wir führen ein einfaches Dasein ohne die üblichen Statussymbole. Dafür stehen wir eng in Beziehung zueinander, niemand ist bei uns einsam.»

Ein einfaches Dasein als Antithese zu dem Lebensentwurf der vielen, die nach materiellem Reichtum streben, «gut» als Synonym für «profitabel» verwenden und sich über Besitz und Beruf definieren.

Eine weitere Maxime der Nomadelfen lautet «Weder Diener noch Herr». Ob der Präsident, den ich nun doch gerne einmal kennenlernen will, oder Giovanni: Niemand an diesem Ort ist wichtiger als die anderen, jeder soll gleich sein. Das zumindest ist der Anspruch.

«Lebt ihr Nomadelfen nicht eigentlich den Sozialismus?», wundere ich mich irgendwann.

Der Politikwissenschaftler sieht mich entgeistert an. Es sei doch mehr als offensichtlich, was Marx und Engels zu ihren Schriften inspiriert habe. Für Giovanni ist vollkommen klar:

Die Sozialisten haben sich großzügig aus dem Evangelium bedient. Dass Don Zeno ein politisches Programm mit dem Titel «Bewegung der Brüderlichkeit» ausgearbeitet hat, das ihm im Nachkriegsitalien den Ruf als roter Priester einbrachte, verschweigt der Nomadelfe.

Bei all der Brüderlichkeit, ein bisschen gleicher als alle anderen muss Don Zeno schon gewesen sein. Zumindest auf dem Friedhof könnte man diesen Eindruck gewinnen. Don Zenos Gebeine liegen fernab der Siedlung, inmitten von Weinplantagen, hinter einer hohen Backsteinmauer. Beim Anblick des Grabs denke ich an eine Reise nach Ramallah. Als ich die Stadt im palästinensischen Autonomiegebiet des Westjordanlands besuchte, sah ich mir auch das Mausoleum von Jassir Arafat an. Zwei uniformierte Sicherheitskräfte der palästinensischen Ehrengarde wachten mit geschulterten Maschinengewehren hinter einem Marmorblock, vor dem Blumenkränze lagen. Jeder Schritt und jedes Wort hallte in dem lichtdurchfluteten Kubus nach. Klare Linien, Transparenz, kein Firlefanz. Das Grab bei Nomadelfia bewacht niemand, die Halle ist deutlich kleiner. Doch die Ruhestätte des Gründervaters der Armen aus freien Stücken ist überraschend opulent. Wie der Sarkophag Arafats zeigt auch Don Zenos Sarg die große Verehrung, die dem Mann noch immer entgegengebracht wird. Unzählige Blumen in Vasen, auf dem Sargdeckel aus Stein liegen kleine Kiesel mit den Namen derjenigen, die ihm folgen. Das goldgerahmte Porträt des Hornbrillenträgers macht deutlich, was Don Zeno für die Gemeinschaft ist: ein Visionär und ein Heiliger.

Auf der anderen Seite der Mauer ruht die Gefolgschaft. Die Grabsteine sind identisch und sehr einfach. Neben Geburts- und Todesdatum zeigt ein kleines Foto die beigesetzte Person.

Der Vorname des oder der Verstorbenen wird nicht durch den Familiennamen ergänzt, sondern durch eine selbst gewählte Beschreibung, die anzeigt, wie die Gemeinschaft sich an ihn oder sie erinnern soll. «Mama», «Bruder» oder «Oma» lese ich am häufigsten. Sogar die vor wenigen Wochen beigesetzte Irene hat einen unauffälligen Gedenkstein bekommen wie alle anderen. Dabei kam sie schon 1941 als gerade volljährige Frau zu Don Zeno, um die erste «Mutter aus Berufung» zu werden und sich um die vielen Waisen zu kümmern, als wären sie ihre eigenen Kinder. Für viele Frauen der Gemeinschaft ist sie ein Vorbild.

Überall in Nomadelfia sind Kinder zu hören, die lachen und spielen. Die Idee der gelebten Nächstenliebe, die auch den Kleineren gelten soll, hatte für Don Zeno oberste Priorität. 1931, bei seiner ersten Messe als Priester, nahm er einen verwahrlosten Jungen auf, den er wie einen Sohn behandelte. Das einzige Foto, das in Nomadelfia von ihm existiert, ist ein verrücktes Zeitdokument: Ein Knabe, der die Gesichtszüge eines Erwachsenen hat, steht verloren mit Anzug und Schieberkappe da, die Augen zu Schlitzen zusammengekniffen. In der Hand glimmt eine Fluppe, neben ihm steht eine rüstige Oma in einem gemusterten Kittel. Auch sie raucht, in ihrem Mundwinkel klemmt eine Pfeife. Dieser Junge war das erste von fünftausend verwaisten Kindern, die Nomadelfia bis heute aufgenommen hat. Manche von ihnen wurden nach wenigen Monaten in Familien außerhalb der Gemeinschaft vermittelt, andere blieben ihr ganzes Leben.

Don Zeno selbst wuchs als das neunte von zwölf Kindern in einer gutsituierten Familie nahe Modena auf. Sein radikaler Geist zeigte sich früh. Mit vierzehn schmiss Zeno die Schule. Er ackerte mit den Angestellten auf dem Gut des Großvaters, kam mit der Gewerkschaft in Berührung und engagierte sich in der katholischen Jugend. Während des Militärdienstes geriet er an einen Kameraden, der anarchistische Ansichten vertrat: Christus und die Kirche würden der Menschheit den Fortschritt verwehren. Die Christen seien selbst ein Teil des Übels, denn sie lebten nicht nach der Lehre, an die sie angeblich glaubten. Den jungen Zeno machten diese Behauptungen rasend, doch er war dem Anarchisten rhetorisch unterlegen. Dieses Streitgespräch soll für ihn alles verändert haben. Sein Versprechen glich einem Befehl: «Ich werde ihm mit meinem Leben antworten, ich verändere die Gesellschaft und beginne bei mir selbst. Ich werde weder Diener noch Herr sein.»

Der Rest ist Geschichte, ich habe in Auszügen davon erzählt. Immer wieder war die Utopie zum Greifen nah, bevor es zu schweren Rückschlägen kam. Zu Beginn der fünfziger Jahre wurde das besetzte Gelände des ehemaligen Konzentrationslagers in Fossoli geräumt, Kritik am Gründervater wurde laut. Der Priester landete vor Gericht, und der Vatikan befahl Don Zeno, Nomadelfia zu verlassen. Die Waisenhäuser des Landes nahmen sich der Kinder an. So hätte alles enden können, Nomadelfia war formal aufgelöst. Doch Don Zeno ließ sich auf eigenen Wunsch in den Laienstand versetzen, um der Kirche nicht länger zu unterstehen. Dass die Gemeinschaft weiterexistieren konnte und seit 1954 in der Maremma lebt, einer Region, die bis Mitte des zwanzigsten Jahrhunderts bettelarm war, könnte man göttliche Fügung nennen. Im letzten Moment kam den Nomadelfen die Gräfin Maria Giovanna Albertoni Pirelli zu Hilfe, sie schenkte ihnen das raue, weite Land. Die Adelige aus der Reifen-Dynastie hatte sich schon zuvor für die Arbeit Don Zenos eingesetzt, als Witwe und alleinerziehende Mutter von vier Kindern bewunderte sie sein ungewöhnliches Engagement für die Waisen. Nomadelfia, sagte sie, sei zu ihrer fünften Tochter geworden.

Keine zehn Jahre später nahm Don Zeno das Priesteramt wieder auf. Was für ein Mensch er war, welche Charaktereigenschaften er hatte, was er ausstrahlte – darüber kursieren in der Welt, die er geschaffen hat, unzählige Geschichten. Die Botschaft ist stets die gleiche: Don Zeno war einer aus unserer Mitte, einer mit einem ganz großen Herzen, ein wahres Vorbild. Die Nomadelfen lieben ihn bedingungslos.

In der Gemeindehalle ist vom göttlichen Spirit so viel zu spüren wie in einer Autobahnraststätte. An den Wänden ausschließlich Fotos von Don Zeno. Ab und zu der jüngere, meistens der schon ergraute. Schwarze Hornbrille, stets in Zivil, im Anzug und mit Hut. Die Bildunterschriften befassen sich mit Stilfragen: «Der Mensch soll schön sein, Gott offenbart sich in allen Dingen als schön, und der Mensch soll diese Ausdrucksart weiterführen. Wir könnten der Jugend und der ganzen Welt eine andersartige Mode schenken: völlig frei, aber elegant, bescheiden und funktionell.»

Funktionell, wenn auch nicht immer elegant gekleidet sind tatsächlich die meisten an diesem Ort, selbst der Präsident. In seinem komplett gefliesten Büro nimmt er mich in Sandalen, Jeans und einem in die Hose gesteckten weißen Polohemd in Empfang. Anders als meine bisherigen Gastgeber scheint er nicht allzu erfreut zu sein, mich zu sehen. «Unmotiviert» würde seiner phlegmatischen Art noch schmeicheln. Immerhin bemüht er sich hinter dem Tisch hoch, um mir seine Hand entgegenzustrecken. Den Händedruck und das aktive Schütteln, ein essenzieller Bestandteil dieses Begrüßungsrituals, überlässt er allein dem Gast.

Alle vier Jahre wählen die Nomadelfen einen Präsidenten aus den eigenen Reihen. Dass dieses Amt in der Gemeinschaft kein allzu großes Ansehen genießt, bestätigt das Oberhaupt knapp und so euphorisch, wie ich zuvor begrüßt wurde: «Einer muss es halt machen.» Dazu mehr Arbeit, weniger Zeit, natürlich kein Geld – kurzum: ein Job, um den sich verständlicherweise niemand reißt. Zumindest sei das System frei von Bunga-Bunga-Partys, Vetternwirtschaft und Korruption, also einzigartig in Italien. Aber ganz ohne die üblichen politischen Strukturen funktioniere die Insel der Gottesfürchtigen nicht, ein paar Schablonen aus meiner Welt brauche es, denn Anarchie sei nicht praktikabel, nimmt der Präsi meine Frage vorweg. Man habe sich einmal daran versucht, es dann aber schnell bleiben lassen.

Hinter einer schweren Eisentür mit komplexer Schließanlage am Ende des Flurs liegt das Archiv. Noch mehr Bilder, Briefe, Filmrollen und alte Tonbandaufnahmen von Don Zenos Reden lagern in diesem Tresor, zu dem nur wenige Auserwählte Zugang haben. Ein Großteil der Sammlung wurde bereits digitalisiert, was mir kaum erwähnenswert erscheint – bis ich im TV-Studio der Nomadelfen stehe. Ich komme mir vor wie in einem Museum: Röhrenmonitore, VHS-Rekorder und CD-Player erwecken den Anschein, als wollte man die moderne Medienwelt Anfang der Neunziger persiflieren. Bescheidenheit also auch hier.

Vorgeführt wird mir ein Video über Nomadelfia, das mit einem Helikopterflug über das Areal beginnt, unterlegt ist die alte Aufnahme im 4:3-Format mit einer Melodie, die mich an die «Schwarzwaldklinik» erinnert.

«Führen wir ein utopisches Leben?», fragt der Sprecher, um die Frage gleich selbst zu verneinen.

Das Medienzentrum erfüllt zwei Funktionen. Zum einen entstehen in den Räumlichkeiten selbstproduzierte Beiträge über Nomadelfia. Zum anderen wird hier das italienische TV-Programm zensiert – das heißt, Teile davon werden nach klaren Kriterien ausgewählt, aufgenommen und zusammengeschnitten. Mal etwas Sport, mal ein Spielfilm, mal ein wenig Kultur. Nur die Nachrichten bleiben unangetastet, also keine «alternative facts». Nach dieser nicht ganz freiwilligen Selbstkontrolle wird das Material über Kabel auf die wenigen Mattscheiben in den Fernsehräumen der Familiengemeinschaften übertragen.

«Werbung, Gewalt und Pornographie bekommt bei uns niemand zu sehen», brüstet sich Giovanni, der nach meiner Begegnung mit dem Präsidenten wieder die Führung übernommen hat. Meinen Vorwurf der Zensur weist er zurück, lieber spricht er von Selektion.

Die Diskussion ist schnell beendet. Mit Giovanni über selbstbestimmte Entscheidungen diskutieren zu wollen ist ein ähnlich hoffnungsloses Unterfangen wie der Versuch, über einen der wenigen öffentlichen Rechner in Nomadelfia Porno-Clips herunterzuladen. Wie in modernen Autokratien können auch hier ausschließlich Seiten aufgerufen werden, die ins Weltbild der Gemeinde passen. Dass das Verbotene den Reiz noch fördert, will an diesem Ort niemand hören.

Wie sehr Giovanni Don Zenos Worte verinnerlicht hat, stellt er auf Reisen fest. Die Nomadelfen sind regelmäßig unterwegs, es gilt schließlich, ihre Vision in Italien populärer zu machen. PR kann das Evangelium zu jeder Zeit vertragen. Seit den späten Sechzigern begeben sich Kinder, Jugendliche und die Hälfte aller Erwachsenen in den Sommermonaten mit einer Tanzaufführung auf Tour durch das Land. Doch der Katholik will über ein Netzwerktreffen christlicher Gemeinden sprechen, das ihn und andere Nomadelfen kürzlich in die bayerische Landeshauptstadt geführt hat – die nördlichste Stadt Italiens, wie mancher Münchner meint, worüber sich Giovanni doch etwas wundert. Besorgt hat ihn im Freistaat aber etwas anderes. Er reibt sich die Hände, sucht nach Worten.

«Ich habe in München zum ersten Mal eine Frau in Burka gesehen. Das finde ich nicht in Ordnung.»

Ob es wirklich eine Burka war oder nicht ein Niqab, kann Giovanni nicht sagen. Es ist ihm auch egal, ein Kopftuch sei vertretbar, mehr dagegen nur schwer zu ertragen. Für ihn? Oder geht es dem Katholiken um die Frauen? Oder überhaupt um den Schleier im Abendland? Giovanni schweigt.

Toleranz hat Grenzen und braucht diese, weil eine Gesellschaft ohne Regeln sich irgendwann vergisst. Was auf dem Nährboden der Verunsicherung und Frustration heranwachsen kann, hat man in Deutschland, Europa oder Nordamerika in jüngster Vergangenheit erleben müssen. Parteien und fragwürdige Gruppen, denen es gelungen ist, aus einem allgemeinen Unbehagen Profit zu schlagen, rütteln am freiheitlichen und demokratischen Grundverständnis. Wer in den eigenen Reihen auf Köpfe setzen kann, denen zwar Anstand und Ideen fehlen, die aber laut genug brüllen, kommt damit leider durch. Das Volk ist wirr. Ein Verhaltenskodex muss definiert werden. Denn nur wer weiß, was erfüllt sein muss, um dazuzugehören, lässt sich integrieren.

Wie es um ein System bestellt ist, zeigt sich unter anderem daran, welchen Stellenwert die Frau darin einnimmt. In Nomadelfia ist sie vor allem Hausfrau; eine Blaupause, die an die fünfziger Jahre oder an die Vorstellungen konservativer Parteien erinnert. Es gibt Mütter «aus Berufung», doch keine Väter, die dieses Attribut schmückt.

Milva ist eine von ihnen. Schlappen, unauffällige Freizeitkleidung, rundliches Gesicht, die dunklen Haare zu einem praktischen Zopf gebunden. Ihr Alter lässt sich nur schwer schätzen, etwas über vierzig vielleicht. Die Familiengemeinschaft, in der Milva lebt, heißt übersetzt «Gruppe Abendmahl», ihr Haus steht in der Nähe des gewaltigen Kreuzes am Hang. Der Name, die lange Tafel und das Kreuz lassen mich an das Abendmahl von Leonardo da Vinci denken. Dort, wo sich der Betrachter des Gemäldes befände, endet die Veranda, von der man auf Olivenbäume, Sträucher, die Toskana hinunterblickt. Die Grillen wieder voll auf Sendung, eh klar. In der Mitte von Leonardos Werk sitzt Jesus, hier auf der Terrasse hat sich Milvas Mann an diesem Platz niedergelassen. Seine Frau sitzt ihm gegenüber, wo im Gemälde niemand ist. Sie blickt auf uns, die Jünger, von ihr aus auf zehn Uhr ist mein Platz. Neben mir eines der Kinder. Die Bibel musste ich in Auszügen im Konfirmandenunterricht lesen, das ist lange her, doch das Gemälde ist mir sehr vertraut, denn es hing über dem Sofa meiner Oma. Ich kombiniere: Wenn Milvas Mann Jesus verkörpert und das Kind zwischen uns Johannes ist, sitze ich da, wo Judas gesessen hat. Verrat ist nicht mein Anliegen, doch meine Zweifel nehmen zu. Ich verschweige meine Gedanken.

Milva hat fast zwei Dutzend Kinder großgezogen. Sie muss einen Moment überlegen, bevor sie mir eine Zahl nennt. Leibliche wie fremde Kinder, für sie mache das keinen Unterschied. Als sie acht war, kam Milva mit ihrer Mutter aus den Dolomiten in die Maremma, der Vater war kurz zuvor verstorben. Führt der frühe Tod eines geliebten Menschen nicht selten dazu, dass sich Gläubige vom Allmächtigen abwenden und seine Existenz hinterfragen, trat bei der jungen Witwe das Gegenteil ein. Ein Leben mit Gott in einer Gemeinde wie der Don Zenos war für die bis dahin nicht sehr gläubige Mutter die einzige Chance, durchhalten zu können.

Den britischen Akzent im Englischen hat sich Milva während ihrer Zeit als Au-pair-Mädchen in London zugelegt. Für ein halbes Jahr lebte sie, damals gerade volljährig, in der Stadt an der Themse. Ein Sehnsuchtsort für viele, doch macht man sich auf den Weg, stellt man manchmal fest, dass bei zu viel Nähe der schöne Traum leicht zerplatzen kann. Während der Monate in Großbritannien setzte sich Milva intensiv mit ihrer Umwelt auseinander und erkannte, dass es in der Großstadt Leid und Probleme gibt, allen voran Armut und Einsamkeit, die in Nomadelfia niemanden quälen. Elend im Allgemeinen existierte bis dahin nicht in ihrer Welt. Fern der vertrauten Insel wurde der jungen Frau klar, dass sie in die Maremma gehört.

«Nomadelfia ist Familie. Bei uns wird niemand allein gelassen. Auch nicht, wenn die eigenen Kinder fortgehen und der Partner stirbt.»

Andererseits kann sich Nomadelfia für junge Frauen, erzählt Milva nach dem Essen, schnell zu reglementiert anfühlen. Ihr Ausbruch damals war ähnlich motiviert wie der Umzug ihrer ältesten Tochter nach Florenz. Weil Milva die Stimme Gottes hörte und die Berufung spürte, für ihn zu leben, kam sie zurück. Anders die Tochter. Sich auserwählt zu fühlen kann auch eine Bürde sein, schließlich bedeutet das, auf alternative Lebenswege zu verzichten.

Nur eine der Frauen kritisiert offen das System von Don Zeno. Was kann man erwarten, fragt sie, wenn Mädchen beigebracht wird, dass sie nur in der Küche und bei der Hausarbeit zu helfen haben, was sie ab dem Alter von zwölf Jahren tun? Warum dürfen Jungs in Nomadelfia zwei Jahre früher Moped fahren und allein die Region erkunden? In was für einer Gesellschaft versteht man eine Autowerkstatt noch als einen Ort, an dem Männer unter sich bleiben müssen? Manche Jobs verlangen dem schwachen Geschlecht zu viel ab, heißt es rechtfertigend.

Asal schüttelt energisch ihre schwarzen Locken. «Nein, nein, nein!»

Ihre Stimme ist leise und klingt fragil, doch dahinter steht große Entschiedenheit. Wenn der Ausdruck «Powerfrau» nicht so ein dämlicher wäre, weil er den Eindruck erweckt, dass es Frauen sonst im Allgemeinen an Durchschlagskraft fehlen würde, könnte man die Iranerin damit beschreiben. Sie hat jedenfalls viel von einer Kämpferin.

Dass ich jemandem wie ihr hier vorgestellt werde, überrascht mich. Asal hat in Italien politisches Asyl beantragt, übergangsweise wohnt sie in der Familiengruppe Betlem Basso. Ihre Geschichte ist lang, beginnt in Vorderasien, führt über Europa nach Südamerika und schließlich nach Europa zurück. Während eines Auslandssemesters hat sie Nomadelfia besucht und sich in die Idee vom gemeinschaftlichen Leben verliebt. Von da an war es der kühnste Traum der Architektin, einen Platz in einer ländlichen Gemeinschaft zu finden, am besten in Italien. Seit sechs Monaten lebt sie nun hier, und dabei doch anders als erhofft. Ihr ist bewusst, dass sie an diesem Ort keine Zukunft hat, schon deshalb, weil sie keine Katholikin ist. In ihrer Heimat sind Kirche und Staat nicht voneinander zu trennen. Doch die Muslimin beurteilt ihr Gegenüber keineswegs nach dem Glauben. Ob Christ, Jude, Hindu oder Moslem, aus Religion macht sie sich genauso wenig wie ich. Das lässt uns in Nomadelfia zu einer Minderheit werden.

Dankbarkeit schwingt mit in jedem ihrer Sätze. Sie weiß, wie es sich anfühlt, wenn bei banalsten Entscheidungen die Zustimmung des Gatten notwendig ist und Rechte erst mal nur für Männer gelten. Sie ist sensibilisiert und will sich nicht mehr mit dem herrschenden Ungleichgewicht der Geschlechter abfinden, will keine «Powerfrau» sein, sondern nur eines: frei und gleichberechtigt.

Wie altmodisch, traditionell oder konservativ – man suche sich das genehmste Adjektiv aus – sich das System präsentiert, erfahre ich auch dort, wo die jungen Menschen fürs Leben lernen sollen. Die nächste Generation der Nomadelfen bleibt hier unter sich, die private Schule wurde eigens für die Bambini und Jugendlichen der Community errichtet. Der Campus mit angrenzendem Sportplatz liegt neben der unscheinbaren Kirche. Die Gebäude in diesem Teil von Nomadelfia sehen sich zum Verwechseln ähnlich; wobei die Hütten eher an Container erinnern, in denen Montagearbeiter untergebracht werden. Nur ein gelber Schulbus lässt erahnen, dass ich das Bildungszentrum vor mir habe.

In den winzigen Klassenräumen und der vollgestopften Bibliothek steht die Luft, es riecht nach altem Papier und vorgestern. Der junge Direktor ist ein zierlicher, eher kleiner Mann, der mit dieser Institution bestens vertraut ist – auch weil er hier selbst schon die Schulbank gedrückt hat. Er lobt ausgiebig den Lerneifer der Kinder in der kleinen Container-Dorf-Schule, die sich nicht vor den Schülern der staatlichen Lehranstalten Italiens verstecken müssten. Bester Beweis sei die Abiturprüfung, die die Nomadelfen an einer staatlichen Schule ablegen, ohne dabei schlechter abzuschneiden. Warum aber muss der Nachwuchs an einer eigenen Schule unterrichtet werden?

«Die Gender-Sache», antwortet der Direktor gequält, um nur ein Beispiel zu nennen. Heutzutage würde Heranwachsenden fälschlicherweise vermittelt, dass das Geschlecht veränderbar sei, ergo frei wählbar. Doch Gott allein gebe vor, welcher Mensch ein Mann oder welcher eine Frau sein soll. In den Büchern, die die Schüler teilweise selbst illustriert und beschriftet haben, wird die Philosophie des Evangeliums propagiert. Dass die Landflucht der heranwachsenden Generation ein großes Thema in der Community Don Zenos bleibt, bringt niemand mit den Bedingungen vor Ort in Verbindung. Nicht der Direktor oder der Präsident und auch nicht Giovanni oder sonst irgendjemand von den Bewohnern, mit denen ich gesprochen habe.

Mit etwas Abstand kann ich zum Schluss kommen. Wer von niemandem belehrt oder bekehrt werden will, wird mit dem Traum der Nomadelfen wenig anfangen können. Trotz ihres missionarischen Eifers schottet sich die Gemeinschaft jedoch geistig ab, Fortschritt zu akzeptieren fällt vielen in diesem Teil der Toskana schwer. Sie sagen, dass die Botschaft Don Zenos verkündet werden muss und nur von jenen richtig erfasst werden kann, die den geschützten Ort in der Maremma kennengelernt haben. Man muss das Leben in der Gemeinschaft erlebt haben, um ihre Botschaft in die Welt zu tragen. Sollten die Nomadelfen damit recht behalten, dann ist Nomadelfia verloren, eine zum Scheitern verurteilte Utopie. Denn ganz profane Dinge treiben die Teenager hier wie an anderen Orten in der Provinz um: Sie wollen studieren, Erfahrungen sammeln, die Welt sehen. Nomadelfia schrumpft.

Dennoch gibt es an diesem Ort etwas beinahe Magisches. Was man sich hier gegenseitig schenkt, kostet nichts und hat doch großen Wert: Nächstenliebe. Eine Nichtwährung, die außerhalb Nomadelfias blöderweise noch seltener akzeptiert wird als American Express.

DAVID GEGEN GOLIATH

In den Baumhäusern junger Aktivisten (Hambacher Forst)

Ich sehe in den Abgrund, während ich auf einer selbstgezimmerten Holzfläche sitze, die kaum größer als eine Euro-Palette ist. Sie soll der Balkon dieses wahnsinnigen Baumhauses werden, das mich verzweifeln lässt. Meine Beine baumeln in einem ausgesparten Loch, durch das ich mich vor wenigen Minuten hindurchgezwängt habe, nachdem ich eine halbe Ewigkeit entkräftet auf einer Astgabelung hing, verkrampfte, nach Luft rang und eigentlich umdrehen wollte. Zurück über die abenteuerliche Hängebrücke aus alten Holzlatten zu einem kleineren Baumhaus mit zwei Etagen, einem Plumpsklo und Miniküche. Und von dort irgendwie abseilen. Das Raufkommen hat zwar fast eine Viertelstunde gedauert, mehr als vermutet an meinen Energiereserven gezehrt; andere mussten mir helfen, erst ihre Tricks und Knoten sicherten mich ab. Aber runter kommen sie ja alle. Tam, der tatsächlich nur drei Minütchen für den Aufstieg gebraucht hat und bei dem es so leicht aussah, hat diesen einen Satz gesagt, mit dem er mich bis hierher locken konnte.

«Kollege, es lohnt sich, mit nach ganz oben zu kommen, wirklich!»

Nicht ich bewege meine Beine, dazu bin ich im Augenblick kaum in der Lage, das macht der verdammte Wind, der immer wieder mit ordentlichen Böen auf mich und die zweihundertfünfzig Jahre alte, von Blättern befreite Eiche trifft. Alles schwingt, frostig ist es obendrein. Ich atme flach und gestehe mir ein: Scheiße, ich habe Angst und will nicht weiter, komme allein allerdings auch nicht mehr von hier weg. Das massive Unbehagen vor der drohenden Ohnmacht lähmt mich. Und doch macht mich das Adrenalin so geil wach, schärft die Sinne, ich werde empfänglich für wirklich alles, was um mich herum passiert. In den Zweigen neben mir dröhnt ein Windspiel laut wie ein Düsenjäger. Wenn sich die Angst im Körper ausbreitet, setzt der Fluchtinstinkt ein, und der sonst klar denkende Mensch will nur noch wegrennen, der Situation entkommen, die ihn stresst und einschüchtert.

Das letzte Mal habe ich das vor etlichen Jahren bei einer nächtlichen Metrofahrt durch Brooklyn erlebt. Ein aggressiver Typ, wohl bis in die Haarspitzen voll auf Crack und Tilidin, griff mich grundlos an. Bevor er einen Punch setzen konnte, schoben sich die Türen auf, und ich rannte los. Hastig schaute ich mich um, rannte noch schneller, obwohl da niemand war, und kam erst nach einem längeren Sprint zum Stehen. Noch mal Schwein gehabt.

Wegrennen ist jetzt allerdings das Letzte, was mir sinnvoll erscheint, verkrampft kralle ich mich an der Palette fest. Der Blick durch das Loch, vorbei an meinen verdreckten Stiefeln, offenbart mir ein wirres Gewerk aus dicken und dünnen Ästen, und am Ende, ganz unten, achtzehn Meter sind das von hier aus, wartet der von braunen Blättern übersäte Waldboden. Der seit Tagen anhaltende Bodenfrost hat ihn hart wie Beton gemacht. Ein Absturz würde hundert Pro mit komplizierten Frakturen enden. Besser einen Moment sitzen bleiben und durchatmen. Niemand bedroht mich, und als kleiner Bub habe ich schließlich von einem richtigen Baumhaus geträumt. Es hilft manchmal, an etwas Schönes zu denken.

Tam hat einen bärenstarken Händedruck, wirkt supersportlich und trägt Kinnbart, Koteletten und Undercut. Das lange Haupthaar ist zu einem Dutt gebunden. Ein kleiner schwarzer Ring bohrt sich durch seinen rechten Nasenflügel. Auf dem Patch an der Kapuze seines löchrigen Pullis steht «NO GOVERNMENT CAN EVER GIVE YOU FREEDOM», dahinter ein «A» im Kreis, das Symbol der Anarchisten. Tams Nase läuft ständig, und er klingt etwas erkältet.

Dieser Baum ist seit Monaten Tams Zuhause, leichtfüßig wie Spiderman bewegt er sich um mich herum. Und doch ist er nicht Besitzer, sondern nur Besetzer, wie der Bewohner betont. Denn die Stieleiche gehört dem Energieversorgungskonzern RWE, wie auch jeder andere Baum im Hambacher Forst zwischen Aachen und Köln. Ein über tausend Jahre alter Wald, der stört und dem Tagebau Hambach weichen muss, so ist es beschlossene Sache seit den Siebzigern. In der Rodungssaison zwischen Oktober und März wird der einst fünfeinhalbtausend Hektar große Forst nun Jahr für Jahr abgeholzt, bis er im Jahr 2040 nur mehr dreihundert Hektar messen wird. So lange darf an diesem Ort Braunkohle gefördert werden. Schon jetzt hat sich das unwirkliche Baggerloch von Süden her in den Forst hineingefressen, der Bestand misst noch tausendfünfhundert Hektar. Aber nicht nur Bäume müssen weichen, seit Jahrzehnten verschwinden ganze Landstriche im Rhein-Erft-Kreis und im Kreis Düren, auch Teilstücke der Autobahn 4. Dörfer werden erst dem Erdboden gleichgemacht, danach abgetragen.

Was von der Heimat für mehrere tausend Betroffene bleibt, sind allein Erinnerungen und Fotos. Gnadenlos verschlingt Europas größtes Loch alles, was ihm in die Quere kommt. Irgendwann, schätzungsweise im Jahr 2100, wird das ehemalige Tagebaugebiet mit Wasser aus dem Rhein vollgelaufen sein. Vierhundert Meter tief wäre die Grube dann, der See damit das zweitgrößte Gewässer Deutschlands. Aber das sind nur nackte Zahlen. Erst wenn man sich auf dem besagten Gelände bewegt, bekommt man ein Gespür für das Ausmaß der Fläche.

Alles um mich herum wird sich drastisch verändern. Das Grün und Braun wird einer blaugrauen, nassen Oberfläche weichen. Um zu verhindern, was sich eigentlich nicht abwenden lässt, leben Tam und andere sehr junge Aktivisten in diesem Noch-Wald. Sie wollen RWE die Arbeit möglichst schwer machen, die Dystopie doch noch abwehren. Mehr David gegen Goliath geht kaum. Wie viele es aktuell sind, die dauerhaft in den Bäumen und auf einer Wiese am Rande des Dorfes Morschenich leben, wo seit der großen Erstbesetzung im Frühling 2012 eine Art Basislager entstand, weil sie einem Sympathisanten aus der Gegend gehört – so genau weiß das hier niemand. Die Umweltaktivisten kommen nicht nur aus Deutschland, jeder ist eingeladen mitzumachen. Mal sind es mehr, mal weniger, meistens zwischen zwanzig und dreißig Personen. Wer in einem der Dutzend Baumhäuser aufschlägt, bleibt in der Regel länger als die Wiesenbewohner. Sie alle kommen hierher, weil sie von einer gerechteren Welt träumen. Weniger Kapitalismus, weniger Ausbeutung.

Nur noch drei Schritte, Tam zeigt mir den besten Weg in das Baumhaus. Einer nach vorn auf dem Balkon ohne Geländer, einer vorbei am Stamm – Tam macht einen langen Schritt, mit dem Rücken steht er gefährlich nah an der Kante zum Abgrund –, danach ein letzter, und er verschwindet in der Hütte. Ich klebe mit meinem Hintern weiter am Holz, harre aus, bleibe hartnäckig wie bei einer Sitzblockade. In einem der Zweige nehme ich wieder das klimpernde Windspiel wahr. Es sind plötzlich sehr fragile Klänge, die die monotonen und überall, ob im Wald oder im Camp, unentwegt zu hörenden Maschinengeräusche der Mega-Bagger übertönen. Die Riesen mit den brutalen Schaufelrädern lassen sich von hier oben zwar nirgendwo ausmachen, doch ihr Ächzen verrät die gigantischen Bagger in unserer Nähe. Bis 2040 sollen sie auf einer Fläche von acht mal zehn Kilometern fast zweieinhalb Milliarden Tonnen Braunkohle abgefressen haben. Dabei ist längst bekannt, dass der fossile Brennstoff höchst klimaschädlich ist. Je Tonne verfeuerter Rohbraunkohle wird eine Tonne Kohlendioxid freigesetzt.

Im Augenblick haben Tam und vor allem ich jedoch ganz andere Sorgen.

«Kollege», ruft er und reicht mir ein Seil, das er an einem Ast befestigt hat. «Ich hab dir eine Sicherung gebaut.»

Wir brauchen einen Moment, bis wir den in meiner Panik extrem fest verschlossenen Karabiner geöffnet bekommen, der eine lacht sich darüber kaputt, der andere ist erleichtert. Eins, zwei, drei, und ich bin in Tams Zuhause. Die Strapazen des Aufstiegs: vergessen. Dieses winzige Kleinod von höchstens vier Quadratmetern ist mehr, als ich mir in meinen kühnsten Kindheitsbaumhausträumen je hätte ausmalen können. Am Fußende eines akkurat gemachten Betts mit bunter Häkeltagesdecke, das mir sofort ins Auge springt, weil es mehr als den halben Raum ausfüllt, steht ein kleiner Eisenofen, dahinter ein Panoramafenster. Die holzverkleideten Wände sind mit Stroh gedämmt, hier und da ganz deutlich zu sehen, und eine halbrunde Dachkuppel aus gebogenen und miteinander verflochtenen Haselnusszweigen erlaubt es, in der Mitte des Raums aufrecht zu stehen. Es ist überraschend aufgeräumt. Tam nutzt in seinem Baumhaus Strom aus Solarenergie, außerdem hat er WLAN.

«Für Öffentlichkeitsarbeit», merkt er ernst an.

Drinnen sind die Bagger vergessen, das Windspiel klimpert gedämpft durch die Scheibe. Es ist extrem gemütlich. Nur ein Bild, das über dem Bett hängt, scheint mir so gar nicht in diesen Raum zu gehören. Es zeigt ein stürmisches Meer, auf dem ein Dreimaster in dramatischer Schräglage mit den Wellen kämpft. Je länger ich aber auf dem Bett sitze, desto passender finde ich auch dieses Ölgemälde. Denn jede Bö lässt den Baum im Wind schwanken wie eine Jolle auf dem Wasser, das Häuschen schwingt knarzend hin und her. Ich vertraue der Konstruktion, der Erbauer zeigt keine Anzeichen von Nervosität. Einige aus dem Camp könnten nicht in den Baumhäusern schlafen, sie würden von dem ständigem Geschaukel seekrank, meint der, der sich schon längst an das Leben auf einem Baum gewöhnt hat.

Die Waldbehausung ist Tams Stolz, ein wahrgewordener Traum. Den Ort will er nicht nur Gästen zeigen, Gleichgesinnte sind eingeladen, in seinem Bett zu schlafen, in der Eiche zu leben, wann immer er nicht im Wald ist. Sogar seine Eltern haben ihn hier schon besucht, trauten sich dann allerdings doch nicht hoch auf den Baum. Natürlich steht der Braunkohleabbau für die Aktivisten im Zentrum der Kritik, deshalb zog Tam vor zwei Jahren wie viele andere aus der Gruppe hierher, doch ihm und seinen Mitstreitern geht es nicht nur darum, den Hambacher Forst in seiner gegenwärtigen Größe zu erhalten. Tam übt viel umfassender Kritik an der Gesellschaft: Sie ermögliche erst, dass Braunkohle noch immer abgebaut wird und ein Konzern die Macht besitzt, Menschen aus ihren Dörfern zu vertreiben. Auch unsere Definition von Eigentum müsse man unbedingt überdenken. Einen Anspruch auf Eigentum zu erheben finden die Aktivisten gestrig, sie glauben an das Prinzip des Teilens, und ohne den französischen Anarchisten Pierre-Joseph Proudhon zu zitieren, beschreiben sie das, was er schon im 19. Jahrhundert behauptete: «Eigentum ist Diebstahl.»

Es geht ihnen nicht nur um Wohnraum, um Güter und die Frage, was davon privat sein sollte und was besser kollektiv, sondern auch um Beziehungen. Liebe müsse einer freien Bindung gleichen, die jederzeit gelöst werden und auch zwischen mehr als zwei Menschen in ähnlicher Form und Intensität existieren kann. Monogame Paare finden sich im Camp zwar, doch bilden sie eine Minderheit. Der Wald ist eine Spielweise, ein Versprechen, die jenseits seiner Grenzen herrschenden Normen überwinden zu können; der Wald wird zur Utopie, zum Symbol für ein selbstbestimmtes Leben in einer eigenen Gemeinschaft. Es geht den Besetzern um das große Ganze.

Die Gerichte und Gesetze von heute jucken sie kaum, das Morgen dafür umso mehr. Gut möglich, warnen sie, dass sich die folgenden Generationen über eine gewisse Trägheit unserer Gesellschaft wundern werden. Warum erscheint uns die Demokratie nur so selbstverständlich, unser Demonstrationsrecht naturgegeben? Warum machen wir so selten von ihm Gebrauch? Protest lässt sich in Online-Petitionen sicherlich bequemer ausdrücken. Nur wie effektiv ist das, und was ließe sich mit mehr Engagement an anderen Stellen noch erreichen? Was werden wir zum Erhalt oder zur Vernichtung des Planeten beigetragen haben? Und müssen wir uns in einigen Jahrzehnten der Frage stellen, wie «die da oben» nur so wenig für den Umweltschutz und gegen den Klimawandel unternehmen konnten, obwohl Völkerwanderungen uns rückblickend doch ununterbrochen beschäftigt haben? Das Urteil derer, die schon heranwachsen oder erst noch kommen, bedeutet den Naturschützern vom Hambacher Forst mehr als Anzeigen, Verletzungen oder die eigene Furcht vor Repression.

Wer Proudhon nennt, kommt auch um Che Guevara kaum herum. Zu meiner Verwunderung schmückt sich keiner der «Hambis», wie einige sich hier selbst nennen, mit seinem Konterfei, keine Fahne und kein Graffito zeigt den «Comandante». Seine Vision haben die Aktivisten dagegen verinnerlicht – sie sind realistisch und versuchen doch das Unmögliche. Die Wahrscheinlichkeit auf Erfolg ist so lächerlich gering, dass das Brennen für ihre Vision, die unbedingte Sehnsucht nach einer besseren Welt, mich tatsächlich beeindruckt.

«Gallien» heißt die Enklave, in der Tam lebt. Dieser Name weckt Erinnerungen, die auf einmal wieder voll da sind, genau wie mein Kindheitstraum von einem Baumhaus. Jeder «Asterix»-Band beginnt mit einer Karte, die große Teile des heutigen Frankreichs zeigt, und der immer gleichen Einleitung: «Wir befinden uns im Jahre 50 vor Christus. Ganz Gallien ist von den Römern besetzt. Ganz Gallien? Nein! Ein von unbeugsamen Galliern bevölkertes Dorf hört nicht auf, dem Eindringling Widerstand zu leisten.»

Eigentlich eine recht exakte Beschreibung des Konflikts zwischen den Aktivisten und RWE. Nur kennt in *diesem* Gallien niemand das Rezept für einen Zaubertrank. Die Niederlagen fühlen sich im Hambacher Forst fieser an als im Comic – nicht nur wenn die Schleimhäute beißen, nachdem man von Pfefferspray ausgebremst wurde. Tam hat es vor einem Jahr erleben müssen: Waldarbeiter rissen sein erstes Baumhaus unter Polizeischutz ab. Das mit anzusehen blieb ihm erspart, weil er zu dieser Zeit nicht im Wald war. Die Hütte auf zehn Metern Höhe in einer gut gewachsenen Weide – ihr Erbauer denkt wehmütig zurück – beherbergte an diesem einen Tag dummerweise keine Besatzer, die hätten Widerstand leisten können. Ein Fehler wie eine Narbe in Tams Innerem, die ihn noch immer schmerzt. Die Hütte zu verlieren war für Tam wie der Tod eines guten Freundes – er gebraucht tatsächlich diesen drastischen Vergleich. Der junge Mann mit Dutt und Ziegenbart, den ich als einen der sorgenfreisten Menschen im Camp kennengelernt habe, der dann und wann, sofern es das Vollzeitaktivistentum zulässt, auch mal als eine Art Montagekletterer arbeitet und sich als einer von ganz wenigen ohne Vermummung vor Kameras stellt, weil es dem sonst vermummten Protest das Martialische nimmt, dieser junge Typ fällt nun in sich zusammen. Er schweigt und versinkt in Gedanken.

«Die meisten kennen dieses Gefühl nicht», sagt er nach einer Weile, «wenn du dir dein Zuhause mit eigenen Händen gebaut hast. Jede Ritze und jeder Ast waren mir vertraut. Das klingt jetzt vielleicht nach Hippiekram, aber ein Baum ist für mich ein Lebewesen, er ist ein Teil von mir, und ich bin ein Teil von ihm.»

«Und, bist du ein Hippie?», frage ich Tam, der darüber wieder lachen kann. Er will sich nicht in irgendwelche Schubladen stecken lassen. «Das Wort Hippie wird hier im Wald manchmal spaßeshalber und abfällig verwendet, weil das die Menschen sind, die immer viel reden, aber nichts anpacken. Deswegen bin ich kein Hippie.»

Sie packen an. Sie errichten auf den Verbindungswegen im Wald, zwischen den Baumhaussiedlungen und dem Wiesencamp, Barrikaden aus Stämmen, Ästen, Geröll und Schrott. Dazwischen zerfurchen hüfttiefe Gräben den Weg und verzögern die Weiterfahrt. Nachts ackern die Aktivisten, und wenn tags darauf Waldarbeiter, Polizisten oder die in weißen Geländewagen patrouillierenden RWE-Sicherheitsleute die Sperren räumen, geht der Kreislauf von vorn los. Die jungen Menschen aus Gallien machen sich auf und richten die Bollwerke wieder her. Seit Jahren geht das so.

«Es brennt einen aus, du musst das ironisch nehmen», krächzt ein Mädchen heiser, das den Konflikt als Spiel beschreibt und sich ein fettes Grinsen nicht verkneifen kann. Ihre Vision vom Erhalt des Hambacher Forsts ist klar, doch kaum einer macht sich hier Illusionen: Es ist ein Kampf gegen Windmühlen. Möglichkeit und Wirklichkeit stehen in einem so krassen Missverhältnis zueinander, dass die Skepsis am Ende jeden im Wald und auf der Wiese heimsucht. Zwei Jahre gibt das Mädchen dem Camp noch, höchstens. Das Pariser Klimaabkommen macht ihnen dann aber doch wieder Hoffnung: Wenn das mediale Interesse an dem Protest steigen und der öffentliche Druck auf den Konzern wachsen sollte, dann wären die Aktivisten am Ende vielleicht tatsächlich in der Lage, ein klein wenig Einfluss zu nehmen und wirkliche Veränderungen anzustoßen. «Bist du bereit für eine kleine Utopie?» So beginnt eine Strophe in dem Blumfeld-Song «Wir sind frei». Sie sind es.

Vor Gewaltanwendung schrecken die Protestler dabei keineswegs zurück. Manche unter ihnen haben wohl weniger Blumfeld als Ton Steine Scherben verinnerlicht: «Macht kaputt, was euch kaputt macht.» Wie aggressiv darf, soll, muss vielleicht auch vorgegangen werden, wenn man für eine Sache kämpft?

Diese Frage spaltet. Einen Konsens im Camp gibt es: Maschinen des Konzerns zu beschädigen – absolut vertretbar. Aber kommt nicht jegliche Form von Vandalismus einer Bankrotterklärung gleich und zeigt nur das eigene Unvermögen, Probleme vernünftig zu lösen? Das sieht man auf der Wiese anders. Denn jede Verzögerung der Betriebsabläufe hilft, jede Niederlegung der Arbeit kostet RWE Geld, jeder Sachschaden ist für die Aktivisten ein Erfolg. Für den Konzern und seine Unterstützer werden die Aktivisten damit zu Terrorristen, ein Dialog ist mittlerweile ausgeschlossen. Oft starten Einzelne unabhängig voneinander Aktionen, es gibt keinen Anführer in den eigenen Reihen, die ohnehin von Woche zu Woche anders besetzt sind. So eskaliert die Lage im Hambacher Forst immer wieder. Im Eifer des Gefechts lassen sich die Emotionen kaum kontrollieren, der Verstand setzt aus, der Rausch ein, und die Gruppendynamik besorgt den Rest. Verletzte gab es auf beiden Seiten, und es wird sie wieder geben. Knapp tausend Strafanzeigen wurden seit der dauerhaften Besetzung schon gestellt, die wenigstens konnten aufgeklärt werden und landeten vor Gericht.

Die lokalen Sympathisanten des Energieversorgers finden nicht im Wald zusammen, sondern in der Meinungsmaschine Internet. Der Ton ist schroff, in der öffentlichen Facebook-Gruppe «RWE-Mitarbeiter für eine faire Berichterstattung» wird verbal gerodet, hämische GIFs und Memes werden geteilt und Kommentare von Gleichgesinnten fleißig gelikt. Die jungen Utopisten prangert man als eine militante Vereinigung von Chaoten, Kriminellen oder gar Terroristen an. Und wenn das Feedback aus der eigenen Community mal zu wünschen übrig lässt, bestätigt der Algorithmus in gewohnter Manier die Sicht der User. Während die einen sich also an die zu rodenden Bäume oder an Gleise ketten, auf denen die Hambachbahn

Braunkohle abtransportieren soll, hauen die anderen zu Hause besessen in ihre Tastaturen und machen Stimmung.

Marta, die ihren richtigen Namen verschweigt, blickt mit huskyblauen Augen unruhig zwischen den Bäumen umher, als wollte sie sich vergewissern, dass da nichts Ungewöhnliches auf uns lauert. Zwischendurch fixiert sie mich. Ihr blondes Haar beginnt an den Spitzen zu verfilzen. Ist sie eine Klimaterroristin? Sicher nicht, entgegnet sie, unternimmt aber auch nicht den Versuch, sich als Unschuldslamm darzustellen: «So ein Stein, der gegen einen Polizeihelm fliegt – der Polizist bekommt einen Schreck, aber die Rüstungen von denen sind ja für so was gemacht.»

Wäre Marta fußballbegeistert, würde sie in die Kategorie B fallen, «gewaltgeneigter Fan». Ihrer Argumentation zu folgen ist eine Herausforderung. Gedankenbrocken fliegen wie die Kugel eines Flipperautomaten umher, ich versuche noch, den Kontext zu erfassen, da geht es auch schon weiter mit anderen Aspekten. Die zierliche Umweltschützerin, um die ein grauer Mantel schlabbert, versteht sich vor allem als Anarchistin. Sie ist gegen Globalisierung, aber für globale Netzwerke. Sie propagiert eine neue soziale Kultur mit autarken Kommunen, die Wohlstand, Nahrung und noch vieles mehr teilen, ohne Menschen, Tiere und Natur auszubeuten. Sie redet über die Zapatistas in Mexiko und verstrickt sich in Widersprüche. Ihren Hauptschulabschluss hat sie auf dem zweiten Bildungsweg nachgeholt. Bevor sie hierherkam, kämpfte sie für den Erhalt eines Parks, wo, das mag sie mir nicht verraten. Einundzwanzig Jahre alt und total angepisst. «No future» war die Parole der englischen Punks in den siebziger und achtziger Jahren, doch Marta ist kein Punk, sie will an eine bessere Zukunft glauben und kämpft deshalb im Wald. Kein fester Wohnsitz, kein Bankkonto, offizieller Status: obdachlos. Spenden und Straßenmusik sichern ihr Überleben. Schließlich sei ja jeder irgendwie abhängig, vom Chef, von anderen Menschen, von einer Institution. «Freiheit ist Sklaverei», heißt es in Orwells Roman «1984». Ob Marta nun sehr naiv ist oder über eine blühende Phantasie verfügt, sie weigert sich jedenfalls, stillzuhalten, aufzugeben und sich von anderen vorschreiben zu lassen, wann ihr Leben einen Sinn hat. Kompromissbereitschaft zeigt sie nicht. Braucht es dazu Gewalt? Ein fliegender Stein ist erst einmal kein Zeichen des Protests, sondern nur ein Stein, der jemanden verletzen könnte.

Die Besetzer im Hambacher Forst haben nach all den Jahren nicht resigniert, dafür aber eine Sache verinnerlicht: Friedliche Sitzblockaden interessieren weder RWE noch die Öffentlichkeit oder die Medien. Taten ziehen manchmal mehr als Worte, und das Urteil über Recht und Unrecht sprechen diejenigen, die noch kommen. «Krieg ist Frieden», die Apokalypse beginnt.

Das Camp gleicht einem provisorischen Wagenplatz. Windschiefe Hütten aus Holz, Lehm und Stroh mit Glasbausteinen oder alten Fenstern stehen zwischen ramponierten Trailern, von Graffiti überzogen und auch etlichen Stickern: Statements der eigenen Gesinnung («CO2AL KILLS», «FCK RWE»), mittelmäßige Wortspiele («Life is art», wobei da eigentlich «hart» steht, nur mit einem weggeixten «h») oder Begrüßungen und Warnhinweise («Refugees Welcome» oder «Umfriedetes Privatgelände / Polizei, RWE, Bauamt & Co / Nach § 123 StGb ZUTRITT VERBOTEN»). Der schlammige Grund ist zu schwarzem Eis gefroren. Wo es belebter zugeht, vor der Küche und den gemeinschaftlich genutzten Behausungen, ist das Erdreich aufgeweicht und matschig.

Ein selbstgebautes, sich schnell drehendes Windrad sorgt bei strammen Böen für mehr Strom als die kleinen Solarpaneele. In einem klapperigen Wohnmobil befindet sich das Wiesenkraftwerk: Akkus und Batterien. So stelle ich mir das Innenleben einer Bombe vor, Kabel über Kabel, Nägel, Schrauben, Werkzeuge. An eine Wand hat jemand mit schwarzem Edding fett «Big Data» gekritzelt. Noch mehr bunte Kabel, und auf dem Tisch liegen kleine Batterien, dazwischen ein Lötkolben. Das hier chaotisch zu nennen wäre wirklich sehr schmeichelhaft. Einige der Wohnwagen stehen dem in nichts nach, in ihnen trieft es vor Schmutz. Niemand scheint daran Anstoß zu nehmen, für die Unordnung entschuldigen sich dagegen überraschend viele Besetzer, ich muss schmunzeln. Wer bereit ist, über Wochen und Monate so zu leben, kann nur entschlossen sein.

Auch ein Museum gibt es auf dem Platz, eine aus unterschiedlich langen Latten zusammengenagelte und weiß gepinselte Hütte. Der kreisförmige Innenraum wurde einige Meter ins Erdreich gegraben, nun finden hier Ausstellungen, Theatervorführungen oder Konzerte statt. Ruhig ist es, ein Rückzugsort, an dem der Irrsinn und die Strapazen des Protests mal für einen Moment außen vor bleiben. Ein Verschlag mit einer Badewanne und einer abenteuerlichen Ofenkonstruktion versteckt sich hinter der benachbarten Behausung – alles ganz rudimentär, das Regenwasser muss erst in Töpfen erhitzt werden, aber es erfüllt seinen Zweck. Viele Aktivisten besuchen zum Duschen ohnehin befreundete Unterstützer, die im Umkreis wohnen.

Am Eingang zur Wiese liegt der Infoladen, dessen Wände mit Karten und Texten zum Klimawandel zugekleistert sind, als wäre der ganze Raum eine überladene Pinnwand. Den beiden Rattansesseln vor dem Regal mit allerlei bunten Flugblättern ist nicht anzusehen, ob hier in all den Jahren schon mal jemand

saß und schmökerte. Eine Baracke weiter finde ich die Kleiderkammer. Sie ist randvoll mit Spenden, viele der Sachen könnten
aus dem Fundus eines Theaters stammen. Warum fast alle Aktivisten auf der Wiese und im Wald lieber eine Bundeswehruni-
form als diesen Kram tragen, frage ich. Überall Tarnmuster, ab
und zu auch eine Jacke der U.S. Army. Mit der Uniformierung
wollen die Campbewohner sich schützen, erklärt man mir in
der Kleiderkammer, um nicht eines Tages auf Videoaufnahmen
oder Fotos der Polizei anhand eines Kleidungsstücks identifi-
ziert zu werden. Das militante Erscheinungsbild entspricht
also gar nicht den Umgangsformen, die die Aktivisten im Camp
untereinander pflegen, wenn so etwas wie der normale Lager-
alltag herrscht. Obwohl Tam und die anderen es nicht hören
möchten, sie wirken zart und verletzlich. Vom Feeling her geht
es zwischen den «Hambis» doch ziemlich hippiesk zu. Nur ließe sich heute in Robin-Hood-Leibchen und Plüschmantel wohl
kaum die Welt retten und das System verändern.

Das Herzstück des Camps ist das Gemeinschaftsgebäude
am Ende der Wiese, schon kurz vor dem Wald. Sämtliche Entscheidungen werden in dem sogenannten Rundbau, der dafür
ziemlich viele Ecken hat, diskutiert, ab und an auch Aktionen
geplant. Neben verranzten Ledersofas und niedrigen Couch-
tischen bollern zwei Öfen vor sich hin, auf einem von ihnen
kann auch gekocht werden. Der Boden wurde aus Beton ge-
gossen, was nicht nur gegen das existierende Rattenproblem
helfe, sondern auch die Wärme besser erhalte. Warm ist es in
dem Lehmbau trotzdem nicht, höchstens ein wenig milder als
auf der anderen Seite der Decke, die als Tür herhalten muss.
Knapp zehn Leute wuseln durcheinander, dazwischen ein alter
Kater.

Drei Spanier – alle mit kurzrasierten Haaren, nur am Hinterkopf wachsen ein paar dicke Dreadwürste – sehen mit ihren roten Pusteln im Gesicht und auf den trockenen Handrücken endfertig aus. Sie besuchen das Camp für eine Weile und wollen lernen, wie man hier lebt und arbeitet. Ein zierliches Wesen, in mehrere Klamottenlagen gehüllt, grillt gerade Zucchinistreifen. Dass sie ständig an der frischen Luft ist und in klammen Schuhen steckt, hat Spuren hinterlassen; ihre Stimme klingt, als hätte sie zwanzig Jahre filterlose Kippen geraucht. Andere essen Porridge aus einem großen Topf. Sich ausschließlich vegan zu ernähren ist eine der wenigen Regeln, die es im Camp zu befolgen gilt.

Jeder um mich herum ist jung, jünger als ich, doch alle röcheln, rasseln und husten. Die Revolution frisst ihre eigenen Kinder. Ich fühle mich zwischen den chronisch erkälteten Uniformierten wie in einem Feldlazarett. Sich für eine Sache aufzuopfern bekommt an diesem Ort, zu dieser kalten Jahreszeit, eine ganz neue Bedeutung.

«Oh Mann, was du gestern Abend hier noch verpasst hast!», begrüßt mich Joe immer noch sichtlich aufgeregt, als ich am Morgen danach wieder auf der Wiese stehe. Mit dem Pseudonym Joe stellt sich mein Gesprächspartner allen vor, die irgendwas mit Medien zu tun haben. Als wir uns kennenlernten, nannte mir Joe seinen viel blumigeren, androgynen Wiesennamen. Da wusste er noch nicht, weshalb ich das Camp besuche. Seinen bürgerlichen Namen hat er für sich behalten, den kennen nicht mal die anderen hier. Aus Angst vor Repression schmückt er sich wie alle Aktivisten im Hambacher Forst mit wenigstens zwei, drei Decknamen. Dokumente, die auf die Identität einer Person schließen lassen, trägt natürlich kaum einer bei sich. Vierundzwanzig Jahre alt ist der Typ an meiner Seite, so viel verrät er. Ein leichter Singsang in der Aussprache lässt mich fragen, ob er aus Sachsen komme. Kein Kommentar. Joe ist gelernter Winzer, setzt aber als 24/7-Aktivist mittlerweile voll auf Revolte. Die Arbeit im Weinberg könne warten, die Klimarettung nicht. Irgendwann mal möchte er als Selbstversorger auf einem Bauernhof leben, das Land schonend bewirtschaften. Das ist sein Traum. Sein reges Interesse für Ökologie hat ihn an die Peripherie des rheinischen Tagebaus geführt. Besorgt seien die Eltern, klar, aber sie hätten Verständnis.

«Es geht ja auch um die Welt, in der sie leben», sagt er.

Anders als Tam sieht Joe mit dem Kurzhaarschnitt supernormal und unauffällig aus – mal abgesehen von den dicken Schmutzrändern unter den Fingernägeln und dem Bundeswehrparka mit der dazugehörigen Camouflage-Hose. Das Outfit lässt ihn garantiert im Wald verschwinden, nur auf der lichten Wiese am Rand von Morschenich macht ihn seine Tarnung zum Rodeoclown.

Was gestern Abend also passiert ist, hätte ich mitbekommen können, wenn ich auf das Angebot der Gruppe eingegangen wäre. Doch die Nacht bei Minusgraden in einem schwach geheizten Wohnwagen oder hoch oben auf einem schwankenden Baum zu verbringen – man sehe es mir nach, ich lehnte dankend ab.

«Auf einmal wurde es total laut, und wir sind rausgerannt», erzählt Joe. Im Lager sei es stockfinster gewesen, kaum Beleuchtung auf der Wiese. Doch es dröhnte und drückte etwas von oben. Da war unfassbar viel Wind. Nicht mehr als zwanzig, dreißig Meter über den Wohnwagen und Holzhütten hing in der Dunkelheit ein Helikopter in der Luft. «Der war echt riesig! Und das war kein Polizeihubschrauber, sondern einer von der Bundeswehr», behauptet der Aktivist.

Kontakt zu Polizisten hatten sie alle schon, die Berichte reichen von harmlosen Kontrollen bis zu heftigen Auseinandersetzungen, die in Gewahrsam endeten. Nur die Armee, die kam noch nie.

«Vielleicht wollten die nur ein neues Nachtsichtgerät ausprobieren», meint Joe und spielt damit das Erlebnis runter. Was mir dabei klarwird: Der Hambacher Forst ist kein angstfreier Raum. In schwindelerregender Höhe in der Krone einer Eiche festzusitzen flößt den Aktivisten keine Furcht ein. Auch nicht die mögliche Niederlage; da sie alle von der Notwendigkeit einer Alternative überzeugt sind und an ihrer Vision festhalten, jeden Moment dafür leben, liegt es in der Natur der Sache, dass sie kaum einen Gedanken an ihr Scheitern verschwenden. Lieber malen sie sich ihr Wunschbild eines Neuanfangs in ferner Zukunft aus. Freiheitsentzug nehmen die meisten in den Reihen hin, obwohl sie enormen Respekt davor haben. Besonders diejenigen, die bereits mit der Staatsgewalt zu tun hatten. Die Antwort auf meine Frage nach dem, was hier am meisten Angst macht, sind nicht die Vernichtung des Hambacher Forsts, der Klimawandel und seine Folgen. Ganz instinktiv sagen sie: «Ich will nicht ins Gefängnis.»

Niemand hier lebt ohne Panikschübe oder Paranoia. Für regelmäßige Wiesenpausen und Auszeiten dürfte den Besetzern in Zukunft jedoch immer weniger Zeit bleiben. Der Druck steigt, weil das Oberverwaltungsgericht Münster das Camp im Dezember 2016 für illegal erklärt hat. Die Versammlung auf der Wiese sei nach polizeilichen Ermittlungen keine friedliche, die Räumung somit jederzeit möglich.

Einige Monate sind seit diesem Urteil und meinem Besuch vergangen. Noch einmal fahre ich zu den «Hambis». Im Wiesencamp hat sich auf den ersten Blick wenig verändert. Das Lager wirkt verlassen, mir begegnet nur eine einzige Person.

«Kennst du Joe? Weißt du, ob er noch hier ist?», frage ich, doch der Typ mit dem Iro schüttelt den Kopf.

Im Wald ist mehr los als auf der Wiese. Es stehen überall neue Barrikaden, man hämmert und sägt an weiteren herum. Die Routine vor dem nächsten Ansturm. Bald beginnt die Rodungssaison. Auch Gallien rüstet sich und ist in den vergangenen Monaten gewachsen. Die Horrorbrücke zwischen Tams Heim und dem benachbarten Baumhaus existiert nicht mehr, einzig ein Drahtseil und eine parallel dazu gespannte Sicherung verbinden die beiden Bäume. Hoch über der Erde ist ein Netzwerk zwischen allen neuen Hütten entstanden. Wenn es im Wald wieder heiß hergeht, braucht niemand einen Fuß auf den Boden zu setzen, und so läuft auch niemand Gefahr, von der Polizei in Gewahrsam genommen zu werden. Durch das dichte Laubwerk der Eichen, das schon herbstliche Farben annimmt, muss ich die Verbindungswege und Baumhäuser lange suchen, die Blätter sorgen für perfekte Tarnung. Ungefähr fünfzig Leute bewohnen gegenwärtig den Forst. Verglichen mit meinem Aufenthalt im Winter herrscht heute richtig Betrieb auf den festgetretenen Pfaden des Waldes, in der Entfernung sehe ich kurz Marta. Um mich herum höre ich Leute Englisch, Französisch und Deutsch reden. Viele Stimmen klingen euphorisch, einige sind zum ersten Mal an diesen abenteuerlichen Ort gereist.

Dann entdecke ich Tam. Er wirkt müde und lacht weniger. Seit mehr als zweieinhalb Jahren ist er nun im Wald. Und es scheint, als würden all die Neuankömmlinge ihn in eine Rolle drängen, die er nicht annehmen will. Jeder möchte etwas von ihm wissen, kommt mit Fragen, sucht seinen Rat. Der Protest und das Leben in den Bäumen haben Spuren hinterlassen. Ob das alles Sinn ergibt? Unbedingt, mehr als je zuvor, kontert Tam. So viel Öffentlichkeit wie in den vergangenen Monaten hätten sie noch nie gehabt. Den routinierten Umgang mit den Medien merkt man ihm an. Tam mag nur noch wenig über sich preisgeben, das sei alles nicht von Relevanz. Er spricht im Namen der Gruppe, konzentriert sich ganz auf die Sache und sagt Sätze, bei denen er kaum noch überlegen muss. Ich finde keinen Draht zu ihm, und er nennt mich nicht mehr «Kollege».

Alles wegen des Lochs. Gierig breitet es sich aus, frisst Wald, Wiesen und Heimat. Einen Blick darauf will ich noch riskieren, bevor ich gehe. Ich versuche, von Gallien aus direkt durch den Forst zur Abbruchkante zu gelangen, die an der alten A 4 liegt – oder an dem, was von ihr noch übrig ist. Mehr als eine Schneise im Wald dürfte es nicht sein. Doch schon bald werde ich vom Sicherheitsdienst des Konzerns abgefangen. Wie aus dem Nichts taucht ein weißer Geländewagen vor mir auf. Sackgasse.

Einige Kilometer weiter östlich. Ich sitze auf einem Liegestuhl aus Metall unter dem dazugehörigen Sonnenschirm am öffentlichen RWE-Aussichtspunkt und starre auf den Tagebau Hambach, der sich bis zum Horizont erstreckt. Eine unwirkliche Kulisse, gleichermaßen beeindruckend wie pervers. Die faszinierend monströse Grube ist viel, wirklich viel weitläufiger, als ich gedacht habe, die Mega-Bagger erscheinen überhaupt nicht mega in diesem Loch. Neben ihnen wirken die Geländewagen wie Matchbox-Autos. Da unten ächzen Maschinen, für Braunkohle, für Strom. Für mich, für uns. Und so, wie diese Reise anfing, so endet sie. Ich sehe zweifelnd in den Abgrund, und mich durchfährt ein schrecklich vertrautes Gefühl des Unbehagens.

MEHR IST MEHR!
Freie Liebe unter Kirschblüten
(Kanton Solothurn)

Ich sehe eine neue Nachricht auf dem Display aufleuchten, während ich vor Basel im Stau feststecke:

«Ok, melde dich dann ... Bin allerdings ab 20.15 Uhr unterwegs. Traum- und Stillegruppe im Bauernhaus. Falls wir uns wider Erwarten nicht mehr sehen, würde ich dir raten, direkt ins Bauernhaus zu gehen, dein Zimmer zu beziehen und mal still reinzuspüren, wie sich das anfühlt, wenn ca. achtzig Leute gemeinsam träumen. Du kannst da allerdings außer in Form einer energetischen Verbindung nicht einfach so dazukommen! Nur zur Info. Aber ich hoffe, ich sehe dich noch – zumindest kurz. Viele Grüße, Anke.»

Mein Schlüssel zur Kirschblütengemeinschaft lebt seit mehr als dreizehn Jahren in der Schweiz. Ursprünglich kommt Anke aus Baden-Württemberg, dort baute sie mit ihrem Mann und mit Freunden Anfang der Neunziger ein Haus. Schon in dieser Wohngemeinschaft setzten es sich die Bewohner zum Ziel, den Kollektivgedanken und die Polyamorie voll auszuleben. Offene Beziehungen, freie Liebe, you name it. «Eine glückliche Ehe ist eine, in der sie ein bisschen blind und er ein bisschen taub ist», hat Loriot einmal gesagt, doch Anke und ihre Mitkommunarden wollten ihn Lügen strafen. Das Projekt erwies sich als ein Scheitern mit Anlauf. Nicht nur die Wohngemeinschaft blieb am Ende auf der Strecke, sondern auch Ankes Ehe. Von Beginn an war es ein Wagnis gewesen, das viel Idealismus voraussetzte. Was die Naturheilpraktikerin noch heute heftig umtreibt, ist die Befreiung von Zwängen, Normen und Tabus – kurzum: eine alternative Art zu leben.

Anke ist die Selektorin der Kirschblüten, das heißt, sie entscheidet, wer rein darf und wer abgewiesen wird. Ihren Job macht sie sehr gut. Auf meine erste Anfrage hin bekam ich eine freundliche, aber deshalb nicht weniger deutliche Abfuhr. Da ich mich nicht geschlagen geben wollte, telefonierte ich mehrmals mit der Frau, die eine so samtweiche Stimme hat und doch klare Ansagen macht. Ich musste mich erklären: Es geht mir nicht darum, ihr Freund zu werden, aber als Feind komme ich auch nicht, sondern schlicht als ein neugieriger Beobachter, der gern etwas Zeit bei den Kirschblütlern verbringen würde. Und der Fragen stellen will, um zu begreifen, weshalb Menschen ihr altes Leben hinter sich lassen und Teil dieser Gemeinschaft werden möchten.

Die Kirschblüten sind eine polyamore Gemeinschaft, die bei Journalisten wenig Ansehen genießt: Liest man deren Artikel, denkt man an einen miesen Sauna-Club, in dem sich erst alle am Buffet drängen und sich schmierigen Kartoffelsalat aus Fünf-Liter-Eimern reinhauen, um anschließend den Tanga abzustreifen und das Swinger-Motto «Alles kann, nichts muss» bis zum Exzess durchzuspielen. Ich offenbare mich der Fremden und erzähle ihr, dass ich in Sachen Ménage-à-trois bisher keinerlei Erfahrungen sammeln konnte – nein, wollte. Die Vorstellung, einen geliebten Menschen mit jemandem zu teilen, überfordert mich, ganz ähnlich wie die, dass ich selbst zwischen zwei Personen aufgeteilt werden könnte. So was mag mal ganz geil sein, doch emotional und rational sorgt ein permanenter Dreier ziemlich sicher für Stress.

Dennoch, ich will es nicht abstreiten: Die Idee der Polyamorie übt einen enormen Reiz auf mich aus, und ich behaupte, dass ich damit nicht alleine bin. Schließlich kenne ich die Probleme und Sorgen sehr gut, die das monogame Zusammenleben mit sich bringt, wenn Routine schleichend die Romantik killt und das Verdrängen sich nicht länger verdrängen lässt. Entfremdung in der Zweisamkeit, die Abwärtsspirale, die fast jeden schon einmal erfasst hat, bis man dann abgestumpft und Joy Division hörend auf einem Scherbenhaufen aus Gefühlen schwört, es nie wieder so weit kommen zu lassen. Oder, wie Michel Houellebecq in «Die Möglichkeit einer Insel» das Stadium nach dem Verfallsdatum einer Beziehung beschreibt: «Die Einsamkeit zu zweit ist die Hölle, auf die man sich einlässt.» *Love will tear us apart.*

Warum also lassen sich so viele noch immer und immer wieder darauf ein? Gibt es da nicht eine viel bessere Alternative? Insgeheim glauben wir das vielleicht. Heute heiraten nur noch halb so viele Leute wie vor sechzig Jahren. Zusammen sein für alle Ewigkeit – eine schöne, romantische Idee, nur bei der Umsetzung hapert es. Fast jede zweite Ehe in Deutschland wird geschieden, oft tragen Seitensprünge ihren Teil dazu bei. Wir befinden uns in einer Zeit des technologischen Wandels, einer Öffnung in so vieler Hinsicht. Allein das Beziehungsleben folgt einem einfachen Muster: Man ist ein Paar, oder man ist kein Paar. Der Homo sapiens hat längst dem Tod den Krieg erklärt, bald schon könnten wir steinalt werden, und spätestens dann wird die exklusive Zweisamkeit bis in alle Ewigkeit zur unendlichen Tortur werden. Liebe und Beziehung brauchen ein *Reboot*, selbst auf die Gefahr hin, dass intime Partnerschaften zu Konsumgütern verkommen.

Und der Sex? Wissenschaftler der Universität Montreal haben herausgefunden, dass «paraphile», also von der Norm abweichende Sexualpraktiken weiter verbreitet sind als vermutet. Wenn fast die Hälfte der mehr als tausend Probanden der Studie abnormale Sexualphantasien hat, ein Drittel diese sogar schon auslebt, dann können «normal» und «abnormal» in Bezug auf Sex und indirekt wohl auch in Sachen Beziehungen nicht mehr ohne Weiteres definiert werden. Ob eine Liebesbeziehung zwischen drei oder mehr Menschen «normal» ist oder «anders», hat allerdings nicht nur mit Statistik, sondern auch mit Moralvorstellungen zu tun.

Die Erhebung der kanadischen Forscher hat mich zu einer Blitzumfrage in meinem Freundeskreis motiviert: «Denkst du nach einer gewissen Zeit in einer festen Beziehung an Sex mit anderen?»

Ausnahmslos alle, Frauen wie Männer, beantworteten die Frage mit «Ja». Unbeantwortet blieb dagegen meine zweite Frage, ob er oder sie diesen sexuellen Phantasien auch nachgehe. Offenbar ein Fehler im Monogamiesystem: die Lüge.

Jedenfalls sei nicht auszuschließen, schrieb ich Anke kurz und knapp, dass meine Reise zur Schweizer Kirschblütengemeinschaft, auf die ich mich wie bekloppt freuen würde, auch mein Privatleben umkrempeln könnte. *When routine bites hard / And ambitions are low / And resentment rides high / But emotions won't grow / And we're changing our ways / Taking different roads // Love, love will tear us apart again / Love, love will tear us apart again.*

Trekkingfahrräder parken im geschotterten Hof und ruinieren das Bild des mächtigen Bauernhauses. «Praxis Dr. Samuel Widmer Nicolet» ist auf blau-weißen Kacheln an der hölzernen Fassade zu lesen. Während Anke und die anderen Kirschblütler im ersten Stock träumen oder meditieren oder was auch immer tun – durch die geschlossene Tür dringt kein Geräusch nach draußen –, schleiche ich durch das totenstille Treppenhaus.

An einer Pinnwand fällt mir eine Postkarte auf: «I ♥ MDMA & LSD» steht da und kleiner darunter ein Hinweis auf die Internetseite «Der verbotene Weg». Ich hole mein Smartphone aus der Tasche und finde Erfahrungsberichte zahlreicher Menschen, die sich zur Psycholyse bekennen, einem Behandlungsverfahren, bei dem bewusstseinsverändernde Drogen zum Einsatz kommen. Die Message ist eindeutig: LSD und MDMA gehören legalisiert.

Im kargen Dachgeschoss des Bauernhauses, wo ich in den nächsten Tagen untergebracht bin, lege ich mich auf das schmale Bett. Noch einmal überfliege ich Ankes SMS, gebe mir die allergrößte Mühe, doch die energetische Verbindung zu den Träumern zwei Etagen tiefer baut sich auch nach Minuten des reinen Rumliegens und Still-in-mich-Reinspürens nicht auf. Im Gästezimmer ist und bleibt es einfach nur sehr still. Geist und Körper senden keine Signale, nur meinen Atem nehme ich akustisch wahr. Vielleicht meditiere ich schon, denke ich, aber diese Vermutung allein dürfte das Gegenteil belegen.

Ein großes Gemälde an der Wand nötigt mich schließlich, auf andere Gedanken zu kommen. Eine Hochschwangere in Öl, die mit angewinkelten Beinen und in lasziver Pose auf einem Bett sitzt. Der durchgedrückte rechte Arm stützt den Körper, die Hand liegt flach auf dem rosafarbenen Laken. Die andere Hand greift in das lange dunkle Haar und umschließt dabei eine Lilie. Splitternackt ist das Wesen. Feine bläuliche Äderchen ziehen sich über den schneeweißen Busen mit den tellergroßen Brustwarzen. Süffisant lächelt die Frau mich an, ihre Wangen leuchten viel zu rot. Sie erinnern mich an Jigsaw aus «Saw» – ein Psychohorrorfilm, ähnlich verstörend wie das Bild und dieser Blick.

«Die Gemälde von Samuel Widmer sind ausdrucksstark und eindrucksvoll!», heißt es auf dem Flyer, den ich aus dem Treppenhaus mitgenommen habe. «Orgasmus», «Nackt und blass» oder «Frieden» lauten die Titel von Widmers Arbeiten. Blumen zählen zu seinen Lieblingsmotiven, fast jedes Bild zeigt eine. Auf der Leinwand mit der Nackten ohne Titel ist die Lilie nur ein kleiner Teil des Arrangements. Die Porträtierte heißt Danièle Nicolet, sie ist Widmers Ehefrau Nummer eins und Mutter von fünf Kindern – bei meiner Recherche habe ich einige Fotos von ihr gefunden, doch auf keinem zeigte sie sich so freizügig wie auf der Leinwand neben meinem Bett. Seit mehr als zwanzig Jahren lebt Danièle Nicolet in einer Partnerschaft mit dem Hobbymaler.

Bald werde ich das Paar treffen. Die beiden erwarten mich zu einer «Heilung-durch-Liebe»-Sitzung. Unruhig soll mein Schlaf in dieser ersten Nacht vor den weit aufgerissenen Augen Danièles sein.

Keine fünf Autominuten von der Barockstadt Solothurn liegt am Fluss Aare im Norden der Schweiz das Dorf Lüsslingen. Wer nicht rechtzeitig abbremst, rauscht gnadenlos durch das Nest hindurch und merkt es vielleicht erst hinter dem Ortsschild Nennigkofen, der benachbarten Gemeinde. Die beiden Siedlungen gehen ineinander über, für Auswärtige kaum zu unterscheiden. Immerhin drei Bushaltestellen gibt es in dem

Zwei-Dörfer-Dorf, ein paar wenige Geschäfte, nur ein Restaurant. Vor nicht allzu langer Zeit existierte anscheinend noch ein weiteres. Über der Tür zum verrammelten Gasthof Rössli erinnert ein kleines goldenes Pferd an Zeiten, die wirtschaftlich betrachtet wohl irgendwann nicht mehr so golden waren.

Tausend Menschen nennen diesen Hügel ihr Zuhause, darunter ungefähr zweihundert Erwachsene und Kinder, die sich der Kirschblütengemeinschaft angeschlossen haben. Über die Ortsgrenzen hinaus zählt die Gemeinschaft rund zweitausend Anhänger. Sie gedeiht seit zwanzig Jahren in Lüsslingen-Nennigkofen. Dabei kommen Jahr für Jahr allerdings nur wenige neue Gesichter hinzu. Wer bleiben will, braucht einen Job in der Schweiz oder sollte Privatier sein, denn jeder in der Gruppe muss seinen Lebensunterhalt selbst bestreiten, eine Art Grundeinkommen oder Taschengeld gibt es in dieser Community nicht. Mehr als die Hälfte der Kirschblütler ist aus dem Ausland zugezogen, die meisten davon aus Deutschland.

Um es diplomatisch zu formulieren: Die Integration in die Wahlheimat ist suboptimal verlaufen. Schuld daran ist nicht mal so sehr die Massenzuwanderung der Deutschen in die Schweiz – ein heikles Thema, «Die Zeit» hat dazu einen Artikel mit der Auf-die-Fresse-Überschrift «Fuck you, Deutschland» veröffentlicht. Vielmehr sorgt die polyamore Lebensweise, aus der die Gemeinschaft keinen Hehl macht, bei der heimischen Bevölkerung für Hassgefühle. Und es gibt einen weiteren Grund dafür, dass die Kirschblütler einen so sagenhaft beschissenen Ruf genießen. Im Dorf weiß man von Drogentherapien, Razzien und sektenähnlichen Strukturen rund um den «Sex-Guru». Die Kloake Internet ist randvoll mit expliziten Schlagzeilen und Kommentaren.

Seine Anhänger verehren den Schweizer Psychiater Samuel

Widmer, und sie wollen die «Hexenjagd» nicht länger hinnehmen. Psychologen aus den eigenen Reihen haben ihre Arbeit in Kliniken verloren – die Entlassungen hätten einzig und allein mit ihrem Privatleben zu tun, werde ich bei meinem Aufenthalt noch häufig hören. Was in den meisten Großstädten kaum jemanden juckt, knallt auf dem Land richtig rein. Obendrein verstört Samuel Widmer mit eigenwilligen Äußerungen über das «Inzesttabu». Erwache in einem jungen Mädchen die Sexualität, richte sich seine geballte Energie, seine Liebe und sein Vertrauen auf die wichtigste männliche Bezugsperson: den Vater. Die Furcht vor einem fatalen Fehler lähme den Erwachsenen, das Kind werde vorschnell zurückgewiesen. Wenn es mit dieser Ablehnung nicht umzugehen wisse, könne das Folgen haben, die so schwer auf dem Kind lasten wie ein vollzogener Missbrauch. Die Lösung liege, so Widmer, in «ehrbarem Inzest». «Wir genießen beide das Spiel», heißt es, als der Psychiater beschreibt, wie die Tochter beim gemeinsamen Bad in der Wanne seinen Penis entdeckt. Hätte er die Neugierde des Mädchens abgewehrt, wäre das ein Signal gewesen, das ein Kinderherz brechen könne. Sätze, die einschlagen wie Raketen.

Der Dorfsegen hängt gewaltig schief. Einige Gemeindebewohner haben aufgrund der Spannungen, aber auch aus Furcht vor einer feindlichen Übernahme des Örtchens die Interessengemeinschaft «Üses Dorf» gegründet, die gegen Widmer, sein Modell des Lebens und Liebens wie auch gegen seine Entourage deutlich Position bezieht. Es sind überwiegend Privatpersonen, die Grundstücke und Häuser an die Kirschblütler verkaufen, und der Clan legt gelegentlich zusammen, um die horrenden Kaufpreise aufbringen zu können. In dieser Hinsicht kann man der Gemeinschaft also keine Vorwürfe machen. Zu einem Geschäft gehören schließlich immer zwei Parteien, und wie sich

Geld verdienen lässt, braucht den Schweizern nun wirklich niemand zu erklären.

«Kritische Geister sind uns willkommen», schrieb mir die Selektorin.

Ob dieser Satz ein Hilferuf oder doch eher eine Warnung ist, weiß ich nicht. Sicher bin ich bei einer anderen Sache: Von dem ganzen Tamtam um den «Sex-Guru» und seine Gefolgschaft bekommt ein Unwissender erst mal gar nichts mit. Spaziert man durch Lüsslingen-Nennigkofen, fällt die herbe Landluft auf. Sie steigt mir in die Nase, mein Blick schweift über die Ausläufer des Juragebirges am Horizont. Irgendwo plätschert ein Bach. Kühe, Höfe, Bauernhäuser – das reinste Landidyll und für einen Stadtmenschen die heile Welt.

«Wie lebst du eigentlich?», will Ilona wissen.

Wer Fragen stellt, um die Geschichten anderer aufzuschreiben, sollte auch selbst Antworten geben können. Also erzähle ich ihr genau das, was man gemeinhin preisgibt, wenn man sich kaum kennt und doch über den ersten Smalltalk hinweg ist: eine Kurzbiographie ohne zu viele Details. Als ich meinen Familienstand nenne, komme ich allerdings nicht umhin, «monogam» zu ergänzen, was in der Situation unseres Gesprächs weit mehr ist als nur ein Adjektiv mit drei Silben. Ilona hat wenig Interesse, an der Oberfläche zu bleiben, sie analysiert und bohrt hemmungslos. Ihre Naivität gibt der schon reiferen Dame bei mir Narrenfreiheit. Sie ist sich ganz sicher, dass ich meine Freundin nur deshalb noch nie betrogen habe, weil die Beziehung so frisch ist. Es sei nur eine Frage der Zeit, bis einer von uns den Seitensprung wagen würde. In drei, vier Jahren solle ich mich an ihre Worte erinnern – dass meine Partnerin und ich diese Zeitspanne bereits gemeinsam hinter uns gebracht haben, überhört Ilona. «Du wirst schon noch sehen!»

Und so geht es weiter. Die großgewachsene Blondine, die mich sehr an die Leichtathletin Heike Drechsler erinnert, nimmt mich unentwegt in die Mangel. In der Küche ihrer tausendachthundert Franken teuren Mietwohnung im Erdgeschoss des Bauernhauses sitzen wir zusammen beim Frühstück. Ihre Tür steht im übertragenen wie im eigentlichen Sinne offen. An diesem Morgen geben sich hier einige Kirschblütler die Klinke in die Hand. Manche kommen, um in Erfahrung zu bringen, ob sich am Sitzungsplan für das Bauernhaus etwas verändert hat, aber die meisten wollen nur ein wenig mit Ilona plaudern. Privatsphäre scheint in dieser Gemeinschaft ein rares Gut zu sein. Im Moment aber ist mir diese Taubenschlagstimmung ganz recht, schließlich befreit sie mich immer wieder aus dem Schwitzkasten von Ilonas Fragen.

In ihrem alten Leben hatte sie eine leitende Position in einem amerikanischen IT-Unternehmen, sicherlich fällt es ihr deshalb so leicht, unentwegt Statements abzugeben und mit Analysen um die Ecke zu kommen, die man als Learnings aus Führungscoachings mitnimmt. Vor mehr als zwei Jahren dann der Einschnitt, sie fand sich an einer Weggabelung wieder. Hinter ihr lag eine zerbrochene Beziehung, der frühere Partner teilte mit der Neuen in der alten Nachbarschaft schon sein Leben. Eine Option wäre gewesen: Zähne zusammenbeißen, weitermachen wie gehabt, der Trennungsschmerz würde irgendwann überwunden sein, jeder kennt das. Doch Ilona entschied sich für den radikaleren Weg, den kompletten Neuanfang, was ihr bei vielen ihrer Freunde Unverständnis einbrachte. Sie kündigte den geliebten Job, denn die Vergangenheit nahm ihr in der Gegenwart zu viel Energie, wie sie sagt. Eine Weile pendelte sie zwischen Süddeutschland und den Kirschblütlern, besuchte Seminare und Workshops von Widmer und Ehefrau Nummer eins, und irgendwann fand sie zu ihrem neuen Dasein. Was der ausschlaggebende Grund war, der Gruppe beizutreten, erfahre ich nicht von ihr. Ilona siedelte über, seitdem ist sie die Neue in der Community. Im Bauernhaus organisiert sie die Seminare und Sitzungen. Dass sie für diesen Job eigentlich überqualifiziert ist, stört sie nicht. Ein Teil der Gemeinschaft zu werden und sich von der vertrauten Lebensweise zu verabschieden – geschenkt. Die Herausforderung, die gemeistert werden will, ist eine ganz andere: die Einsamkeit. Wenngleich es bei ihr an diesem Morgen hoch hergeht, fühlt sich die Neue, die selten allein bleibt, trotzdem einsam. Gemeinschaft leben die Kirschblütler vor allem in ihren Familien. Ilona hat hier keine eigene.

«Mein Leben habe ich für die Liebe gegeben», sagt sie. Um an diesem Ort bleiben zu können, befreit von der Vergangenheit, musste sie einen «Ego-Tod» sterben. Noch einmal bei null anfangen, wie ein unbeschriebenes Blatt sein, so der Wunsch. Da ihr Ego nie sonderlich ausgeprägt gewesen war, sei dieser Akt keine schmerzhafte Erfahrung gewesen. Eifersucht, Wut, Neid und Trauer sollen die Eigenschaften sein, die das Ego charakterisieren und die es demnach zu überwinden gilt.

Im Social-Media-Zeitalter wird das Ich nonstop inszeniert, das Bedeutungslose mit Hashtags und Foto-Postings aufgeladen und überstrapaziert – wie das funktioniert, ist bekannt. Doch wie lässt man das Ego hinter sich? Eine Antwort geben die Lehren von Jiddu Krishnamurti. Der indische Philosoph ist neben Carlos Castaneda, dem Ethnologen und Vordenker der New-Age-Bewegung, ein wichtiger Bezugspunkt für die Kirschblütler, sobald sich eine Sachlage komplexer gestaltet. In den Schriften des Inders gilt das Ego, vereinfacht gesagt, als die

Wurzel allen Übels. Deshalb geht es nicht darum, das Ich zu stabilisieren, sondern es aufzulösen. So weit die Theorie. In der Praxis sollen psychotrope Substanzen der Schlüssel sein. Ketamin und MDMA sind nicht nur beliebte Feierdrogen, die im Licht des Strobos und bei Basswummern im Bauch den Ego-Boost zünden, die Dopaminausschüttung anstoßen und die Synapsen zappeln lassen. Ketamin, Ephedrin, MDMA und LSD sollen noch ganz andere Wirkungen haben, wenn sie in der richtigen Dosierung und unter Aufsicht eingenommen werden. Mit den beiden erstgenannten Stoffen darf Dr. Samuel Widmer arbeiten, mit den zwei anderen durfte er es. Eine heikle Angelegenheit, die in der Gruppe oft genug für Ärger gesorgt hat. Ilona will darüber nicht viel sagen.

«Kannst du dir eine Welt vorstellen, in der es keine Kriege gibt und sich alle lieben?», fragt sie, um das Thema zu wechseln.

«Nein», erwidere ich, obwohl ich gern bejaht hätte.

«Siehst du, Samuel ist ein Mensch, der im Kleinen versucht, so zu leben, wie es eine solche Welt erfordern würde – das ist sein Schicksal.»

Ilona redet über Mutter Teresa und Martin Luther King, und sie sagt es nicht ausdrücklich, doch Widmer gehört für sie fraglos in diese Reihe. Irgendwann würden auch die Kritiker und Zweifler raffen, wie genial dieser Mensch sei. Ich bin tatsächlich wahnsinnig gespannt, wie mein Treffen mit dem Mann verlaufen wird, der mich als Maler jedenfalls nicht überzeugen konnte.

Zum Abschied nimmt mich die Hausherrin lange und fest in die Arme. Die Menschen an diesem Ort pflegen, wie ich im Laufe meines Aufenthalts noch oft feststellen werde, einen körperbetonten Umgang miteinander. Natürlich sind das lange Umarmen und das Drücken auch Teil eines eingespielten Rituals, aber es wirkt authentischer als das Gedrücke und das teils unbeholfene Wangenküsschengehabe unter flüchtigen Bekannten, das heute beinahe Usus geworden ist. Ich selbst bin darin wahnsinnig schlecht, und vielleicht achte ich deshalb so genau darauf, wie es Ilona handhabt.

«Du wirkst auf mich verloren, ganz ohne Energie», bemerkt sie ruhig. «So wie jemand, der kein Zuhause hat.»

Ich mag Menschen, die direkt sind, aber ich wundere mich über Ilonas Einschätzung. Die Diskrepanz zwischen meiner Selbstwahrnehmung und dem Bild, das sie offenbar von mir hat, könnte nicht größer sein. Obwohl, was die Energie betrifft, hat sie vielleicht sogar recht. Warum ist es mir am Abend zuvor nicht gelungen, in mich hineinzuspüren? Bin ich abgestumpft? Ich sage lieber nichts.

An Ankes Seite durch das Zwei-Dörfer-Dorf zu spazieren ist eine neue Erfahrung. Eine Begrüßung, eine Umarmung. Im nächsten Moment eiskaltes Ignorieren. Es braucht keine Erklärung, um dahinterzukommen, wer von all denen, die uns begegnen, zur Community gehört und wer nicht. Angst vor dem Fremden und Neid auf das vermeintlich tabulose Leben – das ist der Zunder, der den Konflikt in Lüsslingen-Nennigkofen wieder und wieder aufflammen lässt. Es bestehe keine Chance auf einen Dialog, obwohl die Gruppe anfangs alles darangesetzt haben will, ein gutes Verhältnis zu den Dorfbewohnern aufzubauen. Die Sicht der Gemeinschaftsgegner findet man im Netz. Je länger wir unterwegs sind, desto mehr nimmt mein Unwohlsein zu, ich bilde mir ein, unter Beobachtung zu stehen, fühle mich als Teil der Kirschblüten, als Teil des Problems, als Persona non grata. Das erzwungen gemütliche Herumschlendern nervt, ich versuche, etwas Tempo zu machen, doch Anke geht null darauf ein. Die Erfahrung, nie ganz dazuzugehören und permanent in der Schusslinie zu stehen, habe sie nicht erst in Lüsslingen-Nennigkofen gemacht, die süddeutsche Provinz ticke kein bisschen anders. Ihr Fell ist dick, meins offenbar nicht.

Wie verhärtet die Fronten sind, dokumentieren Gerichtsurteile, aber es zeigt sich vor allem in der Rebe, einer kleinen Gasse mit hübschen Häuschen und einem Wendehammer am Ende. Sechs Parteien leben hier, fünf davon spielen im Team Widmer. Gentrifizierung der ganz anderen Art.

«Hier wohnt noch eine Familie, die nicht zu uns gehört.»

Anke deutet auf eine hochgewachsene Tanne im Garten einer der Kirschblütensippen. Eigentlich ist es kaum mehr ein Baum, eher ein verstümmeltes Ding. Sämtliche Zweige, die wohl einmal auf das Nachbargrundstück hinübergeragt hatten, sind bis in die Krone hinauf akribisch abgesägt worden. Kein kleiner Zwist führt zu einer solchen Kurzschlusshandlung, wer sich so reinhängt, trägt die Verbitterung tief in sich. Der Tannenrest ist ein Zeugnis von purem Hass. Zuvor hat ein kleines handgeschriebenes Schild in der Krone des Baums prophezeit, was kommen sollte: «Hier herrscht Krieg!», war dort zu lesen.

«Das Leiden anderer betrachten» – der Name eines Essaybands von Susan Sontag über Kriegsfotografie könnte das Motto der Dorfführung sein. «Das Bild sagt: Setz dem ein Ende, interveniere, handle. Und dies ist die entscheidende, die korrekte Reaktion», heißt es dort. Viele Schlachten sind geschlagen, aber ein Ende des Dorfkonflikts ist längst noch nicht abzusehen.

Rund vierzig Häuser sind im Besitz einzelner Mitglieder, gemeinsamer Besitz sind nur der Hof der landwirtschaftlichen

Produktionsgenossenschaft und das dazugehörige Ackerland mit den Streuobstwiesen. Während meiner Tage im Dorf sehe ich auf dem Acker eigentlich nur Walter, einen Landwirt, der allein das Feld bestellt und erst mit zweiundsechzig Jahren zur Gruppe stieß. Die Bibel war für ihn ein halbes Leben lang bestimmend, später kamen Pharmazeutika dazu, seine Frau hatte immer weniger Einfluss auf ihn. Seit er seinen Hof verlassen hat, ist alles ganz anders. Medikamente braucht er keine mehr, neuen Lebensmut geben ihm seine beiden Freundinnen.

Wenn die Gemeinschaft die notwendigen Mittel aufbringen kann, dürfte mit dem verwaisten Gasthaus Rössli in absehbarer Zeit weiteres Gemeingut hinzukommen. Die Kirschblütler suchen nach einem Ort, an dem sie Gemeinschaft täglich und intensiver leben können, mit Großküche und Räumen, um abseits von Psycholyse und Sitzungen zusammenzukommen. Bäume wachsen glücklicherweise keine auf dem dazugehörigen Grundstück.

Als ich zum ersten Mal vor Anke stand, zögerte ich. Eine Frau mit glatten dunklen Haaren bis über die Schulter und einem akkuraten Mittelscheitel öffnete die Tür des Einfamilienhauses. Mein Gegenüber konnte Anke sein, vielleicht aber auch eine andere Frau der Familie, die hier wohnte. Besucht man ein polyamores Paar, lässt sich nicht immer auf Anhieb sagen, wer denn nun wer ist. Erst die sonnengebräunte Haut gab mir die Gewissheit, vor der Richtigen zu stehen. In einer unserer letzten Mails hatte Anke in einem Nebensatz eine Indienreise mit ihrem Mann Arno erwähnt, daher der für diese Jahreszeit zu dunkle Teint. Mit Arno, dem Biologen, ist Anke seit zwölf Jahren liiert. Arnos zweite Lebensgefährtin Anne, eine Ärztin, wohnt seit einem Dreivierteljahr mit dem Paar zusammen.

Kinder gibt es auch: Ankes und Arnos achtjährige Tochter und Annes Sohn aus einer früheren Beziehung.

«Mama!», rief der Kleine beim Essen und korrigierte sich kurz darauf: «Ähm, du, Anke, mein ich!»

Es beruhigte mich festzustellen, dass neben mir auch andere Personen im Haus von den Strukturen überfordert waren. Die Familie der Selektorin ist eigentlich noch größer, zwei erwachsene Söhne aus erster Ehe leben in Solothurn. Zu dem Vater der beiden, dem Ex aus Süddeutschland, pflegt sie ein freundschaftliches Verhältnis. Auch er wohnt im Dorf. Überhaupt scheint die Patchwork-Sippe und das «Dreieck», wie Anke ihre Beziehung zu nennen pflegt, im peacigen Einklang miteinander zu stehen.

Wieder einmal klingele ich jetzt bei Anke. Diesmal möchte sie mich zu einer Verabredung bringen und mir auf dem Weg etwas zeigen. Wir stoppen vor ihrem Büro am Rande des kleinen Industriegebiets. Wo die Fabrik aufhört, beginnt unmittelbar ein reines Kirschblütenviertel, ich kann entspannen und muss keine beobachtenden Blicke hinter beiseitegeschobenen Gardinen fürchten. Auf der uns gegenüberliegenden Straßenseite liegt das Grundstück für Ankes neues Eigenheim. Noch ist da nichts, aber bald schon soll gebaut werden. Zwei Schlafzimmer werden für die drei Erwachsenen reichen, Arno braucht kein eigenes, er schläft entweder bei der einen oder bei der anderen Frau, so der Plan.

Sharing is caring. Der Hahn im Korb, irgendwie doch eine wunderbare Vorstellung, mit der ich mich vielleicht anfreunden könnte. «Schön, wenn man die Frau fürs Leben gefunden hat – noch schöner, wenn man ein paar mehr kennt», meinte Woody Allen einmal. Für Arno aber sei die Beziehung eine Herausforderung, erzählt mir Anke, der Alltag im Dreieck laste schwer auf ihm. Er müsse ein Vielfaches an Aufmerksamkeit und Empathie aufbringen. Mein Bild ist offenbar zu eindimensional, die Realität viel komplexer, als ich es mir gedacht hätte. Ist ja immer so. Auch für die Frau aus Baden-Württemberg bleibt die Beziehung ein Kraftakt. Zwölf Jahre lang musste sie ihren Partner mit niemand anderem teilen. Die Leichtigkeit ist aus ihrer sanften Stimme verschwunden, und meine Euphorie für das Modell flaut mit jedem ihrer Sätze weiter ab.

«In der ersten Zeit hat mich das zerrissen, allein zu schlafen, ich hatte richtige Entzugserscheinungen.»

Man muss es sich nur mal vorstellen: Während man selbst allein im Bett liegt und kein Auge zubekommt, wälzen sich der geliebte Mensch und eine andere Person im Zimmer nebenan in den Federn und machen Rambazamba. Das derbste Kopfkino. Jedes Paar definiert Beziehung und Liebe anders, mit jeder Partnerschaft werden die Regeln des Zusammenseins neu ausgehandelt. Dabei ist eine Liebesbeziehung ständig in Bewegung wie das Meer, mal ist die See ruhig, mal tobt ein Sturm, und die sich aufbäumenden Wellen nehmen jegliche Weitsicht. Hört man auf, mit den Armen zu rudern, säuft man gnadenlos ab. Egal, ob man sich unkonventionell liebt oder vollkommen angepasst, intime Beziehungen sind so individuell wie die Menschen, die sie eingehen.

Für Anke fühlt sich das Dreieck trotz aller Schwierigkeiten einfach besser an. In einer polyamoren Partnerschaft zu leben bedeutet für sie, die gemeinsame Zeit intensiv zu nutzen und sich der Eifersucht ganz bewusst zu stellen. Es gehe auch darum zuzulassen, dass sich der Partner oder man selbst neu verliebt. Niemand soll Anspruch auf einen anderen Menschen haben, eine Form der Partnerschaft darf niemals als gegeben und selbstverständlich betrachtet werden.

Ich gewinne den Eindruck, dass die Polyamorie für die Kirschblütler auch ein Surrogat ist, um das Schmetterlinge-im-Bauch-Gefühl länger zu spüren. Lernen kann man bei ihnen sicherlich, Emotionen zu steuern und negative Empfindungen zu kontrollieren. Kaum etwas ist peinlicher und hässlicher als die Eifersucht, sie ist ein elender Tsunami. Man sieht die anrollenden Wellen nicht kommen, ihre vernichtende Kraft ist erst zu spüren, wenn sie einen hinwegreißen. Nach der Wut kommt die Panik vor dem Verlust. «Eifersucht ist Angst vor dem Vergleich», schrieb Max Frisch in seinem literarischen Tagebuch. Die Kirschblütler versuchen, dieser Angst ins Auge zu blicken.

Allerdings hat nur ein kleiner Teil der Community polyamore Beziehungen, etwa zehn Prozent stellen sich dem Leben im Dreieck. Doch auch die Zweierbeziehungen in Lüsslingen-Nennigkofen sind offener als anderswo. Die Maxime der Gemeinschaft verlangt, dass Gefühle anderen gegenüber offen mitgeteilt werden dürfen, wenn gegenseitige Anziehung zu spüren ist. Jedem in der Gruppe ist es freigestellt, sich bis zu dreimal im Jahr ein Stelldichein zu gönnen. Tindern ohne Smartphone quasi, wobei die Auswahl überschaubar bleibt. Und es gibt eine weitere Einschränkung: Neben den Hauptakteuren müssen auch ihre jeweiligen Lebenspartner mit dem Match cool sein. Erklären die ihr Einverständnis, steht dem geplanten Sexdate nichts mehr im Weg – vorausgesetzt, die Lust darauf kommt bei den Plenumsdiskussionen nicht abhanden. Die Nüchternheit, mit der hier über Liebesnächte und den Umgang mit Eifersucht gesprochen wird, hat viel von einer Unterredung mit einem Wirtschaftsberater, der über konkrete Sparmodelle für die Altersvorsorge referiert. Kein flammendes Plädoyer für Leidenschaft, fiebrige Nächte und Lustgewinn. Vielleicht bin ich der Einzige, der bei alldem an austauschbaren Sex, One-Night-Stands und überstürzte Verabschiedungen am nächsten Morgen denkt. Das Zusammenkommen, auch in den besagten Nächten, sei ein Versuch, ernsthafte, innige Beziehungen herzustellen.

«Das ist etwas völlig anderes, als zum Beispiel in einer Bar angemacht zu werden», holt Anke mich auf den Boden zurück.

Auch beim Stichwort «Tantra» habe ich offenbar ganz falsche Vorstellungen – eine Mischung aus Wikipedia-Eintrag und gefährlichem Halbwissen um erotische Massagen mit Öl in verknoteten Körperhaltungen.

Mit ihrer Definition, sagt Anke, habe das nichts gemein. Sie bleibt jedoch vage: «Tantra ist alles.»

Anschaulicher wird Jutta, als wir zusammen ein Bier trinken. Die Rentnerin aus Düsseldorf kam nach ihrer Pensionierung vor zehn Jahren zur Kirschblütengemeinschaft. Ende der Sechziger wollte sie einer Kommune beitreten, ließ es aber aus nicht mehr nachvollziehbaren Gründen bleiben und landete, ebenfalls aus nicht mehr nachvollziehbaren Gründen, bei der Polizei. Kein Drehbuchautor würde sich eine solche Biographie ausdenken. Fünfunddreißig Jahre lang war Jutta als Kommissarin im Dienst. Die Mutter von zwei Kindern lebte brutal bürgerlich in einem Reihenhaus und betrog ihren Mann, der seinerseits das Gleiche tat. Die vorgeblich monogame Gesellschaft wolle mit so etwas nicht umgehen, lieber glaube sie an die Lüge, es herrscht eine verdammte, scheinheilige Doppelmoral, ärgert sich Jutta und schüttelt ihre grauen Rainer-Langhans-Locken. Auf Regeln und Zwänge hat sie heute keine Lust mehr, lange genug hat sie für das Gesetz gelebt.

«Sich etwas zu versagen ist bei weitem die schlimmste Form des Sichgehenlassens.»

«Die Lehren des Don Juan», das Buch von Carlos Castaneda, das wirklich alle in der Community gelesen haben und aus dem gern zitiert wird, gilt auch Jutta als Wegweiser.

Drei- bis viermal im Jahr komme der größere Teil der Gemeinschaft für ein ganz besonderes Ritual zusammen. «Sechzig bis achtzig Leute in einem Raum vereint, was das für eine Energie freisetzt!», schwärmt Jutta.

Bis zu drei Stunden dauere das Prozedere. Die Frauen legen sich zu mehreren Kreisen angeordnet auf den Bauch, mit den Köpfen zur jeweiligen Kreismitte hin. Die Männer ziehen nun reihum von einer Dame zur nächsten, bis die Runde einmal vollendet ist. Das ist der große Tantrakreis, exklusiv für Kirschblütler. Niemand wird genötigt mitzumachen. Wenn man sich jedoch dazu bereit erkläre, erzählt Jutta, sei das die Carte blanche, ein Freifahrtschein für eine intensive Erfahrung. Die obligatorische Lanz-Frage «Wie fühlt sich das an?» zu stellen erscheint mir unangebracht und zu suggestiv, deshalb versuche ich es anders:

«Habt ihr Safer Sex? Gab es in der Vergangenheit schon einmal Probleme mit Geschlechtskrankheiten, HIV?»

Die Kommissarin außer Dienst bejaht Ersteres und verneint Letzteres.

Jenseits des mächtigen Panoramafensters grasen Pferde. Diesseits der Scheibe sitze ich verkrampft im Schneidersitz. Die Wände, die Decke, die Teppichlandschaft, die Kerzen und die unzähligen Sitzkissen: Alles ist strahlend weiß. Eine weiße Einöde vom Ausmaß einer Dreizimmerwohnung. Allein der klotzige Bauernschrank, das schwarze Piano, die Ganesha-Statue und ein paar massive Holzbalken sorgen punktuell für Kontraste. Eine satte Note Zitronengras hängt in der Luft.

«Du schreibst also über uns.»

So werde ich von der Frau im Lotussitz neben mir enttarnt, noch bevor ich mich ihr vorstellen kann. Sie trägt eine scheußliche Pluderhose, an ihrem zweitgrößten Zeh steckt ein auffälliger Ring.

Auch ich weiß schon mehr über diese Frau, ich kenne sie von der Webseite «Der verbotene Weg».

«Und warum bist du hier?», frage ich zurück.

Sie wolle sich einen Energieschub abholen, erklärt mir Esther. Sie wird von Kopfschmerzen geplagt, an Arbeit sei an diesem Vormittag nicht zu denken. Die Energie, die das Paar, auf das wir warten, durch simple Berührungen übertrage, sei äußerst elektrisierend. Mit meinem gut gemeinten Ratschlag, zwei IBU 500 einzuwerfen, ernte ich nur irritiertes Stirnrunzeln und einen strengen Blick. Glücklicherweise aber souffliert Esther danach, wer in dem sich langsam füllenden Raum zur Kirschblütengemeinschaft gehört und wer nicht.

An der Sitzung «Heilung durch Liebe» darf jeder teilnehmen. Spenden für die regelmäßig stattfindende Behandlung sind willkommen, eine Garantie auf Genesung gibt es nicht.

Der Guru ist selbst nicht von Leid verschont geblieben. Zwei Herzinfarkte haben Widmer in seinem Leben niedergestreckt, danach soll er Erleuchtung erfahren haben. Wie es auf der Webseite der Gemeinschaft heißt, erhielt der Mann, der genau wie der Heiland an einem 24. Dezember das Licht der Welt erblickt hat, nur eben 1948 Jahre später, von einer inneren Stimme den Auftrag, «sich den Menschen künftig auch als Medium für Geistheilung beziehungsweise Heilung durch Liebe für die Behandlung ihrer körperlichen Leiden zur Verfügung zu stellen».

Auf Heilung durch Liebe warten an diesem Tag etwa fünfzehn Personen. Zwei von ihnen gehören nicht zum Kreis der Kirschblütler. Da ist eine stämmige Dame, die ihren geschundenen Körper nur mit Mühe und in kleinen Trippelschritten in Bewegung zu setzen vermag und sehr lange braucht, um sich in die Hocke auf dem Sitzkissen zu quälen. Sie röchelt und gibt Laute von sich, die tatsächlich nicht gesund klingen. Und dann bin da noch ich. Mein Leiden ist ein Tennisarm.

Der größere Teil der Anwesenden ist Ü50. Kirschblüten sind eine Metapher für Aufbruch, für Schönheit und Vergänglichkeit. Kaum öffnen sie sich, fangen sie schon wieder an zu welken. Eine recht melancholische Beschreibung für den Frühling. Die Blüte ihres Lebens haben die meisten in der Runde bereits hinter sich. Sie welken, verblassen, ergrauen, und vielleicht trocknen sie aus. Als älterer Herr lässt es sich in der Kirschblütengemeinschaft sicher gut leben, nicht nur wenn gerade der Lenz da ist. Umso mehr überrascht das Geschlechterverhältnis, auf einen Mann kommen zwei Frauen. Ob die drei Twens oder die älteren Semester, die Kirschblütlerinnen tragen einen Look, der für sich genommen äußerst individuell ist, in der Runde aber beinahe uniform erscheint: langes Haar, wallend weite Oberteile, die Röcke kurz, darunter Leggings. Manche bevorzugen dickere Strumpfhosen.

Auch Danièle, die ich von dem Ölgemälde in meinem Zimmer auch schon unbekleidet kenne, pflegt diesen hippiesken Stil. Dass sie in Fleisch und Blut nicht annähernd unheimlich aussieht, lässt mich an ihren Maler denken. Ohne einen Laut von sich zu geben, betritt Doc Widmer hinter seiner Ehefrau Nummer eins den Raum. In weißer Leinenhose und einem hellblauen, großzügig aufgeknöpften Hemd schreitet er einher, sicher in dem Bewusstsein, dass alle Blicke aus dem Kreis ihm gelten. Das Paar geht auf die einzigen beiden Stühle zu, die natürlich auch weiß sind. Kein Wort, keine Augenhöhe. Wie von einem Thron blicken sie auf die Runde herab. Vor ihren nackten Füßen liegen zwei Kissen. Um mich herum strahlt nicht nur der Raum, es strahlen auch die Gesichter, selbst die röchelnde Dame wirkt weniger gequält. Niemand redet mehr.

Dann geht es schnell, Esther stupst mich an, und im nächsten Moment knien wir auf den Kissen vor Widmer und Danièle. Diese Haltung, in der das Gewicht des eigenen Körpers von Sekunde zu Sekunde stärker auf den Fußrücken lastet, ist äußerst unbequem. Der Erleuchtete schenkt mir einen Blick durch seine rahmenlose Brille, wir halten Augenkontakt, und er nickt. Ich erwidere die Geste, als sei ich sein Verbündeter, ohne zu wissen, was sie eigentlich bedeuten soll.

Fremde Hände ertasten mich. Widmers Körper beugt sich über meinen, seine rechte Hand liegt zwischen meinen Schulterblättern, die linke übt leichten Druck auf meinen Brustkorb aus. Es wird warm an den Stellen, an denen die Handinnenflächen den Stoff des Pullovers auf die Haut pressen. Die Finger wandern von den Schultern hinab zu den Handgelenken, verweilen dort, bevor sie schließlich auf meinem Solarplexus landen. Der Psychiater mit dem rundlichen Gesicht ruckelt seine Sitzposition zurecht, während ich in der Mörderhocke leide. Dann kümmert sich Widmer um meinen Kopf. Ich kann hören, wie er die Luft durch die Nase einsaugt und ausstößt. Seine Hände formen eine Schale, doch da, wo sich die beiden Handrücken berühren müssten, klemmt mein Hals. Wieder ein kurzer Blickwechsel. Er schließt die Augen, danach streichen Daumen und Zeigefinger über meine Lider. Alles ist schwarz, es bleibt nur die Zitronengrasnote der Duftkerzen, vielleicht rieche ich auch Widmers Handcreme. Seine Finger liegen auf meinem Gesicht und streifen anschließend durch mein Haar.

Ein paarmal wiederholt er diesen kämmenden Vorgang. Zum Abschluss streicht er noch einmal von der Schulter hinunter zu den Ellenbogen, und mit einem Druck auf meine Hände signalisiert er, dass seine Arbeit getan ist.

Bevor ich darüber nachdenken kann, was in den letzten Minuten vor sich gegangen ist, knie ich ein Kissen weiter vor Danièle. Genau wie ihr Mann soll auch die Fünfzigjährige erleuchtet sein. Ihre Gabe, heißt es, sei das Träumen, sie leitet die Traum- und Stillegruppe, die ich an einem der vorangegangenen Abende nicht besuchen durfte.

Wieder habe ich vor meinem inneren Auge das Bild, das sie unbekleidet, hochschwanger und mit Psychoblick zeigt. Nein, ich will mir nicht vorstellen, wie sie nackt vor mir auf dem Stuhl sitzend ohne Babybauch aussehen könnte. Danièle fordert mich auf, meinen Kopf in ihrem Schoß zu vergraben. Sie drückt mich sanft, aber bestimmt zwischen ihre Oberschenkel. Durch einen schmalen Spalt kann ich ihre Füße sehen. An zwei ihrer Zehen funkeln Ringe, wie bei Esther. Noch einmal lasse ich das Prozedere über mich ergehen. Hände, die mich abtasten, die eigenen Füße, die schmerzen und mich beinahe um den Verstand bringen, verhuschte Blicke, die sich kurz treffen, und ein Hauch von Zitronengras.

Es wird gedrückt.

Es wird gerieben.

Es wird gestreichelt.

Es wird warm.

Nach meiner «Heilung durch Liebe» ziehe ich mich auf mein Sitzkissen im Halbkreis zurück. Als die Runde beendet ist, liegen die meisten auf dem Boden, irgendjemand schnarcht, eine Frau weint, und die Röchelnde rasselt weiter aus dem letzten Loch. Ich horche in mich hinein, versuche die Energie, die nun wie ein Elixier durch meinen Körper strömen soll, zu erspüren. Doch in meinem Inneren bricht kein Vulkan aus, es geschieht gar nichts. Da ist nur der Schmerz in den geschundenen Füßen und das vertraute Zwicken im Gelenk, der Tennisarm wird mein treuer Begleiter bleiben.

Man hat sich redlich bemüht, die beiden und auch ich, doch vergebens. Vielleicht braucht es einen glühenden Glauben oder die absolute Verzweiflung, um die Energie fühlen zu können. So war es ein Vormittag der Entschleunigung, wie Segeln ohne Wind.

Das Paar verschwindet genauso wortlos und rasch, wie es erschien. Kein einziges Wort konnte ich mit Danièle oder Samuel Widmer wechseln.

Einer von Widmers Söhnen stellt sich als redseliger heraus. Er kann sich ein Lächeln nicht verkneifen, als er das Wort «Guru» hört.

«Für mich heißt er Fadder», sagt Dario in einem schwizerdütschnahen Deutsch.

Sicher ist es nicht ganz einfach, in einem kleinen Dorf zu leben und einen so bekannten und dabei nicht unumstrittenen Vater zu haben. Doch es waren weniger die äußeren Umstände, die ihm Schwierigkeiten bereitet haben, meint Dario. «Genervt hat mich manchmal, dass Samuel am Ende immer recht hat. Was er sagt und was ich von ihm gelesen habe, stimmt halt.»

Nur eine Sache findet Dario ein bisschen merkwürdig: Wenn sich eine von Widmers Frauen entscheiden würde, mit einem anderen Partner intim zu sein, also ebenfalls polyamor zu leben, dann wäre das für den Kirschblütengründer ein Anlass, die Beziehung zu beenden.

Die Tage in Lüsslingen-Nennigkofen verstreichen ohne

einsetzende Energieschübe. Morgens erwache ich unter dem Psychoblick der nackten Danièle, dann frühstücke ich meist mit Ilona, später am Tag lerne ich neue Kirschblütler kennen. Abends geht es mit wiederum anderen Gesichtern aus der Gruppe weiter. Niemand ist auf den Straßen zu sehen, der Ort wird in meiner Wahrnehmung noch kleiner, als er ohnehin schon ist. Die Isolation, von der Ilona erzählt hat, kann ich am eigenen Leib spüren. Was ich an diesem Punkt meiner Reise noch nicht ahne, sondern erst im portugiesischen Tamera von früheren Mitgliedern der Widmer-Community erfahren soll: Auch einige Kirschblütler vermissen ein Gefühl von Gemeinschaft.

So unterschiedlich all die Menschen hier sind, in einem Punkt gleichen sich ihre Geschichten: Die Polyamorie besitzt eine große Anziehungskraft, vor allem auf die Männer, was so überraschend ist wie das Amen in der Kirche. Widmers Texte haben auch die Frauen motiviert, nicht länger nur von Veränderung zu träumen, sondern sie zu leben. Aber was bliebe ohne den sogenannten Guru übrig von der Kirschblütengemeinschaft? Das ist die Frage, die sie sich alle stellen, weiß doch jeder von den Herzinfarkten, die Widmer in der Vergangenheit niedergestreckt haben. Man sitzt es aus. Wie es weitergehen könnte, wenn er einmal nicht mehr ist, weiß niemand.

Gefühlt kann Gießen mehr Baumärkte als Bars vorweisen. Warum sollte ein junger, ungebundener Mensch wie Juliane nach der Schule länger an so einem Ort verweilen? Die bekannteste Sehenswürdigkeit der Universitätsstadt ist eine Sechziger-Jahre-Fußgängerüberführung. Als ob das nicht schon genug wäre, trägt das Ding im Volksmund den Namen «Elefantenklo» – mit gleich drei mächtigen Löchern sieht diese Betonsünde tatsächlich wie ein überdimensionales Scheißhaus aus, da gibt es wenig schönzureden. Jedenfalls verstehe ich Juliane, die aus dem stillen Örtchen in die Schweiz gezogen ist. Ich bin genau wie sie in Mittelhessen unweit von Gießen aufgewachsen, das verbindet uns.

Wir sitzen an einem runden Holztisch in einem dieser Neubauten mit bodentiefen Fenstern. Die Etage besteht aus einem Raum, der Küche, Esszimmer und Wohnraum vereint. Während ihrer Zeit als Au-pair hat die heutige Logopädin einen zehn Jahre älteren Mann kennengelernt, der in Lüsslingen-Nennigkofen wohnte, und sie entschied sich, bei ihm zu bleiben. Auf der Habenseite der Beziehung stehen zwei niedliche Kleinkinder, die Sollseite gestaltet sich komplexer. Das Haus, in dem wir uns aufhalten, gehört Julianes Ex, dem Vater ihrer Kinder, er lebt in der Nachbarschaft. Neben Juliane sitzt der zwanzigjährige Dario, den ich bereits getroffen habe – er muss einen Moment nachdenken, ob er neun oder doch zehn Geschwister hat, die Samuel Widmer Vater nennen. Seine Mutter ist Widmers Frau Nummer zwei, Marianne. Juliane und Dario sind ein Paar, in einem polyamoren Dreieck in diesem Haus fing es an, bis der Älteste nicht mehr konnte.

Sie sind ein ungleiches, dabei hübsches Team. Die beiden stecken noch in der Phase, in der man sich annähert, den anderen entdeckt und manche Macken niedlich findet, die später irgendwann nerven können. Noch spüren sie ein echtes Bedürfnis, alles gemeinsam zu machen und über alles gemeinsam zu lachen. Das ist die schönste Zeit einer Beziehung, wenn allein beim Anblick des geliebten Menschen im Gehirn Dopamin freigesetzt wird und man sich ununterbrochen ein wenig berauscht fühlt. Gehirnareale, die für rationale Einschätzungen verantwortlich sind, werden abgeschaltet. Klinge ich verbittert? Es ist einfach verdammt traurig zu wissen, dass diese Phase endet und sich solche Gefühle kaum konservieren lassen.

Wie fast alle im Ort, die mal ein polyamores Experiment gewagt haben und damit gegen die Wand gefahren sind, lassen die beiden im Augenblick die Finger davon. Sich umzuschauen sei erlaubt, versichern sich die beiden gegenseitig, und es sei beruhigend zu wissen, dass tendenziell mehr möglich wäre und man sich in eine Liebesnacht mit einem anderen Menschen flüchten könnte. Immer wieder suchen die zwei nach der Bestätigung des Partners. Dank klarer Regeln und ihrer Offenheit bestehe nicht die Gefahr, sich gegenseitig zu betrügen. Wahrheit und Vertrauen seien essenziell für jede Beziehung, auch wenn sie nicht vor Verletzungen schützen.

Ist es ein Bossmove, wenn der Zwanzigjährige einem Vierzigjährigen die dreißigjährige Frau ausgespannt? Oder darf von Ausspannen nicht die Rede sein, weil man doch ehrlich und transparent miteinander umgeht und zum Verlieben ja immer zwei dazugehören? Die geltenden Regeln wurden jedenfalls eingehalten, die Gefühle für den alten Partner waren eben nicht mehr so intensiv – für den Zurückgelassenen muss es dennoch schwierig sein. Aber das ist die Wahrheit, nach der die Kirschblütler leben wollen. Kollateralschäden nimmt man in Kauf.

Der Tantrakreis, die Psycholyse, das Plenum und andere Treffen der Community, bei denen Gemeinschaft womöglich sichtbar gelebt, verhandelt und definiert wird, bleiben für mich tabu. Bedrohlich dürfte es hinter den verschlossenen Türen kaum werden. Der Schweizer Religionswissenschaftler und Sektenexperte Georg Otto Schmid hat eine klare Vorstellung von der Gruppe: Die Kirschblütler seien keine Sekte, sondern eine utopische Gemeinschaft. Für mich sind sie weder das eine noch das andere. Ich bezweifle, dass ein utopischer Gedanke je von Relevanz war, verfolgt wird hier höchstens das, was schon die Achtundsechziger-Kommunen praktiziert haben. Wer auf der Suche nach einem Open-Air-Swingerclub und Drogenexzessen ist, um noch einmal an die plakativen Überschriften etlicher Zeitungsartikel zu erinnern, sollte lieber einen Flug nach Berlin buchen und das Wochenende in der Hauptstadt verbringen. Was man in Lüsslingen-Nennigkofen findet, ist eine Gruppe, die nach außen kaum als solche erkennbar wird und Gemeinschaft, wenn überhaupt, im Verborgenen lebt.

An einem der Tage klinke ich mich aus und merke, dass ich nach Hause will. Anders, als ich es erwartet hätte, übt die Kommune keinerlei Reiz mehr auf mich aus. «Was wir hier machen, ist ziemlich unaufgeregt», hat Ilona gesagt, und ich finde es fast schon langweilig.

Die Kirschblütler sind anders als die Nomadelfen, und das nicht nur, weil es in Lüsslingen-Nennigkofen Privateigentum gibt. Suchen die Schweizer wie viele andere New-Age-Gemeinden nach Erleuchtung und himmelsgleichen Zuständen, wenn auch nur temporär, hofft man in Nomadelfia darauf, dass sich das Himmlische dauerhaft auf die Menschen überträgt. Ohne Meditation, ohne Traum- und Stillegruppe, ohne LSD oder was auch immer. Und noch einmal die Frage: Wie wird es mit den Kirschblütlern weitergehen, wenn der verehrte Doktor nicht mehr unter ihnen weilt? Werden die Anhänger seinem Vermächtnis treu bleiben wie die Don-Zeno-Jünger?

Neun Monate später ist es passiert: Widmer stirbt im Januar 2017 im Alter von achtundsechzig Jahren nach einem weiteren Herzinfarkt. «Er war einer der bedeutendsten Lehrer der Gegenwart, bekannt und geliebt in großen Kreisen, verkannt und umstritten in anderen», heißt es in dem Nachruf, den die Gemeinschaft veröffentlicht hat. «Als Freund wie als Pionier in der Psycholyse-Therapie verstand er es, in seiner Umgebung ein Licht auszusenden, das bis in das Innerste der Herzen leuchtete.»

Die Kirschblütengemeinschaft will weitermachen. Danièle, Witwe Nummer eins, soll die Leerstelle ausfüllen, die ihr Mann hinterlassen hat. Der Leichnam von Samuel Widmer wurde nicht auf dem örtlichen Friedhof beigesetzt.

TSCHÜSS ERDENLEBEN

Ein One-Way-Ticket zum Roten Planeten (Mars)

Ich sehe schwarz. Über einen Ort zu schreiben, den ich ums Verrecken nicht besuchen kann, ist für mich, der auf Eindrücke und Begegnungen setzt, gelinde gesagt nicht ganz einfach. Aber es hilft ja nichts, kein Mensch ist jemals dort gewesen. Einige hoffen immerhin darauf, dass sie zu den Ersten gehören werden, die dieses Neuland erschließen. Bald schon soll ihr Traum in Erfüllung gehen. Anstatt zu kapitulieren, halten sie es mit Jules Verne: «Alles, was ein Mensch sich vorstellen kann, werden andere Menschen verwirklichen.» Nur dass die, die hier träumen, sich gleich selbst auf den Weg machen wollen. Ihr Ziel heißt: Mars.

Draußen auf dem Land in Brandenburg ist die Nacht noch vollkommen düster. Ohne das Stadtleuchten erstrahlt am Firmament ein eindrucksvolles Wirrwarr von hell flackernden Punkten. Das geschulte Auge weiß sie selbstredend einzuordnen, die unendlichen Weiten sind längst kartographiert. Ich für meinen Teil kann, bevor die Nackenstarre einsetzt, gerade einmal den Großen Wagen ausmachen, das kleinere Pendant mit dem Polarstern an der Spitze auch, danach ist Feierabend.

Von irgendwo da oben dringt ein Licht bis zu mir, ein Licht wie das vieler Sterne, nur verbirgt sich dahinter der Mars. Näher werde ich ihm auf absehbare Zeit nicht kommen. Von hier unten ist der Rote Planet nichts als ein mickriger Fleck. Die minimale Entfernung zwischen ihm und der Erde beträgt schlappe vierundfünfzig Millionen Kilometer – manchmal sind es aber auch vierhundert Millionen. Es verhält sich ähnlich wie mit den Menschen, die das bloße Auge unmöglich identifizieren kann, wenn man mit dem Flugzeug eine Stadt überfliegt. Man weiß, dass auf den Straßen das Leben brodelt, aber sichtbar ist das von so weit oben nicht.

Dass die rote Farbe des Mars auf Eisenoxidstaub zurückzuführen ist, im irdischen Volksmund schlicht Rost genannt, schmälert kaum die Faszination, die von ihm ausgeht. Um das rostige Rund ranken sich noch immer viele Rätsel, und es beflügelt die Phantasie, sie entschlüsseln zu wollen. So unterschrieb der US-amerikanische Präsident Donald Trump im Dezember 2017 eine Direktive, die bemannte Mond- und auch Marsflüge in Aussicht stellt. Das Marsfieber packte viel früher schon Buzz Aldrin, der knapp zwanzig Minuten nach Neil Armstrong als zweiter Mensch einen Fuß auf den Mond setzte: «Vergesst den Mond, lasst uns zum Mars aufbrechen!»

«Ich wollte schon immer ins Weltall. Früher habe ich mit meinem Vater ‹Star Wars› geschaut. Da war ich noch keine zehn Jahre alt, und seitdem verfolge ich das Geschehen», meint der Achtundzwanzigjährige im grauen Kapuzenpulli, der dunkle Pony fällt ihm schräg ins rasierte Gesicht.

Mich selbst zog es als Kind nie in den Orbit, Trucker zu werden klang für mich schon abenteuerlich genug. Unter Umständen bin ich auch deshalb kein Physiklaborant geworden wie Robert Schröder aus Darmstadt. In seiner Freizeit engagiert sich Robert ehrenamtlich beim Technischen Hilfswerk. Seine Worte wählt der eher introvertierte Zeitgenosse mit Bedacht, Gefühle weiß er gut zu verstecken. Jedenfalls vor mir. Selbst wenn der Naturwissenschaftler von dem «Geschehen» im All schwärmt, verändert sich weder seine Stimmfarbe noch seine Gestik oder Mimik.

Über seinen Lebenstraum gibt Robert geduldig Auskunft, wieder und wieder: Hoch ins All wolle er, zum Mars, um genau zu sein. Aus seinem Mund klingt alles ingenieursmäßig durchdacht, wenig leidenschaftlich. Diese Strukturiertheit, die Fähigkeit, analytisch zu denken und Ergebnisse klar zu formulieren, ohne den Ruhepuls eines Bären im Winterschlaf zu überschreiten, könnte bei einer Mission solchen Kalibers durchaus förderlich sein. Zu intensive Gefühle stehen einem da sicher nur im Weg. Emotionen lassen einen schnell vor etwas fliehen oder blind drauflosrennen, und beides liegt Robert fern. Die Kolonialisierung des Planeten mit seinen recht unwirtlichen Lebensbedingungen – ich sage nur minus fünfundfünfzig Grad Celsius, im Durchschnitt – will gründlich geplant sein; an Hürden mangelt es nicht. Schon einen der begehrten Hinflüge zu ergattern, auf die jeder der einhundert übriggebliebenen Mars-One-Teilnehmer schielt, ist zermürbend, weil die Entscheidung darüber in fremden Händen liegt. Zurück zur Erde geht es für die Auserwählten selbst im Falle einer geglückten Ankunft nicht. Was nach einem wahrhaftigen Himmelfahrtskommando klingt, bringt Roberts Puls erst in Wallung.

Sollte er die vierte und letzte Runde erreichen, wäre er unter den finalen vierzig, aus denen die Crew hervorgeht. Sein Leben würde sich gravierend ändern, noch gravierender, als dies in den vergangenen Jahren bereits geschehen ist. Mittlerweile lädt man Robert als Kongressredner ein, ab und an tritt er auch in Fernsehsendungen auf und gibt Zeitungsinterviews. Seit seiner Bewerbung im Jahr 2013 ist der Traum von einem krassen Neubeginn in gewissem Maß schon Realität geworden – Mars light, mehr Hoffen als Wissen.

«Warum gehörst du zu den einhundert Ausgewählten?», will ich erfahren.

Richtig beantworten kann Robert diese Frage nicht. Er erzählt von seinem Vorhaben, mit Cyanobakterien auf dem fernen Planeten Sauerstoff zu gewinnen. Die Algen würden sich durch Sonnenlicht vermehren und seien sogar essbar. In Roberts Worten mutieren sie zur eierlegenden Wollmilchsau, und möglicherweise hat ihn diese Idee so weit gebracht. Fehlen wird es auf dem Mars an vielen Dingen, Cyanobakterien sollten Roberts Ansicht nach nicht dazugehören. Neben dem «vertical farming» von Pflanzen brauche es in der Neuen Welt die Insektenzucht, um den Proteinbedarf der Bewohner zu decken. So abwechslungsreich wie die Landschaft der freigewählten Heimat wird wohl auch das Zeug sein, das dort auf den Tellern landet. Sofern der Plan aufgeht.

Dass es möglich ist, einen von der Außenwelt abgeschlossenen und autarken Kreislauf zu errichten, der im wahrsten Sinne des Wortes Früchte trägt, wollte man in den Neunzigern mit dem Projekt «Biosphäre 2» beweisen. In Arizona bemühten sich Forscher in Kooperation mit der NASA, unter einer riesigen Glaskuppel ein eigenständiges Ökosystem aufzubauen und am Leben zu erhalten. Nach zwei gescheiterten Versuchen wurde das Experiment zu Grabe getragen. Kann so etwas dreißig, vierzig Jahre später ausgerechnet auf dem Mars funktionieren?

Im Jahr 2031 werden die Finalisten von Mars One sich auf den Weg machen, um ein Jahr später den roten, unfassbar kalten Boden des Roten Planeten unter ihren Füßen zu spüren. Eigentlich. Das niederländische Unternehmen Mars One hat den Zeitplan mehrfach geändert, ursprünglich wurde ein Start im Jahr 2024 anvisiert. Wenn diese Zeilen gedruckt werden, könnte sich der Termin schon weiter verschoben haben. Robert zweifelt dennoch nicht. Ob es eher belanglose Aussagen oder fundamentale Dinge sind, aus seinem Mund hört sich ohnehin alles gleich an. Selbst die Reaktion seiner Eltern, als sie von den Plänen ihres Sohnes erfuhren, scheint ihn kaum berührt zu haben: «Sie möchten nicht, dass ich wegfliege. Wenn es eine Rückflugkarte gäbe, wäre das wohl anders. Aber es ist eine One-Way-Mission.» Punkt.

«Ich muss jetzt noch aufräumen», sagt der *Mars One Astronaut Candidate of Round Three*, wie er sich in seiner E-Mail-Signatur nennt, und beendet damit unser Skype-Gespräch. Das Mikrophon raschelt, und kurz wackelt das Bild des Apartments, das ich in dem kleinen Ausschnitt auf meinem Rechner präsentiert bekomme. Praktisch, wenig Firlefanz, ein Poster an der Wand, das eine Aufnahme aus dem Weltall zeigt. Dann wird das Bild schwarz wie der Himmel über dem brandenburgischen Dorf, den ich von meinem Fenster aus sehen kann.

Der Mars misst etwa die Hälfte der von uns bevölkerten Kugel, gleich zwei Monde kreisen um ihn: Deimos und Phobos, Schrecken und Furcht. Jonathan Swift beschrieb im frühen 18. Jahrhundert in «Gullivers Reisen» schon detailversessen die Umlaufbahn der beiden Monde, dabei sollte erst der Astronom Asaph Hall, rund hundertfünfzig Jahre später, Deimos und Phobos entdecken. Konnte Swift in die Zukunft sehen, oder hatte er nur einen Zufallstreffer gelandet? Weder noch. Der Schriftsteller war vermutlich mit der Arbeit des Mathematikers Johannes Kepler vertraut. Dieser hatte die Umlaufbahn der Himmelskörper um die Sonne erforscht, die drei Kepler'schen Gesetze erklären die Bewegung der Planeten. Galileo Galileis Abhandlung der vier Jupitermonde gab Kepler schließlich die Gewissheit, dass um den Mars zwei Monde kreisen mussten, denn das Universum beruhte seiner Erkenntnis nach auf harmonischen Verhältnissen. Und Kepler inspirierte wiederum Jonathan Swift.

In der römischen Mythologie steht Mars für den Kriegsgott. Der martialische Namensgeber verleiht dem Himmelskörper Härte, und man nimmt den Planeten vielleicht auch deshalb ernster als beispielsweise die Venus. Unsere näher gelegene Nachbarin wird dagegen vor allem mit einer Sache assoziiert: Erotik. Auf die Venus will jedenfalls niemand, der klar denken kann – verständlich, bei der Bullenhitze von mehr als vierhundertfünfzig Grad Celsius, die dort herrscht.

Auf zum Mars also. Der Name allein ist eine wunderbare Einladung an Science-Fiction-Schriftsteller, die schon vor Generationen damit begonnen haben, sich am Kriegsgott und seinem Planeten abzuarbeiten. Auch in Popsongs wird der Mars besungen. Niemand fragte so ergreifend wie David Bowie: «Is there life on Mars?» Die Antwort ist bis heute offen, obwohl es Wesen gibt, denen andere, extraterrestrische Wesen – nämlich grüne Marsmännchen – über den Weg gelaufen sein sollen. Manche sollen sogar von ihnen in Ufos gebeamt worden sein. Handfeste Beweise dafür: Fehlanzeige.

Diese Geschichten sind fast so krude wie die einiger Verschwörungstheoretiker, die von der Idee besessen sind, der ein oder andere Spitzenpolitiker sei eigentlich ein Reptil aus einer fernen Galaxie. Seriöse Quellen hingegen belegen, dass der Südpol des Mars von einer mächtigen Eisdecke überzogen ist. Und weil Wasser gleich Leben bedeutet, forschen die einen und spinnen die anderen eifrig weiter. Es sei sogar denkbar, liest man, dass vor Milliarden von Jahren ein Ozean große Teile des Planeten bedeckt habe. Der Mars mit seinen roten Staubstürmen, seiner lebensfeindlichen Atmosphäre aus Kohlendioxid und klirrender Kälte könnte aus demselben Stoff bestehen, aus dem unsere Erde entstand. Ein Fremder, der doch vertraut wirkt und durch den technologischen Fortschritt langsam nahbar wird. Sollte die Menschheit eines Tages dort landen, könnte die lange für abwegig gehaltene Reise zur Selbstverständlichkeit werden. Nichts erscheint im Nachhinein so einfach wie eine eingelöste Utopie.

Obwohl der Mars noch heute für Abenteuer und Utopie steht, brechen nur noch selten Außerirdische von dort zu uns auf. Vor einigen Jahrzehnten sah das noch anders aus. Die Wesen kamen so gut wie nie in friedlicher Absicht, suchten stattdessen neue Lebensräume für ihresgleichen – was üblicherweise mit der Versklavung des Homo sapiens, manchmal auch gleich mit der Auslöschung aller Erdenbewohner einherging. So zum Beispiel in H. G. Wells' 1898 erschienenem «Krieg der Welten»: Die Aliens sind uns einfältigen Zweibeinern bei Wells haushoch überlegen. Wären da nicht diese irdischen Bakterien, gegen die die Invasoren nicht resistent sind. Als die Geschichte am Abend vor Halloween 1938 in Form eines Hörspiels von Orson Welles auf dem Radiosender CBS über den Äther ging, soll es zu einer Massenpanik in New York und New Jersey gekommen sein. Alternative Fakten avant la lettre.

Ein Jahr vor «Der Krieg der Welten» veröffentlichte Kurd Laßwitz den deutlich weniger dystopischen Roman «Auf zwei Planeten». Der Konflikt zwischen Marsianern und Menschen kommt hier nicht als unser Untergang daher, weil die Fremden das Kriegsbeil schon längst begraben haben; seit Generationen ist den pazifistischen Besuchern der Erde nicht einmal mehr der Begriff des Krieges geläufig.

Zu einer Hollywoodverfilmung mit Tom Cruise taugte nur einer der beiden Stoffe. Unschwer zu erraten, welche Story – Wells oder Laßwitz – sich besser im Portfolio von Steven Spielberg machte.

Die Kommunikation mit dem niederländischen Hauptquartier von Mars One ist ungefähr so aufschlussreich wie das Gespräch mit einer Wand. Nie passt die Antwort zu der von mir gestellten Frage. In einem standardisierten Schreiben ohne weitere Kontaktangaben bittet man mich, bei der Verwendung von Bildern der futuristischen Wohnkapseln unbedingt die Fotocredits zu berücksichtigen und natürlich den Link zur Mars-One-Homepage zu nennen, um mich dann darüber aufzuklären, dass das Unternehmen meine Recherche aufgrund der enormen Zahl von Interviewanfragen leider nicht unterstützen kann – dabei hatte ich in meinem Kontaktgesuch weder das Verlangen nach einem solchen Gespräch noch nach Fotos geäußert. Und Verlinkungen funktionieren auf Papier so gut wie Feuerzeuge unter Wasser.

Robert war zwischenzeitlich der einzige Deutsche unter den letzten einhundert Teilnehmern des Projekts, bis zwei Landsleute nachrückten – laut einer Pressemitteilung waren andere Kandidaten aus persönlichen Gründen ausgestiegen. Auskunftsfreudiger als die PR-Abteilung von Mars One ist der stets frisch rasierte Kerl allemal. Allgemeine Fakten über das Projekt liefert ein FAQ, doch wie bei allen «frequently asked questions» fehlen auch hier die Antworten auf die wirklich interessanten Fragen.

Immerhin erfahre ich, dass die Stiftung 2011 erste Lebenszeichen aussandte, mehr als zweihunderttausend Bewerbungen aus der ganzen Welt gingen daraufhin ein. Fünf Jahre nach der Gründung wagte die Mars One Venture AG in Frankfurt am Main den Schritt an die Börse. «Mars One hat ein Publikum auf der ganzen Welt erreicht und Merchandising-Waren in über 90 Länder versandt», heißt es in einer im Dezember 2016 veröffentlichten Pressemitteilung. Zu Geld kann man es schließlich mit allen möglichen Sachen bringen, man muss nur erfinderisch sein. Mars One kooperiert unter anderem mit einer Oper in Frankreich, die ein Stück über die Mission aufzuführen gedenkt, zudem widmete ein schwedischer Bademoden- und Unterwäschehersteller dem Projekt eine seiner Kollektionen. Ist ja auch naheliegend, schließlich brauchen auch die Erdexilanten auf dem Mars irgendwelche Schlüpper; bei den frostigen Temperaturen dürften vor allem lange Unterhosen gefragt sein. Mit dem Verkauf der Merchandise- und TV-Rechte plant Mars One, die Finanzierung der Expedition zu stemmen – da ist die perfekte Inszenierung und Kommerzialisierung des «Events» selbstredend Teil des Konzepts. Denn nicht weniger als «das größte Medienereignis der Weltgeschichte» verspricht die Mars-Reality-Show laut einer weiteren Pressemitteilung zu werden. Die Produktionsfirma hinter «Big Brother» war für einige Zeit an Bord, zog sich aber aus nicht genauer benannten Beweggründen zurück.

Ob fehlendes Knowhow dieses Projekt in die Knie zwingen wird, wie einige Kritiker nicht müde werden zu behaupten? Die veranschlagte Summe von sechs Milliarden US-Dollar muss erst einmal aufgebracht werden. Und reicht das überhaupt? Schwer zu sagen, aber sechs Milliarden klingen jedenfalls nach finanziellem Harakiri, wenn man bedenkt, dass die NASA ein Vielfaches für ihre Reise zum Mars kalkuliert. Auch sie sucht im Netz nach Interessierten, die sich vorstellen könnten, auf einen solchen Trip zu gehen. Ein wesentlicher Unterschied: Die NASA sieht auch Rückflüge zur Erde vor. Dafür sind die an die Bewerber gestellten Anforderungen deutlich härter.

Was recht real klingt und dabei doch so visionär ist, könnte auf ganz unterschiedliche Weise platzen: Ingenieure stoßen an die Grenzen der Technik, die finanziellen Mittel kommen nicht zusammen – und was ist überhaupt mit der Moral, was mit ethischen Erwägungen? Rechtfertigt der zu erwartende Erkenntnisgewinn in irgendeiner Weise das unverhältnismäßig hohe Risiko?

Doch seien wir mal ehrlich: Von solchen Überlegungen hat sich die Menschheit noch nie ernsthaft beeindrucken lassen. Tragisch wäre ein Scheitern, wenn es der rücksichtslosen Kommerzialisierung zugeschrieben werden müsste, wenn Mars One von Anfang an nur auf Publicity und Dividende abgezielt hätte.

Robert Schröder will all das nicht sehen. Das Vergnügen, den CEO von Mars One, Bas Lansdorp, persönlich kennenzulernen, wurde ihm nach mehr als drei Jahren nicht zuteil. Nein, auch andere Kandidaten der Top 100 habe Lansdorp nicht getroffen, der Kontakt mit den offiziellen Vertretern des Unternehmens fand ausschließlich über Skype statt. Unbekannt ist auch, wo eigentlich das Büro der Firma liegt, von innen hat Robert es nie gesehen. Einigen Mitstreitern aus früheren Auswahlrunden ist er immerhin schon begegnet, er selbst hat ein Treffen organisiert. Wer würde in seiner Situation nicht wissen wollen, mit wem man womöglich bis ans Ende der Tage klarkommen muss?

Werfen wir einen besorgten Blick in die Zukunft: Nach unzähligen Katastrophen geht es mit der Erde so rasant abwärts, dass keine Umkehr mehr möglich scheint – die Apokalypse naht. Schon lange vegetieren die Völker unter riesigen, transparenten Glocken in versifften Megastädten vor sich hin. Jenseits der schützenden Hülle ist alles kontaminiert. An die Zeit, in der berühmte Bauwerke erschaffen wurden, erinnern nur noch Ruinen. Recht und Ordnung sind natürlich aufgehoben. Der Alltag ist zu einem nicht enden wollenden Albtraum verkommen, das System und die Infrastruktur stehen vor dem Kollaps.

Jeder, der es sich leisten konnte, hat den einst so blauen Planeten in Richtung Mars verlassen. Nun besteht die letzte Chance, dem ausgetrockneten Etwas zu entkommen, in der Teilnahme an einer Lotterie, die wöchentlich mit Reisen zum roten Nachbarn lockt. Dort hat man vor vielen Jahrzehnten ein lebensfreundlicheres Umfeld geschaffen. Die Nationen der Alten Welt sind fern ihres früheren Heimatplaneten längst vereint, es herrscht auf dem Mars Eintracht unter den Menschen. Faire und gleiche Bedingungen für jeden, kein Leid, anscheinend lebt die menschliche Spezies endlich in Frieden. Der Mars, das muss das Paradies sein. Denn warum sonst ist noch niemand von dort zurückgekehrt? Und so ruht alle Hoffnung der Zurückgebliebenen auf einem Lotteriegewinn.

Selbst wenn der Ernstfall ausbleibt, Multimilliardär Elon Musk, der durch den Verkauf von PayPal zum ersten Mal erlebt hat, wie es sich anfühlt, absurde Mengen von Geld anzuhäufen, setzt einiges daran, den Mars zu besiedeln. Er rechnet damit, dass unsere Gattung nur überleben kann, wenn wir andere Planeten kolonialisieren. Im September 2016 gab der Tesla-Kopf während des International Astronautical Congress in Guadalajara einen Ausblick auf die Ziele seines privaten Raumfahrtunternehmens SpaceX.

Innerhalb der kommenden zehn Jahre plant Musk, Erdexilanten im großen Stil auf den Roten Planeten zu shutteln. Hundert Menschen könnten pro Expedition mit dem Mars Colonial Transporter befördert werden. Bis zu einer Million Weltallreisende dürften auf diese Weise in den nächsten vier bis zehn Dekaden zusammenkommen. Mehr als sieben Milliarden Menschen auf der Erde gegen null Menschen auf dem Mars – dieses Missverhältnis darf nicht länger bestehen bleiben. Hat Jules Vernes Held Phileas Fogg achtzig Tage um die Welt gebraucht, so will der CEO von SpaceX in derselben Zeit die Strecke zu seinem Sehnsuchtsort zurücklegen. Mit hunderttausend Dollar pro Ticket wendet er sich dabei ausschließlich an Besserverdiener. Tatsächlich könnten die ersten Flüge sogar das Doppelte kosten. Dafür verspricht die Reise, ein einmaliges und abenteuerliches Erlebnis zu werden: Spiele in der Schwerelosigkeit, Kinos und Bordrestaurants versüßen den Marspionieren in der Megarakete das Leben.

«Die Reise wird großen Spaß machen. Sie werden eine tolle Zeit haben», verspricht Elon Musk lächelnd und verschweigt, ob auch er Passagier auf einem der ersten Flüge sein möchte. Dass der Trip so manche Gefahr birgt, fällt zwar nicht ganz unter den Tisch, doch Fragen des Risikos wird – bedenkt man, dass es hier um Leben und Tod geht – doch erstaunlich wenig Platz eingeräumt. «Fortschritt ist die Verwirklichung von Utopien», wusste schon Oscar Wilde. Er hätte seine Freude an Musks genial-irrer Vision gehabt. Der CEO träumt unterdessen schon vom Planethopping und stellt die dafür notwendigen Schiffe vor.

Machbar soll all dies aufgrund der minimalen Marsanziehungskraft werden. Ein Shuttle könnte von dort ohne intensiven Schub abheben. Dem Weltraum-Establishment muss das Engagement von Elon Musk wie ein Tritt in den Arsch vorkommen. Die Entwicklung zeigt aber auch ein zunehmendes Interesse der Privatwirtschaft, denn Marstouren versprechen ein gutes Geschäft.

Im Jahr 2002, ein Jahr bevor die Elektroautomarke Tesla an den Start ging, nahm SpaceX seine Arbeit auf. Mit beachtlichem Erfolg: Die hauseigenen Dragon-Kapseln schaffen längst Güter zur ISS-Raumstation, ein weiterentwickeltes Modell soll im Personenverkehr zum Mars eingesetzt werden. Wiederverwendbare Trägerraketen, wie man sie bereits heute nutzt, will Musk für das geplante Megaprojekt überholen lassen – und den Treibstoff für diese Raketen könne man fernab der Erde herstellen, versichern die Verantwortlichen. SpaceX plant, mit Methan zu fliegen, vermischt mit flüssigem Sauerstoff, der aus gefrorenem Wasser gewonnen werden soll. Das Methan ließe sich, so die Experten, aus dem Kohlendioxid der Marsatmosphäre gewinnen.

Auf einem ganz anderen Blatt steht die Versorgungsfrage: Wurde der Proviant für die Crew bei Mondmissionen oder auf der ISS bisher von der Erde geliefert oder mitgeführt, müssten die ersten Besiedler des rot-staubigen Planeten schon nach kurzer Zeit wissen, wie sie sich weiter versorgen können. So optimistisch wie Robert mit seinen Bakterien zeigen sich die SpaceX-Leute in diesem Punkt nicht.

Sehnsucht nach dem Roten Planeten haben noch andere: Indien, China und – nicht zu vergessen – Russland, das in eine Kooperation mit der europäischen ESA investiert hat. Im Rahmen des Projekts «Mars-500» hat man in einem Moskauer Container eine bemannte Expedition simuliert. Hin- und Rückflug plus vier Wochen Aufenthalt, alles in allem rund fünfhundertzwanzig Tage.

An einem ähnlichen Projekt nahm die deutsche Geophysikerin Christiane Heinicke teil. Sie gehörte zum Team der HI-SEAS-Crew, was so viel bedeutet wie «Hawaii Space Exploration Analog and Simulation». Ein Jahr lang forschte Heinicke im Auftrag der NASA in einem abgeschotteten Habitat, das man auf halber Höhe des hawaiianischen Vulkans Mauna Loa errichtet hat. In zweieinhalbtausend Metern Höhe lief die Simulation, der Kontakt zur Außenwelt war nur nach langer Vorbereitung möglich. Der gesamte Alltag des Teams hatte sich den durch ihre Umgebung diktierten Umständen unterzuordnen. Verließ jemand aus der sechsköpfigen Gruppe die Station und setzte sich der Kohlendioxid-Atmosphäre des gedachten Mars aus, so galt es, die nötige Ausrüstung inklusive Schutzhelm anzulegen.

Mit Simulationen kennt man sich auch bei der Mars Society aus, die seit mehr als fünfzehn Jahren in einer Halbwüste von Utah das Leben unter marsähnlichen Konditionen trainiert. Das Areal der Mars Desert Research Station mit seinen weißen, igluartigen Bauten erinnert entfernt an das Set-Design von Ridley Scotts «Der Marsianer». In dieser Verfilmung des großen Mars-Epos von Andy Weir geht es um Mark Watney, der bei einer Mars-Misson irrtümlicherweise auf besagtem Himmelskörper zurückgelassen wird und sich nun zu retten versucht. Was der Protagonist, gespielt von Matt Damon, bis dahin treibt, hat wenig mit klassischer Science-Fiction zu tun – er baut Kartoffeln an. Doch der Kampf beginnt schon auf der ersten Seite der Buchvorlage: «Vielleicht gibt es einen nationalen Trauertag für mich, und auf meiner Wikipediaseite kann man es nachlesen: ‹Mark Watney ist der einzige Mensch, der je auf dem Mars gestorben ist.›»

Ins Leben gerufen hat die Mars Society der Raumfahrtingenieur Robert Zubrin. Ein Herr im Rentenalter, der sich sein halbes Leben lang mit der Frage beschäftigt hat, wie der Mensch auf den Mars kommt. Anfang der Neunziger konzipierte Zubrin erste Entwürfe, später folgten Simulationen in der Halbwüste.

Im Moment kurvt der Mars-Rover Curiosity über die rostigrote Oberfläche des Planeten, sammelt fleißig Daten, analysiert die Atmosphäre und die Beschaffenheit des Bodens – warum also soll unbedingt ein Mensch auf den Mars reisen? Zubrin könnte, wohl auch wenn man ihn mitten in der Nacht aus dem Schlaf reißen würde, eine ganze Reihe von Gründen runterrattern. Experten und die, die sich dafür halten, führen häufig die Zeitverzögerung an, die die Steuerung des Roboters von der Erde aus erschwert. Zudem sei die Qualität der Bodenproben ebenso wie ihre Untersuchung ausbaufähig.

Dem Studenten aus Darmstadt macht Zubrins Einsatz Mut, nüchtern klärt er mich auf: Was ein Rover an einem Tag auf dem Mars erledige, könne er dort oben theoretisch in einer Minute bewerkstelligen. In zehn Jahren, prognostiziert die Mars Society, wird es endlich so weit sein. Zum ersten Mal soll ein Mensch auf dem anvisierten Objekt landen. Der Haken ist, dass der Ingenieur und seine Mitarbeiter, so unermüdlich sie auch arbeiten, schon seit einem Vierteljahrhundert ebendiese zehnjährige Prognose wiederholen. Wie lange werden die zehn Jahre also noch dauern?

Die beiden Wörter «Science» und «Fiction» lassen sich in Bezug auf den Mars schwerlich ohne Wernher von Braun denken – eine Person, die extreme Gegensätze in sich vereinte. Unter den Nationalsozialisten verantwortete der Raketeningenieur federführend die Konstruktion der V2. Nach dem Zweiten Weltkrieg machte er als stellvertretender Direktor in der NASA Karriere.

Alles auf Anfang unter neuer Flagge, in einem fernen Land, auf einem anderen Kontinent. Die von ihm konzipierte Saturn-Trägerrakete wurde für die bemannte Mondlandung 1969 eingesetzt, sie zählt zu den gern erwähnten Erfolgen von Brauns. Projekte wie dieses verstand er als Menschheitsaufgabe. Man solle nicht beim Mars haltmachen, Wernher von Braun wollte noch weiter in den Weltraum vordringen. Ihm ging es stets um das Morgen, was war, interessierte den Physiker wenig.

«Die Wissenschaft hat keine moralische Dimension. Sie ist wie ein Messer», soll von Braun gesagt haben. «Wenn man es einem Chirurgen und einem Mörder gibt, gebraucht es jeder auf seine Weise.» Nimmt man ihn beim Wort, so war er Mörder und Chirurg in einer Person. Unter dem einen Regime baute er «Vergeltungswaffen», die Lebensräume und Träume auslöschten, unter der anderen Regierung konstruierte er Raketen, die neue Welten erschließen sollten. Eine perverse Biographie.

Zum Roten Planeten zu fliegen klang in den letzten Jahrzehnten zu realistisch, um nur noch Stoff für Science-Fiction-Romane zu sein. Für die Reise braucht es lediglich eine Superrakete, und die kann der Mensch mittlerweile konstruieren. So gab es eine Zeit, in der das Genre und die Wissenschaft miteinander liebäugelten. Auch der Raketenpionier Wernher von Braun blieb davon nicht unberührt, als er 1952 «Das Marsprojekt» veröffentlichte. Durch seine Expertise gelang es ihm, die Besiedlung des Mars erstmals nicht als bloße Science-Fiction darzustellen. Drei Jahre veranschlagte er für die Expedition. Von Braun war sich auch darüber im Klaren, dass das Fehlen der Gravitation dem Menschen in dieser Zeit zusetzen würde. Für Abhilfe sollten Schwerkraftzellen und künstliche Drehungen der Schiffe sorgen – um nur einen Punkt im detailversessenen Programm des Raketenkonstrukteurs zu nennen.

Der erste Teil des als Roman deklarierten Textes mit dem Untertitel «Studie einer interplanetarischen Expedition» wirkt wie ein komplexer wissenschaftlicher Bericht, in dem technische und physikalische Pläne bis ins Kleinste erörtert werden. Als fachfremder Leser fühlt man sich bei all den Tabellen, Skizzen und mathematischen Gleichungen schnell überfordert. Die Forschungsergebnisse, die Wernher von Braun auflistet, hielten sich aber über die folgenden Jahrzehnte; die meisten haben auch heute noch Gültigkeit. Ein Beispiel: Wie groß muss die Crew einer solchen Mission sein? Der Ingenieur war nicht zimperlich: siebzig Menschen pro Megarakete. Bei einer so großen Gruppe lassen sich zwischenmenschliche Schwierigkeiten leichter abfedern. Wer sich spinnefeind ist, kann sich aus dem Weg gehen und gefährdet damit nicht den Ablauf der Mission.

Es mag nach einer Nebensächlichkeit klingen, doch dass schlechte Stimmung einem Ritt ins All zum Verhängnis werden könnte, hat auch die Simulation «Mars-500» gezeigt. Während des längsten Isolationsexperiments in der Geschichte der Raumfahrt kam es zu massiven Spannungen zwischen den Teilnehmern, die Gemüter waren erhitzt, der Abbruch drohte, weil die Besatzungsmitglieder an ihre psychische Belastungsgrenze stießen. Für die Mars Society kein Zufall. Studien zur Gruppendynamik zeigen, dass vierzehn Leute selbst auf engstem Raum und unter extremsten Bedingungen miteinander klarkommen können, weil sich in einem so großen Team natürliche Untergrüppchen bilden. Eine siebenköpfige Crew wird mit etwas Glück ebenfalls akzeptabel funktionieren, alles darunter birgt erhebliches Konfliktpotenzial. Mars One gedenkt vier Astronauten zum Mars zu schicken. Nach und nach sollen weitere Vierer-Teams folgen.

Im zweiten Teil von «Das Marsprojekt» lässt Wernher

von Braun die Zügel locker – und seine Phantasie galoppiert drauflos. Es geht um Marsbewohner, um Konflikte zwischen ihnen und den Erdlingen, eine ganz und gar abenteuerliche Story, in der kulturelle Unterschiede und die Gegensätzlichkeit menschlicher Charaktere alle Beteiligten in den Wahnsinn zu treiben drohen.

Die Welt ist ein Dorf, und in einer Straße stehen die Häuschen aller Futuristen. Wer würde es vermuten, Wolfsburg war an einem Sommerwochenende tatsächlich nicht nur *ein* Dorf, sondern wieder einmal *dieses* Dorf. Alle, die zur Szene gehören, strömten dorthin. Eingeladen hatte ein Thinktank, der seit Jahren einen Zukunftskongress ausrichtet. Robert Schröder trat im dunkelgrünen Fliegeroverall mit Marsabzeichen auf und referierte über seine Vision. Kleider machen Leute, und der Overall war für ihn das, was für den Arzt der weiße Kittel ist. Der Träger bekommt sofort etwas Unantastbares, beinahe Heroisches, das alle Betrachter blendet. Selbst wenn dem Hessen jegliches Wissen fehlen und er es nie zum Mars schaffen sollte, seine Sehnsucht nach diesem Ort fühlte sich echt an. Routiniert und wie immer im emotionalen Sparprogramm beschrieb er eine mögliche Zukunft da oben. Der Einstieg in seinen dafür recht anschaulichen Vortrag war speziell: «Wir befinden uns heute im Jahr 2035. Menschen kommen raus aus einer Höhle. Da denken wir uns: Sind wir jetzt wieder in der Steinzeit gelandet? Was ist passiert, ist der Vierte Weltkrieg ausgebrochen? Nicht wirklich, wir sind heute auf dem Mars.»

Passionierter, als es ihr dröges Businesskostüm vermuten ließ, präsentierte sich eine gewisse Elizabeth Parrish. Beim ersten RAAD Fest in San Diego stand die Amerikanerin ebenfalls auf der Bühne, auch im dunklen Anzug, und vertrat ihre Firma, die das Leben durch Gentherapien verlängern will. «Wenn ich es schaffe, zum Mars zu fliegen, will sie mir mit ihrer Initiative helfen», fasste Robert seine Begegnung mit Parrish zusammen. Überflüssig zu fragen, ob er sich ein wenig optimieren lassen würde, um länger auf dem Mars zu überleben. Der Zweck heiligt wie so oft die Mittel.

«Noch einmal, Robert: Warum willst du auf diese Reise gehen?», bohre ich nach.

«Als Naturwissenschaftler habe ich den Drang, zu forschen und zu basteln. Ich will auf dem Mars leben, dort eine neue Menschheit begründen und neue soziale Strukturen schaffen.»

Wahrscheinlich, kommt es mir da in den Sinn, unterscheidet sich seine Motivation gar nicht so sehr von derjenigen, die einst Columbus oder Marco Polo in damals ähnlich abenteuerliche Gebiete vorstoßen ließ. Ob Robert insgeheim nicht nur Neugierde antreibt, sondern auch die Hoffnung, als Pionier zu Ruhm und Reichtum zu kommen, sei dahingestellt. Und selbst wenn das so wäre: Braucht es nicht auch heute Menschen, die an das Unmögliche glauben und sich dorthin aufmachen wollen, wo kein anderer jemals gewesen ist? Koste es womöglich das eigene Leben? Vor dieser Entschlossenheit und Aufopferung verneige ich mich.

Bibelfest bin ich nicht, das habe ich bereits erwähnt, aber die Schöpfungsgeschichte des Alten Testaments ist mir geläufig. Und an diese muss ich denken, als Robert mich an seinen Phantasien teilhaben lässt. Gott gab dem Menschen nicht weniger als den Auftrag, über die Welt zu herrschen. «Seid fruchtbar und vermehrt euch, bevölkert die Erde, unterwerft sie euch ...», und so weiter. Mit der Erde hat das ganz gut funktioniert, warum nicht den Mars unterwerfen, ihn sich zu eigen machen? Auch dafür gibt es längst einen Begriff: «Terraforming». Soll die Kolonialisierung mit allen Mitteln vorangetrieben werden? Das war zwar kein Thema beim Wolfsburger Zukunftskongress, doch es hätte ohne weiteres in das Programm gepasst. Terraforming, die Umbildung des Mars zu einer zweiten Erde, die aus dem Roten einen neuen Blauen Planeten zaubert – klingt eigentlich ganz easy. Warum sollte der Mensch, wenn er sich selbst umbaut und optimiert, seine Hülle aus welchen Gründen auch immer modifiziert, nicht auch seine Umwelt nach Lust und Bedarf verändern?

Ein Vorbild dafür liefert mal wieder die Science-Fiction-Literatur. In der japanischen Mangareihe «Terra Formars» aus dem Jahr 2011 wird diese Idee im großen Stil entwickelt und die Erschließung des Mars mittels modernster Technik vorgeführt. Auch wenn es sich bei «Terra Formars» nur um ein Manga und nicht um eine wissenschaftliche Studie handelt, ist die Tatsache, dass diese Reihe in Japan bis heute mehr als zehn Millionen Mal verkauft und sogar verfilmt wurde, doch Beleg genug, dass von der Idee des «Terraforming» ein großer Reiz ausgeht. Ein Teil jener Nation, die in jüngster Vergangenheit durch die Katastrophe von Fukushima traumatisiert worden ist, träumt sich bei der Comiclektüre auf den Mars – wer kann es den Japanern verdenken?

Dabei macht die Geschichte einem ungefähr so viel Hoffnung wie die Atomkraft: Die Menschheit erreicht problemlos den Roten Planeten und fängt an, diesen mit Hilfe von Algen und Kakerlaken lebensfreundlich zu terraformen. Als jedoch fünfhundert Jahre später ein Trupp von der Erde dorthin aufbricht, um den Status quo zu überprüfen, erlebt die Crew eine böse Überraschung: Menschenähnliche Kakerlaken sind dem Homo sapiens zuvorgekommen – ein «Krieg-der-Welten»-Moment, nur dass die Schlacht diesmal auf dem Mars stattfindet und die Menschheit dort von ihren selbst herangezogenen Dämonen heimgesucht wird. Die Kolonialisierung bleibt brutal. Aber könnte es durch einen radikalen Eingriff tatsächlich gelingen, einen fremden Planeten der Erde ähnlich zu machen? Im Falle des Mars müsste man so einiges terraformen, um im Freien ohne Schutzausrüstung atmen zu können, ohne elendig zu krepieren. Nicht nur die Temperatur müsste angehoben werden, auch die Dichte der Atmosphäre müsste steigen. So würde flüssiges Wasser entstehen, was eine Voraussetzung dafür wäre, den Mars zu einem Spiegelbild der Erde werden zu lassen. Planung von langer Hand und Geduld bräuchte es, ein Menschenleben reicht da nicht aus. Nach heutigem Stand ist ein so gestalteter Mars in den nächsten tausend Jahren unvorstellbar. Nicht gerade gute Nachrichten für die Verfechter des Terraforming. Und sollte die Menschheit eines Tages wirklich zu derart weitreichenden Transformationen fähig sein, dann könnten wir vielleicht vor dem Aufbruch zum Mars doch erst einmal die Versteppung und Ausbreitung von Wüsten eindämmen und diese Gegenden in blühende Landschaften verwandeln. Aber wahrscheinlich kommt ohnehin alles ganz anders.

Wie weit soll man für die Verwirklichung eines Traums gehen? Was, wenn sich Mars One als ein leeres Versprechen herausstellt und der innigste Wunsch der Teilnehmer nur dazu missbraucht wurde, Publicity zu machen und Gelder einzutreiben? Wie bereitet man sich überhaupt auf eine Reise ohne Rückkehr vor? Fachliteratur durchkämmen und sich spezialisieren? Halt im Glauben suchen oder besser der Wissenschaft vertrauen? Viel Sport, eine möglichst gesunde Ernährung – oder doch noch einmal richtig leben, mit allem, was dazugehört?

Robert ändert seinen Lebensstil kaum. Das Studium wolle er

abschließen, sein Alltag habe sich nach seiner Bewerbung nur unwesentlich verändert. Einen Plan B hat er jedoch nicht. All denen, die in die letzte Runde des Auswahlverfahrens kommen, wird Mars One eine Ausbildung anbieten und sie in den kommenden Jahren auf das extraterrestrische Leben vorbereiten. Das Notwendigste muss vermittelt werden, Stress und die Isolation von der Außenwelt heißt es dann auszuhalten. Jeder Einzelne der finalen Vierzig, der das Programm mit Bravour meistert und ein wenig Glück hat, könnte auf die Reise gehen und die Marskolonie mitgründen. So weit jedenfalls die Theorie.

Es scheint, als hätte Robert schon begonnen, sich von seiner Umgebung abzunabeln. Wie ein pinker Elefant steht der mögliche Abschied im Raum, unsere Gespräche kreisen wieder und wieder um dieses Thema – und doch landen wir nie beim Kern der Sache. Nicht nur die Eltern wollen ihr Kind auf der Erde behalten, auch Roberts Geschwister und fast alle Freunde haben Zweifel, üben Kritik. Sollte er ausscheiden, dürften fast alle von ihnen jubeln. Glück wünschen ihm für sein Vorhaben die wenigsten. Doch er selbst glaubt an seine Chance. Er hat sich dazu entschieden, Single zu bleiben, möglichst ungebunden und maximal selbstbestimmt. Emotionen vernebeln nur die Birne und trüben den Blick.

«Solange der Auswahlprozess nicht abgeschlossen ist, möchte ich keine Kinder haben. So was reißt einen bestimmt raus», meint Robert trocken.

Von den eigenen Gefühlen überrumpelt zu werden und sich eines Tages vielleicht doch gegen den Mars zu entscheiden, das scheint seine größte Angst zu sein. Der Aufbruch hätte einen hohen Preis, der Verzicht auf die Gründung einer eigenen Familie gehört dazu.

«Auf der Erde wird es vielleicht nicht klappen.»

In Roberts Worten schwingt immerhin die Hoffnung mit, dass das Leben auf dem Mars erfüllter sein könnte als das karge Forscherleben auf Erden.

«Man baut sich quasi eine neue Familie da oben auf – beziehungsweise wird damit schon hier auf der Erde begonnen», führt er auf dem Zukunftskongress aus. Die Viererteams werden gemischt zusammengestellt, nach dem Prinzip der Arche Noah, bloß ohne Tiere und vernichtende Flut. «Wir sind da für immer zusammen», sagt er und lacht verlegen. «Für immer» – nur selten sind diese beiden Worte so verbindlich gemeint wie in diesem Moment.

Nach außen hin wirkt Robert Schröder krass abgeklärt und relaxt. Ob Mars One das Rennen zum Roten Planeten gewinnt, darf allerdings bezweifelt werden. Vielleicht ist die Idee nur ein phantastischer Marketing-Hoax, die Vision für ein quotenreiches TV-Programm, das seine Zuschauer dazu bringen soll zu träumen.

Wenn Robert tatsächlich geht, wird es *für immer* sein. «Ich bin ja nicht aus der Welt» – eine Verabschiedung, die den Zurückgebliebenen nicht wirklich Trost spenden kann und ihren Schmerz nicht lindern wird. Denn Robert will fern unserer Welt sein. Der mögliche Held dieses Kapitels wird vielleicht eines Abends im dicken Schutzanzug vor seiner igluartigen Wohnkugel stehen, in den Himmel blicken, die Sterne sehen und wissen: Einer davon ist die Erde, der Ort, an den er nie wieder zurückkehren wird.

KEIN FRIEDEN OHNE WASSER

Hand anlegen im Heilungsbiotop Tamera (Alentejo)

Ich sehe den Zug anrollen, der mich zurück in das zwei Stunden entfernte Lissabon bringen wird. Meine Lust einzusteigen hält sich in Grenzen. Es fällt mir schwer zu sagen, was in den letzten Tagen passiert ist. Einen leichten Start hatte ich hier wahrlich nicht, doch Tamera hat mich beeindruckt. Irgendetwas haben dieser Ort und seine Menschen in mir ausgelöst.

«Damit das Mögliche entsteht, muss immer wieder das Unmögliche versucht werden» – nach diesem Zitat von Hermann Hesse leben die Tamerianer allemal. Dass das, woran sie glauben, oft aussichtslos scheint, schreckt die überwiegend aus deutschsprachigen Ländern, aber auch aus Portugal, den USA und dem Nahen Osten stammenden Mitglieder nicht ab, es spornt sie an. Jetzt muss ich also gehen, wenn es am schönsten ist, nachdem ich mich versöhnt habe mit diesem Flecken und seinen rund zweihundert Bewohnern.

Eine Woche zuvor steige ich im Alentejo aus der Bahn. Eine der wirtschaftlich ärmsten Regionen Westeuropas, vor allem die jungen Leute sind nach dem Ende der portugiesischen Diktatur

1974 in größere Städte abgehauen. Nach Faro im Süden, nach Lissabon oder weiter in den Norden nach Porto. Daran hat sich bis heute wenig geändert. Alentejo heißt «jenseits des Tejo». Der längste Fluss der Iberischen Halbinsel entspringt in Spanien, teilt Portugal und mündet in der wundervollen Hauptstadt schließlich in den Atlantik.

Vor dem verlassenen Bahnhofsgebäude von Funcheira, das gut zwanzig Kilometer östlich von Tamera liegt, machen drei junge Frauen einen leicht hilflosen Eindruck. Hibbelig bewegen sie sich mit ihren fabrikneuen Rucksäcken von einem Bein aufs andere, ausladend gestikulieren sie mit den Armen, nervös quasseln sie drauflos und fallen sich dabei ununterbrochen ins Wort. «Healing power of love» und «love spaces», der Wind weht einzelne Wortfetzen zu mir. Die hippiesken Twens lockt die Liebesschule nach Tamera, so viel habe ich verstanden. Polyamore Experimente können in Tamera Wirklichkeit werden – daher wohl die Aufregung. Als Kofferreisender bleibe ich für die Rucksackgirls quasi unsichtbar bis zu dem Moment, da wir in das alte Auto von Ahmed steigen. Der heißt eigentlich anders, mag uns aber nur seinen Spitznamen verraten. Die Frisur, die Stimme und der ganze Kerl sehen aus, als wäre sein amtlicher Name eher so etwas wie Wolfgang.

Die olle Karre quält sich laut durch das Hinterland, wo unser Fahrer seit siebzehn Jahren lebt. Er hat mittlerweile das Gespräch vollkommen an sich gerissen und switcht ständig von Englisch zu Deutsch und von Deutsch zu Englisch. Bevor Ahmed sich aufgemacht hat, um hier in Portugal zu leben, war er für eine Weile am Zentrum für experimentelle Gesellschaftsgestaltung in Bad Belzig, kurz ZEGG – von dieser Gemeinschaft in Brandenburg hat sich Tamera 1995 abgespalten.

«Ich dachte, ich hätte dieses Gefühl überwunden, you know,

die Sache mit der Eifersucht», erzählt mir der gebürtige Dortmunder, ohne in meine Richtung zu blicken, und zieht an seiner Selbstgedrehten. Weil eine exklusive Zweierbeziehung am ZEGG scheiterte, verließ er Bad Belzig und schloss sich einer anderen Gruppe an. Deren Mitglieder führen zwar ebenfalls polyamore Partnerschaften, aber ohne ein gemeinschaftliches Zusammenleben mit Gleichgesinnten ging es für Ahmed nicht mehr. Auch wenn er nicht von Scheitern spricht, klingt sein Weiterziehen wie eine Niederlage. Aber bei diesem warmen Licht und den schmeichelnden Sonnenstrahlen, die uns ein letztes Mal an diesem Tag blenden, hört sich seine Story auch nach einem Neuanfang, einer Chance an.

Die Mädchen auf der Rückbank schweigen längst. Der Kerl hinter dem Steuer lässt ihnen kaum eine Möglichkeit, sich einzuschalten. «Inzwischen weiß ich mit diesen intensen emotions umzugehen, you know.»

«Aha», brumme ich, obwohl ich nicht wirklich einen Plan habe, wie das denn bitte gehen soll. Wären wir in einem Film, würde der Fahrer jetzt zielsicher eine Audiokassette aus der Mittelkonsole nehmen, sie in das Tapedeck schieben und die Musik sprechen lassen. Doch Ahmed findet nicht das Band mit dem richtigen Beat, wühlt sich einmal durch die vollgestopfte Türablage und lässt es irgendwann leicht genervt bleiben. Er starrt auf die schmale Piste vor uns und schwärmt für Stevie Wonder. Er ruft: «Das ist mein Song!», dann zitiert er daraus: *Free like the river / Flowin' freely through infinity / Free to be sure of / What I am and who I need to be / Free from all worries.*

Frei von allen Sorgen sein, wer möchte das nicht? Im Traum geht das, aber ist für die Menschheit als Ganzes ein Leben in Würde, Gerechtigkeit und Freiheit möglich? Die Zahlen der Oxfam-Studie 2017 machen wenig Hoffnung: Wenn das reichste

Prozent der Menschen über mehr Kapital verfügt als die restlichen neunundneunzig Prozent, wenn die acht finanzkräftigsten Personen genauso viel Vermögen besitzen wie die ärmere Hälfte der Weltbevölkerung, dann ist das nicht nur alarmierend. Es erinnert mich daran, dass «Free» für viele Teile der Welt kaum mehr als der Titel eines Songs von Stevie Wonder sein dürfte. Aber man muss dabei nicht nur an das Politische denken. Eigentlich meinen wir ja ständig, nicht frei genug zu sein – was natürlich immer an den anderen liegt. Müssen wir nicht auch über uns und unser eigenes Handeln nachdenken?

In Tamera komme die Gemeinschaft für ihre Kranken auf, erklärt mir Ahmed, alle würden zusammenlegen und, jeder nach seinen Möglichkeiten, ein paar Euro in eine Art Gesundheitskasse einzahlen. Sämtliche Kosten zu übernehmen bleibe in manchen Fällen aber schlicht utopisch, erzählt er, der auch nicht mehr der Allerjüngste ist. Seine Haut hat wohl nicht nur die portugiesische Sonne gegerbt, der Teint verrät vor allem, dass er zu viel geraucht hat. «Wenn es hart auf hart kommt, you know, muss ich wohl in den sauren Apfel beißen», sagt Ahmed kühl.

Als wir von der holperigen Straße auf einen Feldweg einbiegen, der wie so oft im Alentejo von frischgeschälten Korkeichen gesäumt wird, dauert es nicht mehr lange, und die Hügel geben den Blick auf Tamera frei, das direkt an einem Stausee liegt. Ein paar kleine Bauten, das begrünte Dach eines terrakottafarbenen Gebäudes, ein weißes Zirkuszelt, viele Wohnwagen, Gewächshäuser und mächtige Solarmodule bilden die Silhouette der hundertdreißig Hektar großen Siedlung. Sie sieht aus wie eine abenteuerliche Campinganlage, ich bin sofort begeistert – bis ich den Schlafsaal betrete.

Tamera will mehr als nur ein Ökodorf sein. Es versteht sich als «Friedensforschungszentrum» – man engagiert sich unter anderem im Israel-Palästina-Konflikt – und «Heilungsbiotop», als «Schule und Forschungsstation für konkrete Utopie». Konkrete Utopie, ein herrliches Oxymoron, das sehr gut den eigenen Anspruch markiert. Tamera will das Modell einer zukünftigen Gesellschaft sein, frei von Hass, Lüge, Gewalt und Angst. Auf einer Tafel neben dem Schlafsaal steht unter der fetten Überschrift «12 Theses for a Non-Violent Earth» ein Leitfaden für den Aufbau einer postkapitalistischen Gemeinschaft.

Die Idee für dieses Projekt haben Sabine Lichtenfels, Charly Rainer Ehrenpreis und der Altachtundsechziger Dieter Duhm 1978 im Schwarzwald entwickelt. «Bauhütte» nannten sie es. «Schon mit sechzehn wollte ich ein eigenes Dorf aufbauen», wird mir die Gründerin mit der grauen Löwenmähne und den tiefliegenden Augen an einem der folgenden Tage erzählen. Doch es blieb eine Weile bei der Idee. Anfang der Neunziger zog es Duhm und Lichtenfels zunächst nach Lanzarote, 1994 suchten sie dann mit dreißig Anhängern in Portugal nach einem geeigneten Stück Land. Die Entscheidung gegen die Insel und für das Festland hatte ganz unromantische Gründe: Wenn nichts mehr geht, das System und die Infrastruktur zusammengebrochen sind, sitzt man auf einer Insel fest. Von der Iberischen Halbinsel aus könnte man zur Not noch zu Fuß durch ganz Europa ziehen.

Als Sabine Lichtenfels den Steinkreis von Évora im Alentejo besuchte – später wurde er auf dem höchsten Hügel von Tamera aus mannshohen Steinkolossen nachgebaut, er gilt seither als spiritueller Zufluchtsort –, hatte sie eine Eingebung. Sie fand das Gelände, auf dem das Heilungsbiotop entstehen sollte, ein verkümmertes Stück Land, das aber zumindest über eine Trinkwasserquelle verfügte, um die herum schon damals ein paar Feigenbäumchen, Rosen und kleine Palmen wuchsen. Nach einer Woche war der Kaufvertrag abgeschlossen. Mithilfe von geborgtem Geld und einer großzügigen Spende konnte Tamera Wurzeln schlagen – doch dazu später mehr.

Ich empfinde tiefe Abneigung, und das, obwohl ich gerade erst angekommen bin. In einem Schlafsaal mit mehr als zwanzig Kojen, auf einem Boden aus hellen OSB-Verlegeplatten reiht sich ein Bett ans andere – Kopf zur Wand, Füße zum Mittelgang. Wohin ich auch schaue, fast alles ist provisorisch. Der erste Eindruck zählt und bleibt, heißt es. Die abscheulichsten Dorm Rooms kriechen mir ins Gedächtnis, Terrorzellen des Schnarchens und Furzens, mit denen ich nichts als Schlafmief, Alkoholdunst, Geflüster, Unruhe, Schimmel und klamme Wände verbinde – und einfach null Erholung. Für diese Art des Bettenlagers fühle ich mich tatsächlich zu reif, trotz meines jugendlichen Alters, an dem ja nun wirklich niemand zweifeln will. Doch hier in Tamera führt kein Weg daran vorbei. Auch nicht an den Komposttoiletten. First-World-Probleme, schon klar. Wenigstens gibt es keine Stockbetten, und die menschlichen Exkremente landen hier in der Biogasanlage, die organischen Abfall in einen wertvollen Rohstoff umwandelt.

Die Betten im Schlafsaal sind alle von Ikea. Die Plastikboxen sind alle von Ikea. Die grünen Polyesterdecken sind alle von Ikea. Die Lampen und Regale, auch sie sind alle von Ikea. Wie lässt sich das mit dem nachhaltigen und ökologischen Ansatz der Gemeinschaft vereinen? Tameras Gästebereich – Männer und Frauen sind im ersten Stock eines größeren Gebäudes getrennt voneinander untergebracht – ist eine Art Holzhüttenbierzelt, einzig die Wandergitarre, die an einer Wand lehnt, stammt nicht aus dem Sortiment des schwedischen Großkonzerns. Ein herbes Aroma von Mann im Allgemeinen und kaltem Schweiß im Besonderen steht im Saal.

Was wäre ein triftiger Grund, sofort wieder abzureisen? Ein Didgeridoo, dieses Ding, das unter Instrumenten ähnlich viel Ansehen genießt wie der Segway unter den Transportmitteln, fehlt glücklicherweise. Ich entscheide mich zu bleiben, obwohl mein Bocklevel sich einem historischen Tiefpunkt nähert. Schließlich will ich nicht den blasierten Fatzke geben. In meiner braunen Barbour-Wachsjacke fühle ich mich an diesem Ort ohnehin schon wie der Schnösel aus Christian Krachts «Faserland».

«Ach, wenn ich das Glück hätte, ein Enkel Moses Mendelssohns zu sein!», ächzte 1846 ein gewisser Heinrich Heine in seinem Pariser Exil. Ein Nachfahre des großen Philosophen der Aufklärung wollte er sein, ein Nachfahre dieser ehemals wohlhabenden und kulturell so einflussreichen jüdischen Bankiersfamilie, der auch der Komponist Felix Mendelssohn Bartholdy entstammte.

Benjamin von Mendelssohn ist ein leibhaftiger Enkel dieser Dynastie und für einige Verwandte das schwarze Schaf der Familie. Aus dem Privileg seiner Herkunft will er eine Tugend machen, sich in den Dienst der Welt stellen. Schon in seiner Jugend engagierte er sich politisch, wurde immer linker, immer radikaler. Irgendwann nagten Frust und Verzweiflung an ihm, weil er den Eindruck nicht loswurde, an und in dem bestehenden System kaum etwas ändern zu können.

«Bei einer Demonstration Schrägstrich Straßenschlacht ist mir das klar geworden, als einer meiner Freunde mit einem Stein einen Polizisten traf ...», er hält inne, versetzt sich anscheinend in die Situation zurück und gestikuliert mit den Händen: «Ich stand wie paralysiert da, und mir wurde bewusst, dass die ganzen Antifa-Gruppen im Kern nicht anders sind als die, gegen die sie kämpfen. Das lief wie in Zeitlupe ab, und plötzlich war mir klar: Ich muss aussteigen.»

Damals war Benjamin siebzehn, heute ist er zweiundvierzig. Er macht einen ruhigen, ausgeglichenen Eindruck. Was sich in all den Jahren nicht geändert hat, ist seine Entschlossenheit, die Welt zum Besseren zu verändern. Der Mann mit den blonden kurzen Locken, den blauen Augen und der kleinen Lücke zwischen den Schneidezähnen hängt seinen Gedanken nach. Er trägt einen blauen Wollpulli und Shorts, seine Haut ist gebräunt. Eigentlich sieht er wie ein Surfer aus, denke ich kurz, doch «Hang Loose» scheint nicht sein Motto zu sein.

Vielleicht liegt es an der jüngeren Geschichte seiner Familie, die weniger von Glanz und Gloria als vom Untergang geprägt war. Robert von Mendelssohn, Benjamins Vater, war der letzte Bankier der Privatbank Mendelssohn & Co. Das Haus galt als staatstreu und finanzierte Projekte fürs Vaterland, doch es half nichts. 1938 konnte die Bank dem Druck der Nationalsozialisten nicht mehr standhalten. Die Geschäfte wurden liquidiert, die Deutsche Bank übernahm die Kunden. Dass viele der Nachkommen Moses Mendelssohns schon vor geraumer Zeit zum Christentum konvertiert waren und selbst nach den Nürnberger Rassengesetzen nicht mehr als Juden galten, interessierte bei alldem nicht. Allein der Name Mendelssohn war den Nazis ein Dorn im Auge und Grund genug, die Geschäfte der Familie zu ruinieren.

Benjamin nippt aus einer Tasse mit abgebrochenem Henkel. Wir sitzen an einem Teich, der kaum die Größe eines langen Schwimmbeckens hat und von Schilf umgeben ist. Jenseits der nahen Schotterstraße befindet sich der Stausee von Tamera, auf der Wiese hinter uns übt sich eine kleine Gruppe im Lachyoga, die Teilnehmer werden gerade von einem heftigen Heiterkeits-Flash erfasst.

Ich frage Benjamin, ob er seinen Familiennamen bei dem, was er tut, eher als Ballast oder als Bonus empfinde. Im Silicon Valley, erzählt er, wo er als Geschäftsführer der an Tamera angegliederten Grace-Stiftung häufig nach potenten Spendern suche, mache sein Name kaum Eindruck, den meisten sei er gar kein Begriff. In Europa und Israel öffne er dagegen Türen. «Die Palästinenser, denen Mendelssohn was sagt, sind allerdings nicht begeistert. Und wenn meine Gesprächspartner verstehen, wie radikal meine Suche und mein Lösungsansatz sind, schließen sich die Türen oft auch ganz schnell wieder, egal wo.»

Die Bewohner von Tamera streben ein System an, in dem es keine Verlierer mehr gibt. Soziale Werte sind ihnen wichtiger als die Gesetze des freien Marktes. Das bedingungslose Grundeinkommen haben sie längst eingeführt, auch wenn sie es nicht so nennen. Jedes Mitglied der Gemeinschaft erhält ein monatliches Taschengeld, dessen Höhe das Mitglied selbst festlegt. Es sollen allerdings nicht mehr als zweihundert Euro sein. Für sämtliche Grundbedürfnisse wird anderweitig gesorgt, unter den Tamerianern herrscht das Prinzip der Schenkökonomie. Geld braucht es an diesem Ort nur in der Bar, wo man Punkerpreise verlangt – eine Flasche Bier kostet einen Euro, den Betreibern geht es um Kostendeckung, nicht um Gewinnmaximierung.

Die Frage, wie der Mensch in Zukunft leben wird, interessiert Benjamin und die anderen schon, doch noch viel mehr beschäftigt die Mitglieder der Gemeinschaft, wie sie morgen leben wollen und was sie dafür tun müssen. Für einen echten Sozialismus sei die Menschheit noch nicht reif, da ist sich mein Gesprächspartner sicher. In der von Tamera neu erdachten Ordnung der Gleichheit und Solidarität haben Superreiche keinen Platz, jeder Großspender sägt an dem Ast, auf dem er sitzt. Warum also sollte diese Idee überhaupt Unterstützung bei ihnen finden?

Ein vor einigen Jahren in der «New York Times» veröffentlichter Artikel macht Hoffnung. Verfasst wurde er von Peter Buffett, Emmy-Gewinner, Autor und Sohn des Multimilliardärs Warren Buffett, der laut «Forbes» mit einem Vermögen von knapp einundsechzig Milliarden US-Dollar im Jahr 2016 der drittreichste Mensch der Welt war. Und das, obwohl Buffett senior zehn Jahre zuvor angekündigt hatte, fünfundachtzig Prozent seines Vermögens zu spenden, und gemeinsam mit Bill Gates die Kampagne «Das Versprechen, etwas herzugeben» gründete. Was sein Sohn Peter Buffett unter der Überschrift «Der wohltätigkeitsindustrielle Komplex» forderte, brachte ihm nicht nur Beifall ein. In den erlesenen Kreisen der High Society ist er seither als Utopist, ja sogar als Nestbeschmutzer verschrien. Die wachsende soziale Ungleichheit, schrieb Buffett junior, rege die Wohlhabenden zwar durchaus zu Spenden und Hilfsaktionen an, diese seien aber nicht mehr als ein Strohfeuer und dienten letztlich nur der Beruhigung des eigenen Gewissens. Den notleidenden Menschen bringen die Almosen wenig, weil sie ihnen nicht helfen, auf eigenen Beinen zu stehen. Und wer interessiert sich eigentlich wirklich dafür, was sie tun und wollen? «Es ist Zeit für ein neues Betriebssystem», folgerte Buffett und plädierte für mehr Phantasie. Auch Mut brauche es, der in einem funktionierenden System erst mühsam wiederentdeckt werden müsse.

Zu Peter Buffett hatte Benjamin von Mendelssohn noch keinen Kontakt, wohl aber zu ähnlichen Kalibern, erzählt er und verschweigt dabei die Namen der Unterstützer. Benjamin und seine Mitstreiter haben nicht weniger als eine «völlig neue Menschheit» im Sinn, die auf humanistischen Grundideen beruhen soll.

«Würdest du eine Millionenspende von Nestlé annehmen?», frage ich, um ihn aus der Reserve zu locken.

«Das kann ich nicht pauschal beantworten. Aber das Geldsystem ist per se falsch. Ich bin ohne Geld aufgewachsen, weil die Mendelssohns im Dritten Reich alles verloren haben», leitet Benjamin eine Geschichte ein, die zeigt, dass sein Leben Anfang der Neunziger in ganz anderen Bahnen hätte verlaufen können: «Nach dem Mauerfall ist der Clan dann auf einmal wieder zu Geld gekommen, weil Grundstücke restituiert wurden.» In dieser Zeit habe man ihm angeboten, als Träger eines so berühmten Namens groß ins Bankgeschäft einzusteigen. Von jetzt auf gleich in den Aufsichtsrat, vom Antifa-Straßenkampf ins Herz des Establishments.

«Drei Tage bin ich in mich gegangen und habe überlegt, ob das nicht eine Möglichkeit wäre, etwas zu verändern. Dann entschied ich mich dagegen, aus Angst, korrumpierbar zu sein und meine Ideale zu verkaufen, genau wie das Joschka Fischer getan hat. Heute würde ich ja sagen, weil ich gefestigter bin und weiß, wie ich so eine Position strategisch nutzen könnte, um Ressourcen in den Aufbau einer neuen Gesellschaft zu lenken.»

Seit 1998 lebt der Deutsche in einfachsten Verhältnissen. Wie fast alle im Ökodorf wohnen er und seine Familie in einem Wohnwagen. Nur dass Benjamin zu Empfängen der Deutschen Bank eingeladen wird und die Verwandten ihm anbieten, das

Schulgeld für seine Tochter zu übernehmen. Das Kind traf selbst die Entscheidung, nicht an das renommierte Internat Schloss Salem am Bodensee zu gehen.

Benjamin, der sich als Heiler, Tänzer und Choreograph bezeichnet und der Regierung von Tamera angehört, wirkt entspannt, obwohl er für seine Sache brennt wie eine Kerze, die man an beiden Enden angezündet hat. Aus seinem alten Leben vermisse er nichts, er bereue keine seiner Entscheidungen. Versöhnung, Politik und Geld, das sind Themen, die ihn seit seiner Jugend umtreiben, genau wie der Wunsch nach einem radikalen Wandel. Bevor er sich der Gemeinschaft in Tamera anschloss, hat er weit mehr als fünfzig andere Gruppen in Europa besucht und kennengelernt. Dass er bei dem Kollektiv im Alentejo geblieben ist, liegt an dem ganzheitlichen Ansatz, der hier verfolgt wird. Überzeugt habe ihn, dass es den Tamerianern weder um ein klassisches Aussteigerdasein gehe noch um politischen Aktivismus in der ersten Reihe.

«Wir bauen eine Gesellschaft auf, die zwar außerhalb des Systems existiert, aber einen Dienst am Ganzen leisten will. Dafür braucht es einen Schutzraum. Eine Antifa-Gruppe in Kreuzberg kann den nicht bieten.»

Gegensätze sollen in Einklang gebracht werden: Politik und Spiritualität, Natur und Technologie, freie Sexualität und verbindliche Partnerschaft, innere und äußere Friedensarbeit. Widersprüche, an denen man immer wieder scheitert, aber auch wächst. Nur so sei ein Systemwechsel möglich, der das Innere (Gemeinschaft, Liebe, Sexualität) und das Äußere (Wasser, Energie, Essen) des Menschen gleichermaßen einbezieht. Keine neue Ökonomie, die die Struktur des Lebens verändert, sondern viele dezentrale, autonome Kulturmodelle. In Tamera wollen sie alles auf einmal ändern, weil sich alles nur auf einmal ändern lässt – ein ambitionierter Plan. Noch funktioniert das neue System nicht richtig, nur im ganz Kleinen stellen sich erste Erfolge ein, eröffnen sich neue Wege. Aber den Bewohnern bleibt ja auch noch etwas Zeit zum Experimentieren. Der Kapitalismus stellt sich als ein äußerst zähes Ungetüm heraus, das bis jetzt noch nach jedem Rückschlag wieder auf die Beine gekommen ist. Noch wäre das Modell aus Tamera im urbanen Raum undenkbar, aber Benjamin ist sich in einem Punkt sicher: Das wird sich ändern.

Ändern wird sich hoffentlich auch die Möbelsituation im Camp: Rund fünfzehn Leute sitzen barfüßig in einem kargen Raum auf Ikea-Klappstühlen beisammen, wieder hängen Ikea-Lampen von der Decke. Manche verknoten sich im Schneidersitz, andere umschlingen die angezogenen Beine und stützen das Kinn auf. Die Einführungswoche hat begonnen, nach der Winterpause, in der die Gemeinschaft unter sich bleibt, werden die ersten Besucher willkommen geheißen.

Durchschnittlich dreitausend Gäste pro Jahr zu empfangen, unterzubringen und das angeeignete Wissen an sie weiterzugeben stellt eine wesentliche Einkommensquelle der Tamerianer dar und hat deswegen Priorität. Wirtschaftlich unabhängig ist die Gemeinschaft nicht. Zwar werden über zwei Drittel der verwendeten Lebensmittel auf dem Gelände angebaut, doch das reicht letztlich nicht, um als Selbstversorger durch das Jahr zu kommen. Regionale Autarkie hat Tamera dagegen fast erreicht, mit Ausnahme der Ikea-Möbel kommt nichts aus dem Ausland, das meiste aus der Umgebung. Im Alentejo gibt es sogar Bauern, die ihre Felder ausschließlich für die Idealistentruppe bewirtschaften. Mehr noch, die Landwirte erhalten eigenes Saatgut von den konkreten Utopisten, das robuster und ertragreicher sein soll als viele der marktüblichen Produkte, und die Sicherheit, dass ihnen die gesamte Ernte zu fairen Preisen abgenommen wird.

Der Sitzkreis soll den Gästen ermöglichen, Tamera einmal komplett und im Schnelldurchlauf kennenzulernen. Zwei Bewohner, die seit ein paar Jahren im Alentejo leben, erzählen im Wechsel. Er sieht dem jungen Chuck Norris zum Verwechseln ähnlich, sie dagegen erinnert mich mit ihren schwarzen, leicht verfilzten und zu einem lockeren Zopf gebundenen Haaren an niemanden, den man kennt. Dafür strahlen ihre Augen heller als alle anderen im Raum. Sie trägt ein Tanktop, und mir fallen weniger ihre Tätowierungen auf als die behaarten Achseln. Mein Blick bleibt daran hängen, sobald sie die Arme hinterm Kopf verschränkt. Ein Statement in einer Welt, in der Frauen so glatt sein sollen wie Babypopos und in der alles, was natürlich ist, beinahe schon als Fetisch gilt.

Beide berichten von ihren Aufgaben. Als Naturwissenschaftler arbeitet er im «Solar Village» von Tamera. Dort steht eine selbstgebaute sogenannte Solar-Stirling-Anlage, die Solarenergie in mechanische Energie umwandeln kann, die wiederum einen Generator speist, der so viel Strom erzeugt, dass es für bis zu fünfzig Personen zum Kochen reicht. Fast achtzig Prozent des verbrauchten Stroms werden in Tamera selbst produziert, die hundert Prozent sollen bald erreicht sein.

Sie arbeitet in der Liebesschule, und bereits bei diesem Ausdruck fangen manche an, nervös auf dem Ikea-Stuhl herumzurutschen. Um schnellen Sex gehe es dabei allerdings nicht, beruhigt sie die erhitzten Gemüter. Polyamorie habe nichts mit Swingerclubs zu tun. Obwohl die beiden Kursleiter aus den Staaten kommen, ist ihr Deutsch ziemlich flüssig. Im Camp höre ich nie ein portugiesisches «bom dia», es heißt entweder «guten Morgen» oder «good morning». Einige Tamerianer lernen zwar Portugiesisch oder beherrschen es bereits in Ansätzen, vernünftig sprechen können es aber nur die rund dreißig Kinder und Jugendlichen, die hier täglich mit einheimischen Kindern in Kontakt kommen und so bi- oder gar trilingual aufwachsen.

Die Gäste stellen sich reihum vor. Manche möchten das Gemeinschaftsleben kennenlernen, einige glauben nicht mehr an die Fortdauer des herrschenden Systems und hoffen, hier einen alternativen Weg zu finden. Dann sind da noch die wenigen, bei denen seit der Ankunft mutmaßlich einfach nur die Hose im Schritt spannt – doch darauf komme ich später noch zu sprechen. Ich treffe auf Hippies, Eso-Typen in Zehenschuhen und Aussteiger in spe, die aussehen, als hätten sie seit Jahrzehnten in einem Land gelebt, das erst vor kurzem seine Grenzen geöffnet hat, um seine Bewohner auf die Welt loszulassen. Sie alle habe ich in Tamera erwartet. Überrascht bin ich dagegen von einer jungen «Reichsbürger»-Familie mit zwei kleinen Kindern: Der Vater im Kapuzenpulli von Nike belehrt uns bei jeder Gelegenheit, dass Deutschland kein souveräner Staat, sondern die «BRD GmbH» sei, weshalb die «Systempresse» nicht ehrlich berichten dürfe und bald alles den Bach runtergehen werde. Nicht weniger tragisch sind die erkennbar seit Jahren Gebeutelten, für die das Leben nur einen Tritt nach dem anderen parat zu haben scheint.

«Ich trage den Krieg meines Vaters in mir», sagt eine leise Stimme. Man dankt dem Mann für seine Offenheit, manche reden ihm gut zu.

Ein anderer macht keinen Hehl aus seinem vollgeschrotteten Lebensweg und plaudert erstaunlich unverkrampft drauflos: «Hi, ich bin der Klaus aus Bochum, und ich krieg Hartz IV.

Vor 'nem halben Jahr bin ich fuffzig geworden, da war ich noch inner Klinik. Hab versucht, mir die Pulsadern aufzuschlitzen.» Dann, unklar, ob als Gag oder ernst gemeint, teilt er mit, dass er beim nächsten Mal längs und nicht quer schneiden würde. Die Runde bedankt sich auch bei Klaus, seine Sitznachbarin stellt sich vor. So geht das eine ganze Weile.

Tamera ist, wenn auch aus ganz verschiedenen Gründen, für alle ein Licht am Horizont. Selbst für diejenigen, die bisher eine bürgerliche Existenz geführt und sich nun auf die Suche nach mehr Tiefe begeben haben, nach etwas, das ihnen fehlt, ohne dass sie es genauer benennen könnten.

Rui, mein Kojennachbar aus dem Schlafsaal, gehört zu dieser Gruppe. Der Portugiese mit der rasierten Platte hat in London und Berlin studiert, arbeitet als Architekt, lebt in Lissabon und ist im besten Alter für eine Midlife-Crisis. An den Kapitalismus glaubt Rui schon lange nicht mehr, er hat sich wieder und wieder die Frage nach Alternativen gestellt, aber noch keine Antwort gefunden. Mit seinem melancholischen Zug ist er das absolute Gegenteil von dem Münchner Friseur mit italienischen Wurzeln, den ich in dieser Runde ebenfalls kennenlerne. Der Mann hat phantastische Laune – mag sein, dass er so gut drauf ist, weil er gerade Urlaub von seiner Frau und den Kindern macht.

Reflektierter wirkt eine Frau, die vermutlich noch in ihren Dreißigern ist. Sie kommt ursprünglich aus der Ecke von Krefeld und hat vor einigen Monaten auf einem kleinen Schiff in den Niederlanden angeheuert, um Segeln zu lernen. Dass sie, die sich mit einem Doktortitel in Biologie schmücken darf und bis dahin noch einen gutbezahlten Job an einem Forschungsinstitut in Kopenhagen hatte, anders leben will, kann ihre Familie überhaupt nicht nachvollziehen. Das Kind hat doch

Karriere gemacht! Alles andere könne ja wohl nicht so tragisch sein. Sie selbst mag ihr Leben erst wieder, seit sie auf dem Boot lebt. Aber natürlich bringt das keine Kohle, und die Eltern meinen, es schade ihrem Ansehen im Freundeskreis.

Auch ich werde nach meiner Motivation gefragt, bin aber irgendwie zu feige, um ehrlich zu antworten. Vielleicht auch, weil mir selbst nicht ganz klar ist, was mich unter all den Alternativen in Tamera am meisten anspricht. Denke ich an das Weltgeschehen und die immer größere Zahl an Menschen, die einen neuen Konservatismus herbeisehnen, fällt es mir schwer, positiv in die Zukunft blicken. Andererseits stellt Yuval Noah Harari in «Homo Deus» ganz richtig fest: «Die meisten Menschen denken selten daran, doch in den letzten Jahrzehnten ist es uns gelungen, Hunger, Krankheit und Krieg im Zaum zu halten.» Stimmt, es gibt einiges, das auf der Habenseite steht. Aber was bringen die nächsten Jahrzehnte? Wird die Digitalisierung allen Menschen zugutekommen? Werden die Wesen, die wir mit künstlicher Intelligenz ausstatten, uns wirklich dienen – oder dienen wir am Ende ihnen? Der Runde erkläre ich zögerlich: «So, wie es ist, kann es nicht bleiben.» Für den Moment lassen sie mich damit durchkommen. Die meisten Gäste interessieren sich ohnehin eher für das, was sie tun müssen, um in Tamera bleiben zu können.

In der ersten Phase befinden wir uns bereits, man besucht das Lager und lernt es eine Woche lang kennen, erhält Einblick in sämtliche Arbeitsbereiche und erfährt ein wenig über die Philosophie der Gemeinschaft. Ist man danach noch Feuer und Flamme, kann man an Kursen teilnehmen, die zweimal im Jahr angeboten werden. Währenddessen darf man sämtlichen Versammlungen beiwohnen, ein Stimmrecht hat man vorerst nicht. Die Bewerber bekommen Bett und Nahrung, müssen einen Tagessatz von zwanzig Euro zahlen und stellen ihre Arbeitskraft zur Verfügung, entlohnt werden sie nicht. In der Regel jobben sie deshalb außerhalb der Gemeinschaft. Das System von Tamera verlangt viel Herzblut. Nach dieser etwas längeren Probezeit darf man die Mitgliedschaft beantragen und sich «Mitarbeiter im Training» nennen. Als Vollmitglied hat man dann schließlich Anspruch auf Taschengeld – und bisher wurde niemandem die Aufnahme in die Gemeinschaft verwehrt.

Einer, der das alles längst hinter sich hat, ist Martin. 2006 kam er mit gerade einmal sechzehn Jahren allein in das Heilungsbiotop. Er wollte ein Jahr bleiben. Seinem Gymnasium in Dresden konnte er den Aufenthalt als Austauschjahr verkaufen, er werde an der von Tamera initiierten Friedensausbildung «Monte Cerro» teilnehmen. Als Schülersprecher hatte der ein Meter neunzig lange und superhagere Typ eine gewisse soziale Stellung inne, wie er mir berichtet. Umso irritierter seien die Lehrer gewesen, als sie kurz nach seiner Rückkehr hörten, dass er die Schule schmeißen wolle. Seine Noten waren gut, das Abitur hatte er so gut wie in der Tasche.

«Es ist interessant zu sehen, was es mit den anderen macht, wenn du sagst: Ich steig aus dem System aus! Alle in meinem Umfeld waren total verunsichert.» Lehrer versuchten, ihn von seiner Entscheidung abzubringen, waren genauso hilflos wie viele Freunde und seine Familie. Als Sohn einer Ärztin und eines Mathematikers war Martin ins Bildungsbürgertum hineingewachsen, dass er studieren und Karriere machen würde, war ausgemacht. Doch Mitte der nuller Jahre passierte in seiner Heimat zu viel: Er nahm an einem Protestcamp von Attac teil, war entsetzt über den Einzug der NPD in den Sächsischen

Landtag und bemerkte, als er schon ganz weit nach links gerückt war, dass er als Mitglied der Antifa überhaupt nichts verändern konnte. Während Martin mir seine Geschichte erzählt, muss ich an Benjamin von Mendelssohn denken.

«Die Unschuld des bürgerlichen Lebens ist damals für mich zerbrochen», beschreibt der rhetorisch gewandte Schulabbrecher den Knacks in der eigenen Biographie. Er könne doch nach dem Abitur in die Entwicklungshilfe gehen oder sich für eine andere karitative Organisation engagieren, versuchten seine Eltern ihn damals zu überreden. Für Martin war das keine Option. Also willigten die Erziehungsberechtigten schließlich ein. Sie besuchten ihren Sohn in Tamera und fanden sogar ein wenig Gefallen an der Arbeit, die sie dort leisteten. In erster Linie waren sie aber wohl heilfroh, dass ihr Kind nicht einer dubiosen Sekte verfallen war.

Mit solchen Vorwürfen hat Tamera immer wieder zu kämpfen. Dieter Duhm, einer der Gründer, wurde schon mehr als einmal mit Kindesmissbrauch in Verbindung gebracht. Seinem Buch «Synthese der Wissenschaft» hat Duhm folgenden Satz vorangestellt: «In Liebe gewidmet dem Menschen, von dem ich bisher am meisten gelernt habe: Otto Mühl.» Gemeint ist der österreichische Aktionskünstler, der Mitte der Siebziger einen «Friedenshof» im Burgenland gegründet hatte und dort auch Besuch von Duhm bekam. 1991 wurde Mühl unter anderem wegen Kindesmissbrauchs zu sieben Jahren Haft verurteilt. Duhm distanzierte sich, doch das Geschmäckle blieb. Zu Gesicht bekomme ich ihn in Tamera nicht. Dieter Duhm sei krank, erfahre ich, und lebe zurückgezogen.

«Es gab hier keinen Sex mit Kindern, und natürlich müssen sie geschützt werden», sagt dazu Sabine Lichtenfels. Aber auch wenn sich solche Anschuldigungen als unbegründet erweisen, hinterlassen sie doch hässliche Narben, und immer wieder kommt man darauf zurück. Als die «Bild» im Mai 2007 über den Fall der vierjährigen Maddie berichtete, die seit einem Urlaub in der portugiesischen Küstenregion Algarve als vermisst gilt, hieß es im Boulevardblatt: «Razzia bei deutscher Sekte». Dass es keine solche Razzia in Tamera gegeben hat, wie die «Bild» vier Monate später einräumen musste, haben dann nur noch die wenigsten wahrgenommen. Die Bedenken von Martins Eltern waren also absolut nachvollziehbar – die Falschmeldung fiel genau in die Zeit, in der der junge Dresdner nach Portugal auswanderte.

Martin ist, nachdem er zehn Jahre seines jungen Lebens in Tamera verbracht hat, von der politischen Arbeit der Community immer noch voll überzeugt. Die konkrete Utopie strahle wie «ein Leuchtturm, der Orientierung geben kann». Ganz anders als Harari warnt er: «Siebzig Jahre nach Hitler leben wir nicht in einer friedlichen Welt. Im Gegenteil: Noch nie gab es so viele Sklaven, so viele Hungertote, so viele Vertriebene, so eine extreme Ungerechtigkeit wie heute.»

Vor zwei Jahren habe er, so erzählt mir der junge Mann weiter, eines dieser Aha-Erlebnisse gehabt, das ihn bestärkte. Tamera war damals mit einem englischen Wasserversorgungsunternehmen im Austausch, das die Annahme vertrat, der Zugang zu sauberem Trinkwasser sei kein Menschenrecht.

«Sie sagten, es gebe in ihrem Unternehmen keinen Menschen, der eine positive Vision davon hat, wie die Welt in fünfzig Jahren aussehen könnte. Was ihre Arbeit in Zukunft ausmachen soll, konnten sie auch nicht beschreiben.»

Der Konzern bat um Input und ließ von dieser gegen den Strom schwimmenden Horde vermitteln, wie ein natürlicher Wasserkreislauf aussehen könnte. Dass es irgendwann zu einer fairen und sinnvollen Zusammenarbeit mit einem großen Unternehmen wie diesem kommen könnte, schließt Martin nicht aus. Voraussetzung sei, dass Tamera sich nicht durch die Annahme von Geldern von dem Unternehmen abhängig mache.

Der Grund für meine Bettflucht ist zwar der nie schlafende Schlafsaal, doch das frühe Aufstehen bringt in Tamera gleich zwei entscheidende Vorteile mit sich: Ich muss nicht in der Schlange warten, um eine der beiden Duschen benutzen zu können, die es für die mindestens dreißig Männer auf unserer Etage gibt; zudem herrscht, was die Frühstückszeit angeht, penible Pünktlichkeit, acht Uhr heißt hier wirklich acht Uhr, während sich wohl kein echter Portugiese vor halb neun blicken ließe. Ab dem zweiten Tag erscheinen wir Neuankömmlinge rechtzeitig um fünf vor acht, wissen wir doch, dass nach der ersten Plünderung des Buffets nur langsam Nachschub aus der Küche kommt. Das All-inclusive-Pauschaltouristen-Gen ist ein widerspenstiges Biest, es zeigt selbst an diesem so friedlichen Ort seine hässlichen Klauen und langt gierig zu. Ungewohnt bleibt das Prozedere bei der Essensausgabe: Jeder Gast holt exakt eine Schale Müsli oder Brot oder Marmelade oder Obst, so die freundliche Ansage des Küchenteams, und gesellt sich damit zu einer bestehenden Gruppe. Im Idealfall fehlt dieser noch die Komponente, die man in Händen hält. Falls noch ein Tisch frei ist, kann man auch diesen eröffnen. Was nach Chaos klingt, funktioniert tatsächlich und sorgt dafür, dass ich mit Leuten ins Gespräch komme, die andere Kurse besuchen oder mit denen ich aus anderen Gründen noch nichts zu tun hatte.

Aber schon beim Frühstück zeigt sich: Tamera ist kein Freizeitpark, es gibt viele Regeln, und individuelle Zeitpläne werden rasch obsolet. Die Community ernährt sich ausschließlich vegan. Das Anstrengendste am Gemeinschaftsleben ist aber, dass es kaum Rückzugsmöglichkeiten gibt, alles passiert in der großen oder in kleineren Runden, bis hin zur Minimalform des Kollektivs, dem sogenannten Triplett.

Am ersten Tag wurden wir in Grüppchen aufgeteilt. Meine setzt sich aus einer älteren Dame aus Brasilien und einem jungen Biologiestudenten aus Deutschland zusammen, den ich nur barfuß sehe. Er will ein halbes Jahr in Tamera bleiben, um seine Bachelorarbeit über das «Solar Village» zu schreiben. Sie dagegen war vor einigen Jahren schon mal hier, jetzt ist sie auf der Durchreise zu ihrer Tochter, die in Südfrankreich lebt, noch einmal für ein paar Tage vorbeigekommen. Um die siebzig sei sie und führe seit den sechziger Jahren ein polyamores Leben.

Ich gestehe, als die Tripletts zusammengewürfelt wurden, fand ich diese Idee selten bescheuert – wahrscheinlich war ich noch im Barbour-Jacken-Schnöselmodus. Am Ende der Reise werden wir auf der Wiese stehen, auf der sich auch die Lachyogis treffen, und uns umarmen. Der Barfuß-Biologe und ich lachen, die Brasilianerin – wenn ich es mir recht überlege, ist sie im Alter meiner Mutter, nur dass ich von ihr so viel Intimes weiß, wie ich von meiner Mutter niemals wissen möchte – hat Tränen in den Augen. Wir drücken uns, herzen uns, ein Liebeskreis.

Dabei haben wir kaum mehr als eine halbe Stunde pro Tag miteinander verbracht. In der ging es allerdings, von der Kursleitung so vorgegeben, um die ganz großen Themen und um echte Gefühle. Weil die Älteste in unserem Triplett unter wahnsinnigem Liebeskummer leidet, versuchen wir Jungspunde sie mit Lebensweisheiten aufzumuntern, eine verdrehte Welt, aber unsere Bemühungen sind trotzdem nicht vergebens. Ansonsten schauen wir bei den Ausflügen und Seminaren in der Runde nach den beiden anderen und vergewissern uns, dass wir niemanden verloren haben. Es hat etwas vom Durchzählen im Bus auf Klassenfahrt.

In Tamera sitzt man zwar häufig in Redekreisen oder schließt sich in die Arme, aber da ist noch mehr. Die Feldarbeit zum Beispiel. Was schrecklich anstrengend klingt, ist – genau das. Doch bei der ganzen Theorie macht so ein Vormittag auf dem Acker die Birne frei. Ich genieße es sehr. Schon der Weg raus aus dem Camp ist ein willkommener Spaziergang. Tamera wirkt wie ein kleines Dorf, das man in einer Stunde umwandern kann. Nur ist es ein wenig rudimentärer als andere Gemeinden in Portugal, es gibt dort kaum gemauerte Häuser. Sandige Trampelpfade ziehen sich durch die hügelige Landschaft, eine Straßenbeleuchtung gibt es selbstverständlich nicht. Wenn nicht gerade der Mond scheint, ist man nach Sonnenuntergang ohne Taschenlampe völlig blind.

Von den Feldern aus blickt man ins Tal. Dort befinden sich künstlich angelegte Seen, die das autarke Leben in dem ansonsten recht trockenen Gebiet überhaupt erst möglich machen. Ich habe mich, als uns drei Aufgaben zur Wahl gestellt wurden, zum Pflanzen von Kartoffelsetzlingen gemeldet. Im Abstand von dreißig Zentimetern drehe ich spatentiefe Löcher in das aufgehäufte Erdwerk, setze dann die Knollen in den Boden, häufe wieder Erde darauf, klopfe sie fest. So geht es weiter, bis wir mit dem kleinen Acker fertig sind. Die Arbeit ist stumpf, die Arbeit kostet Kraft, die Arbeit macht Laune.

An einem Nachmittag besuche ich in der spärlichen Freizeit, die uns in Tamera bleibt, mit einer kleinen Gruppe – allein ist man hier wirklich nur beim Gang auf die Toilette – eine abgelegene Wiese am Rande der Siedlung. In Tamera den Frieden zu erforschen bedeutet auch, Mensch und Tier in Einklang zu bringen. Man arbeitet mit Pferden und mit verwahrlosten Straßenhunden, von denen es in Portugal mehr als genug gibt. Als Hundehalter bin ich natürlich befangen und zugleich kritischer. Wie schwer es sein kann, ein Vertrauensverhältnis zu verängstigten und traumatisierten Hunden aufzubauen, weiß ich nur zu gut. Dabei zuzusehen, wie es hier spielend und harmonisch gelingt, macht mich glücklich. Während wir im strömenden Regen die Hunde beobachten, erschließt sich mir der ganzheitliche Ansatz von Tamera, obwohl dieser Prozess so vieles verlangsamt. Die Revolution als Evolution.

Wenn Sie sich fragen, wann ich denn nun auf die Liebesschule zu sprechen komme, muss ich Sie enttäuschen. Ich habe in Tamera einen großen Bogen um sie gemacht. Nicht weil ich Liebe und Sex für unwichtig oder wenig erzählenswert halte. Es soll hier kein Thema sein, weil die Reduzierung auf polyamore Experimente den meisten Tamerianern nicht gerecht wird. Die permanente Geilheit mancher Gäste, die kaum eine Chance auslassen, von ihren ach so vielen, ach so aufregenden Abenteuern in kleinen deutschen Kommunen zu erzählen, lässt mich manchmal befürchten, dass sich ein paar Rocco Siffredis undercover unter die Besucher gemischt haben. Es nervt einfach nur hart. Bei den Kirschblüten in der Schweiz war ich in dieser Hinsicht offener, aber hier in Portugal mag ich nicht.

Ein Leben ohne Liebe und Sex: richtig scheiße, doch es geht. Anders als ein Leben ohne Wasser. Und das ist in Tamera das aufregendere Thema. Fast ein Drittel der Erdoberfläche ist von Wüstenbildung bedroht. Rodungen, falsche Beweidung, Monokulturen in der Landwirtschaft und das Versiegeln von natürlichen Flächen beeinträchtigen den Wasserkreislauf. All das sind Ursachen dafür, dass der Regen nicht mehr von der Erde aufgenommen werden kann. Das Wasser fließt zu schnell ab, der Boden erodiert, was Überschwemmungen und Trockenheit mit sich bringt. Folgt auf eine Dürreperiode nicht ein feuchtes Jahr, setzt eine Versteppung ein, die nur mühsam rückgängig gemacht werden kann. Ein globales Problem. Auch Staaten am Mittelmeer sind betroffen, Teile Spaniens und Portugals. Infolge dieser Prozesse, die durch den Klimawandel in Gang gehalten und beschleunigt werden, kommt es unter anderem zu einer Verknappung von Wasser. 2010 riefen die Vereinten Nationen das «Jahrzehnt des Kampfes gegen die Desertifikation» aus. Ziel der Kampagne ist es, die Ausdehnung von Wüsten zu stoppen und zu vermeiden, dass neue Wüsten entstehen.

«2006 kam ich nach Tamera, die Bäume und Brunnen vertrockneten zu der Zeit. Wir hatten zwei Kühe, für die es nur vier Wochen im Jahr frisches Gras gab», erinnert sich Bernd Müller. In Köln geboren, lebt er seit zehn Jahren in Portugal. Niederschlagsreiche Winter und furztrockene Sommer mit bis zu sechs Monaten, in denen kaum Regen fällt, zeichnen das Klima des Alentejo aus. Wie man das Wasser im Winter nutzen und vor allem speichern kann, war Müller schnell klar. Nach Spanien war der Mann mit dem Dreitagebart schon Ende der Achtziger ausgewandert, um in der Sierra Nevada einen Ökobauernhof zu bewirtschaften. Sein Lebenslauf ist ähnlich wild wie die Frisur des Mittfünfzigers. Nachdem er das Maschinenbaustudium geschmissen hatte, weil er an der Uni keine Antworten auf seine Fragen fand, führte er zunächst einen Bioladen – wohlgemerkt in einer Zeit, in der noch nicht jeder Zweite dort einkaufte, sondern die Kunden als echte Ökos oder, schlimmer, als Körnerfresser galten, Strick trugen und Kinder hatten, mit denen niemand in der Schule sein Pausenbrot tauschen wollte. Später arbeitete er im Landschaftsgartenbau und in der Großbaumpflege. Müllers Steckenpferd wie Leidenschaft sind Permakulturen und der Aufbau von Wasserlandschaften. Auf der Iberischen Halbinsel hat er sich einiges Wissen dazu angeeignet. Den Österreicher Sepp Holzer nennt er «einen Agrarrebellen und ökologischen Visionär», er habe von ihm wahnsinnig viel gelernt.

«Ist der Wasserhaushalt in Ordnung, hat man siebzig Prozent der Arbeit getan», zitiert Müller seinen Mentor. Jedes einzelne Wort scheint von Bedeutung, so emotional referiert der Leiter des «Instituts für Globale Ökologie» in Tamera über ein Thema, das natürlich jeden von uns betrifft, doch nur wenige außerhalb der Community erreicht. Wenn man ihn so reden hört und sich dann Fotos des Geländes aus den ersten Tagen oder selbst noch aus der Mitte der nuller Jahre anschaut, ist kaum vorstellbar, dass es sich um den zugewachsenen Fleck handeln soll, auf den ich nun mit Müller blicke. Früher waren hier nur eine staubige Piste, von der Sonne allmählich verbranntes Gras und ein Hang mit Korkeichen. Am linken Bildrand einer Aufnahme steht ein weißes Zirkuszelt. Ich sehe exakt dieses Zelt rund hundert Meter entfernt von uns. Auch der Hang mit den Bäumen ist noch da. Doch Wasser, ganz zu schweigen von einem See mit einer Insel in der Mitte, das alles sucht man auf den Fotos vergebens. Diese «Wasserretentionslandschaft», wie Bernd Müller es nennt, ist sein ganzer Stolz.

«Heute fließt uns kein Regenwasser mehr ab, nur noch frisches Quellwasser. Regen, der in dieser Landschaft fällt, wird von der Vegetation oder dem Boden aufgenommen und speist das Grundwasser.»

Um das Wassermanagement in den Griff zu bekommen, mussten sie auf den Hügeln mit der Arbeit anfangen. Terrassen wurden angelegt, spezielle Gräben von oben nach unten gezogen, man forstete Stück für Stück auf und legte mehrere kleine Teiche am Fuß der Hügel an. Ein ausgeklügeltes System, das ohne finanziellen Großaufwand realisiert wurde. Im Spätsommer 2007 startete das Projekt, ein Jahr darauf trug es die ersten Früchte. Durch das Tal schlängelte sich ein kleiner Bach, am Ufer nahm die Vegetation zu, und plötzlich waren da Tiere, Fischotter, Vögel.

«Der See ist der Schlüssel zum Leben», sagt der Deutsche. Er weiß um die Bedeutung der von ihm geleisteten Arbeit. Tamera kann seit 2011 das gesamte Trinkwasser aus Brunnen beziehen, das Grundwasser hat sich stabilisiert. Das Werk des Landschaftsheilers, als der er sich vorstellt, macht nicht so viel Lärm wie die Arbeit in der Liebesschule, aber es ist für jeden in Tamera weithin sichtbar. Die Utopie wurde Wirklichkeit, das Unmögliche funktioniert.

Auch die Bauern auf den Nachbargrundstücken profitieren von dem Wasser, ihr anfänglicher Argwohn über die Mückenplage ist längst vergessen. Doch Bernd Müller reicht es nicht, dass das System vor seiner Wohnwagentür gedeiht. Er will es in die Welt tragen. Denn fast überall könne eine solche Wasserretentionslandschaft geschaffen werden. Israel und Palästina, die Türkei, Jordanien, Kenia, Togo, Bolivien – Müller konsultierte die Wasserwirtschaft all dieser Länder und erklärte, wie sich dort ähnliche Kreisläufe einrichten ließen. «Et bliev nix, wie et wor», offen und bereit sein für Veränderungen, so lautet eine kölnische Redensart, die der ehemalige Rheinländer lebt. Er gab die Unterlagen und Pläne auch der EU-Kommission und der Europäischen Umweltagentur, die zusammen eine Klimaschutzplattform namens «Climate-ADAPT» ins Leben gerufen haben. Weitere Regierungen und NGOs sollen folgen, ebenso wie die UNO.

«Das ökologische Wissen ist da. In vielen Fällen kann auch die Wirksamkeit belegt werden», sagt Müller. Fehlt nur noch der Wille auf Seiten der Politik, in eine dauerhafte Veränderung zu investieren.

«Eine Weltkarte, die das Land Utopia nicht enthielte, wäre es nicht wert, dass man einen Blick darauf wirft, denn in ihr fehlt das einzige Land, in dem die Menschheit immer landet.»

Oscar Wilde formulierte diesen Gedanken in einer Zeit, in der es noch keine Gemeinschaften wie die im Alentejo gab. Er forderte vom Staat das Nützliche, vom Individuum das Schöne. Tamera liefert beides, es ist dieser Punkt auf der Landkarte, an dem Visionen von niemandem belächelt werden, an dem das Unmögliche für möglich gehalten wird und Utopien nicht nur Tagträume sind, während man sich in Wirklichkeit gar nicht ändern will. Ob der Dandy Wilde unter solch unprätentiösen Umständen hätte leben wollen, ich bezweifele es, und auch ich kann es mir auf Dauer schwer vorstellen. Aber die Tamerianer hätte er für ihre Euphorie lieben müssen. Mir imponieren sie, werde ich im Zug nach Lissabon denken, auf dem Weg zurück in meine Welt.

HALLELUJA!

Wenn um 4.45 Uhr in der Abtei der Wecker klingelt (Franken)

Ich sehe den Teufel. Feuerrot glüht seine Visage, die beiden Hörner leicht gebogen und spitz zulaufend. Der Pferdehuf versteckt sich in einem schwarzen Sneaker. Viel aufdringlicher ist dagegen der vor Gier und Geilheit geifernde Blick, der das Gegenüber erst in den Bann und dann ins Verderben zieht. Der angesoffene Mönch im speckigen Habit gibt sich der Wollust hin und schert sich einen Dreck um diese eine der sieben Todsünden; stürmisch presst er den weitgeöffneten Mund auf die rote Fratze und lässt sich von fremden Armen, die alles versprechen, nur keine Geborgenheit, fest umschlingen. Das Unausweichliche wird eingeleitet, ein Akt mit bekannten Teilen.

«Und dann die Hände zum Himmel, komm, lasst uns fröhlich sein, wir klatschen zusammen, und keiner ist allein», dröhnt es aus den Lautsprechern. Einmal wieder hat sich die «Hölle, Hölle, Hölle» aufgetan. Ein sich jährlich wiederholendes Szenario in der fünften Jahreszeit: der Karneval. Schuld an alldem, und das dürfte dem Leibhaftigen genau wie dem angeheiterten Bruder vollkommen klar sein, ist der Nubbel. Dass er brennen wird, ist so sicher wie das Amen in der Kirche, und kaum ist das Feuer erloschen, folgt der Aschermittwoch, der Beginn der vierzigtägigen Fastenzeit.

Heute ist Rosenmontag. Ich habe zehn Jahre in Köln gelebt, da kommt einiges an Feldforschung zusammen. Zwei Tage zu früh, wenn man so will, checke ich in die Abtei Münsterschwarzach ein. Eines der bedeutendsten deutschen Benediktinerklöster, es ist mehr als zwölfhundert Jahre alt und liegt unweit von Würzburg.

«Sie wollen sich anmelden», spricht mich die in Zivil gekleidete Dame am Empfang des klostereigenen Gästehauses an. Aufgrund mangelnder Betonung wird nicht recht deutlich, ob das eine Frage oder eine Feststellung sein soll. Auch ich selbst bin mir nicht so sicher, schon jetzt zweifle ich an meinem Vorhaben.

«Will ich», antworte ich in ähnlich vagem Tonfall.

Vielleicht ist dieses Zögern ein Zeichen dafür, dass es besser wäre, doch noch umzukehren. Aber meine Zeit der Enthaltung soll jetzt beginnen, eine Karneval-Detox-Kur und ein Rückzug in alte Klostergemäuer, um ein Lebensmodell kennenzulernen, das meinem eigenen denkbar fern ist.

Auf der Autobahn hat mich ein Wagen überholt, auf dessen Heckscheibe der sogenannte Christenfisch klebte. Unter dem Symbol stand «Warum Gott?» – die kleiner gedruckten aufklärenden Zeilen konnte ich nicht entziffern, bevor das Auto viel zu schnell aus meinem Blick verschwand. Zur Abtei gehören rund einhundertsechzig Benediktiner, ausschließlich Männer. Etwa vierzig von ihnen wirken als Missionare in Afrika, Asien und Amerika. Ich bekomme hier gleich mehrere Antworten auf die Frage, die mir auf der Autobahn mit auf den Weg gegeben wurde. «Ich bin Mönch geworden, damit ich Gott dienen kann», wird mir ein alter Mönch mit tiefer Stimme erzählen. Die Motivation eines jüngeren wirkt dagegen eher selbstbezogen: «Ich habe eine Antwort auf meine Sehnsucht nach Lebendigkeit gesucht und gespürt, dass diese Weite etwas mit Gott zu tun hat. Bei ihm finde ich das.» Wieder andere wollen schon als Kind gewusst haben, dass sie für das Leben im Kloster bestimmt seien. Sie alle haben diesen Weg frei für sich gewählt. Ihre Lebensweise wird seit Hunderten von Jahren praktiziert, sie führen ein Dasein in Armut und Enthaltsamkeit in einer Gemeinschaft von Brüdern. Sich aufzuopfern, die eigenen Bedürfnisse zurückzustellen und Gutes zu tun sind Dogmen, nach denen die Benediktiner leben.

Fasten will ich nicht, ansonsten habe ich mir kaum Gedanken über meinen bevorstehenden Aufenthalt gemacht. Ich halte es mit Henry Miller: «Das Reiseziel ist nie ein Ort, sondern eine neue Art, die Dinge zu sehen.» Und schon in der hellen Eingangshalle bilde ich mir ein, dass an diesem Ort etwas mit mir passieren wird. Ich denke dabei nicht an ein Wunder, wie es sich manche Besucher der Grabeskirche in Jerusalem erhoffen. Als ich diese heilige Stätte vor einigen Jahren auf einer Reise durch Israel besuchte, ging es dort zu wie auf dem Rummel, nur dass die nervös Drängelnden keine Halbstarken waren, die auf eine Achterbahnfahrt warteten. Diejenigen, die am Grab Jesu schubsten, zerrten und auch mal den eigenen Körper als Rammbock einsetzten, waren überwiegend Alte und Kranke. Ich erinnere mich an eine gebrechliche Frau, die sich mit aller Kraft aus ihrem Rollstuhl hievte, auf die Steinplatten klatschte und wie ein Soldat geradewegs zu der Stelle robbte, an der Jesus am Kreuz gestorben sein soll. Was da geschah, zeigte mir, dass der Glaube an Wunder, vor allem in einer Stadt wie Jerusalem, einem Opiat gleichkommen kann.

In der Abtei Münsterschwarzach spüre ich, was in der

Grabeskirche gefehlt hat: Ruhe. Schon nach kurzer Zeit in dem modernen Anbau des Klosters fahre ich in einen Modus, der bei mir sonst erst nach zwei Wochen Urlaub jenseits der Zivilisation einsetzt. Dass die Person auf der anderen Seite des Eichentresens unglaublich langsam arbeitet, stört mich nicht. Normalerweise bin ich da dünnhäutiger. Ungeduld ist eine fiese Krankheit der Gegenwart. Same-Day-Lieferungen von Amazon sind wohl noch lange nicht das Ende der Fahnenstange. Dabei sind sie wie Fast Food – kann man mal machen, aber besser wäre der Verzicht. *Institio mors est*, Stillstand ist der Tod. Nur schnell noch den News-Feed checken, ein letztes Mal die E-Mails abrufen, am besten zwischendurch noch mal nachschauen, was es Neues gibt. Ununterbrochen unter Strom, senden und empfangen, eine Push-Nachricht blinkt drohend auf – doch nur der Hinweis, dass mein Akku bald leer sein wird. Ist in den vergangenen zwei Minuten tatsächlich nichts in der Welt passiert? Sicherheitshalber vergewissere ich mich, mache das Smartphone dann aber einfach aus, kappe die Verbindung nach draußen und lasse auch von dem Gedanken ab, mich vielleicht noch ein letztes Mal unsittlich zu berühren. Was einem eben so durch den Kopf schießt, wenn man vorhat, sich dem Gesetz des Zölibats zu unterwerfen. Ich wäre jetzt so weit.

Als ich an dem neuen Eichentresen stehe und auf meinen Zimmerschlüssel mit dem massiven Metallanhänger warte, kommen Erinnerungen an Schulausflüge in Jugendherbergen zurück. Es mag an dem Geruch des Reinigungsmittels liegen, jedenfalls habe ich sofort den Geschmack von dünnem Hagebuttentee auf der Zunge. Glücklicherweise bin ich von dem Drang, Lehrer zu werden, bisher verschont geblieben – sonst hätte ich diese Erfahrung einmal im Jahr auffrischen können. Und zum Glück konnte ich mich der Bundeswehr entziehen, wo ich nicht nur blind Befehle ausführen, sondern auch um fünf Uhr morgens oder noch zeitiger aus dem Bett hätte springen dürfen. In den nächsten Tagen wird mir wohl das Beste blühen, was das Leben für Soldaten wie für Lehrer bereithält. Die Schnittmenge ist das Mönchsleben – vor dem Morgengrauen aufstehen und literweise Hagebuttentee in sich reinkippen. Danach heißt es beten und arbeiten, *ora et labora*, so verlangt es die Ordenstradition der Benediktiner. Leben wie einer von ihnen, so weit es möglich ist. Sollen die im Rheinland und sonst wo ihren Karneval ruhig allein feiern.

Der Mönch schwingt ein Glöckchen direkt neben meinem Ohr. Als ihr helles Gebimmel verklingt, wandert das bronzefarbene Stück zurück an den dafür vorgesehenen Platz im Holzregal. Es wird still.

«Lasset uns beten», spricht Bruder Matthäus die vielleicht dreißig Anwesenden an.

Die Blicke um mich herum senken sich, es wird noch stiller, als es ohnehin schon war, der gesamte Speisesaal III folgt der Aufforderung. Bruder Matthäus bedankt sich beim barmherzigen Gott für das Essen. Gedacht wird an all diejenigen, die Hunger leiden. Im Kollektiv erklingt das Amen. Danach beginnen die Einzelgäste der Abtei in Unterfranken mit dem Abendessen. Nebenan, im Speisesaal II, sitzen die Gruppengäste, im Speisesaal I die Schweigeklosterbesucher. Die Tür zu Speisesaal I ist immer geschlossen. Ob dort für das gemeinsame Amen das Schweigen gebrochen wird?

Eine einsame Luftschlange auf dem grünen Deckchen in der Mitte des Tisches ist das einzige Zeichen dafür, was draußen abgeht. Genau zwanzig vor sieben zeigen die Zeiger der Wanduhr. Während halb Köln randvoll sein dürfte, sitze ich mit vier Fremden zusammen, wir reichen uns den Korb mit dem unglaublich leckeren Brot aus der klostereigenen Bäckerei, sagen freundlich «bitte» und «danke», reden ansonsten aber kaum miteinander. Der Jüngste am Tisch ist vielleicht Mitte dreißig, Typ aufstrebender Unternehmensberater bei McKinsey. Die Frisur hat er sich wohl von Karl-Theodor zu Guttenberg abgeschaut, als der sich noch mit einem Doktortitel schmücken durfte, der Kleidungsstil passt in die Modestrecken der *GQ*: Segelschuhe, Polopullover, alles in gedeckten Farben, und eine dicke goldene Uhr am Handgelenk. Er geht schneller und zielstrebiger ans Buffet als wir anderen. Im Gespräch verwendet McKinsey dann inflationär den selten dämlichen Ausdruck «rocken»: «Kloster rockt», «Linsensuppe rockt», «Gott rockt», blablabla, *rock is dead*. Wahrscheinlich hatte er ein Burnout und versucht jetzt, sich in der Bet-Reha selbst wieder auf die rechte Spur zu *rocken*. Der Älteste dagegen, ein gebrechlicher Herr jenseits der achtzig, kauert über seinem Teller und schaufelt die Linsensuppe in sich hinein, als wäre es seine letzte. Ein weißes Pflaster klebt auf seiner Wange. Schneeweiß ist auch das volle Haar.

«Wissen Sie», durchbricht er die Stille und blickt zu der einzigen Frau am Tisch, die sich ein Würstchen nach dem anderen reinpfeift, «ich habe Zucker und muss die hier nehmen.»

Mit seinem langen Zeigefinger tippt der Greis zweimal auf eine weiße Plastikschachtel, die vor ihm steht. «ANABOX» heißt es auf dem transparenten Deckel. Darunter «morgens», «mittags», «abends», «nachts» und «Bedarf». In kleinen Schälchen liegen zu den entsprechenden Tageszeiten einzunehmende bunte Pillen, die keinen Spaß machen, sondern Linderung und bestenfalls Normalität verschaffen. Zwei von ihnen wandern in die Hand und danach in den Mund des Alten, um mit einem Schwall Hagebuttentee runtergespült zu werden. Warum der Weißhaarige oder wir anderen hier sind, bleibt unausgesprochen, und schließlich versandet die Unterhaltung.

Als das Christentum im 4. Jahrhundert zur Staatsreligion des Römischen Reiches aufstieg, wurde es zu einer Kirche und veränderte damit sein ganzes Wesen. Die Vermischung von Belangen des Glaubens und Belangen des Staates zog einen Imageschaden nach sich, da die Kirche fortan christliche Werte kaum noch legitim vertreten konnte. Losgelöst davon entstand in Ägypten und im Nahen Osten ein anderes Modell, den Glauben zu leben: das Eremitentum. Es war nicht an die Institution der Kirche gebunden, zugleich bestens vereinbar mit einer wesentlichen Tugend in der Nachfolge Christi, dem Leben in Askese. So wollten Gläubige eine besondere Nähe zu Gott erfahren – und noch heute ist das der Weg, den die Mönche wählen.

Als Autor kann ich mir ziemlich gut vorstellen, wie sich das Eremitendasein anfühlen muss. Das Schreiben eines Buches kommt dem sicher sehr nahe, man zieht sich zurück und vereinsamt über den Sätzen auf dem Papier und denen, die noch niedergeschrieben werden sollen, die Welt endet genau wie das Sozialleben an der Tischkante. Man muss einiges an Disziplin aufbringen, will man nicht das Schreiben aufgeben oder eben das Schweigen brechen und den Kontakt zu anderen suchen. Hochgefühle erfährt der einsame Gläubige im stillen Kämmerlein und in der Meditation, so soll Nähe zu Gott entstehen. Ich hoffe für die Mönche, dass es klappt.

Benedikt von Nursia wurde um das Jahr 480 herum geboren. Er entstammte einer wohlhabenden Familie und hatte eine Zwillingsschwester, die Scholastika hieß – nach ihr wurde der Gebäudeflügel benannt, in dem sich mein spartanisches Zimmer befindet. Das Relief an einer Kirchenwand der Abtei zeigt Benedikt als einen finsteren Mann mit Vollbart und Kapuze. Im Jahr 529 gründete er das erste Benediktinerkloster. Die Abtei Montecassino in Süditalien besaß enorme Strahlkraft, denn schon topographisch war das Vorhaben geglückt, Gott möglichst nahe zu kommen: Benedikts Utopie, sein Traum einer Gemeinschaft der Gottesfürchtigen, hatte hoch oben auf einem Hügel eine Heimat gefunden, die für alle sichtbar war.

Im Zuge der Klostergründung formulierte Benedikt die *Regula Benedicti*, ein Handbuch, das im Mittelalter zur Ordensregel der Benediktiner werden sollte. Der Gründervater forderte weder eine Staatsreform noch den Aufbau einer neuen, gerechteren Gesellschaft. Es ging ihm vor allem darum, einen Ort zu schaffen, an dem ein durchaus elitärer Kreis die Vorstufe zum himmlischen Reich Gottes erfahren sollte. Das asketische Leben war ihm bereits vertraut, und er hielt daran fest. Vollkommenheit war nach Benedikts Auffassung allerdings nicht in der Einsamkeit zu finden, sondern in der Gemeinschaft. Und er setzte auf Disziplin, ohne sie blieb der Weg zur Glückseligkeit versperrt. Es galt, das eigene Ich zu überwinden – eine Idee, auf die ich schon bei der Schweizer Kirschblütengemeinschaft gestoßen bin, die mit dem, was Benedikt propagierte, ansonsten nicht viel gemein hat.

Ein großer Zeitsprung, um die Historie abzukürzen: Heute, fast anderthalb Jahrtausende später, gelten Benedikts Regeln nach wie vor. Unter den Brüdern im Kloster herrscht Gleichheit – in der Kleidung, dem Alltag, der Armut. Wer Mönch werden will, wirft sich nicht nur den Habit über und folgt der täglichen Routine, er überträgt dem Kloster seinen gesamten Besitz. Nur der Abt genießt eine Sonderstellung. Benedikts Vision von gelebter Gottesnähe verlangt absoluten Gehorsam und bedingungslose Unterwerfung – nicht nur Gott gegenüber, sondern auch dem Vorsteher des Klosters. Mit Basisdemokratie hat das wenig zu tun, frei von Hierarchien war und ist das Leben im Kloster nicht. Das Alter eines Mönchs lässt nur bedingt Rückschlüsse auf seine Stellung zu, was zählt, ist die Dauer der Ordenszugehörigkeit. Je länger ein Benediktiner dem Kloster angehört, desto näher sitzt er während der Andachten bei dem Abt. Vom Erstkontakt an ist Demut gefordert. Und der Einlass ins Kloster wird einem Neuling nicht leicht gewährt. In Kapitel 58 der *Regula* heißt es: «Wenn er also kommt und beharrlich klopft und es nach vier oder fünf Tagen klar ist, dass er die ihm zugefügte harte Behandlung sowie die Schwierigkeiten beim Eintritt geduldig erträgt, aber trotzdem auf seiner Bitte besteht, gestatte man ihm den Eintritt.»

Als Gast bleibt mir das Prozedere der Unterwerfung glücklicherweise erspart. Wer sich heute dafür interessiert, Mönch zu werden, braucht vor allem Geduld. Nach einem Aufenthalt als Besucher folgt das sogenannte Postulat von rund sechs Monaten, daran schließt sich das Noviziat an. In diesen zwei Jahren wird jeder Anwärter von der Gemeinschaft auf die Probe gestellt, man lebt enger mit den Brüdern zusammen und trägt erstmals den Habit. Auch der Novize selbst ist aufgefordert herauszufinden, ob er dieses Leben tatsächlich führen will und kann. Während dieser Phase ist der Ausstieg jederzeit problemlos möglich. Glaubt der Anwärter, für den Orden bereit zu sein, und sehen das die Brüder genauso, legt er das Profess ab, ein Bekenntnis auf Zeit, das weitere zwei Jahre gilt. Erst nach einer erneuten Verlängerung – und damit einer Zeitspanne von rund sechseinhalb bis sieben Jahren – wird der Anwärter zu einem Mönch auf Lebenszeit, zu einem Vollmitglied, sofern er das immer noch will.

Neben dem frühen Aufstehen bedeutet Mönchsein, ein minuziös durchgeplantes Leben zu führen, sieben Tage die Woche, Monat für Monat, Jahr für Jahr, bis zum letzten Tag auf Erden. Fun Fact: Auch einem Bruder steht mal eine Auszeit zu, pro Jahr können drei Wochen Urlaub beantragt werden. Wie die Männer ihren Urlaub verbringen, ist ihnen nicht völlig freigestellt, der Benediktinerkodex gilt natürlich weiterhin. Luxusreisen sind genauso tabu wie stabiles Saufen am Ballermann 6.

Eigentlich kann jeder junge Kerl den Weg der Mönchwerdung einschlagen. Man muss nur bereit sein, sich formen zu lassen, und ein paar formale Bedingungen erfüllen, zu denen eine abgeschlossene Berufsausbildung oder ein adäquater Schulabschluss gehört. Außerdem sollte man seelisch und körperlich auf der Höhe sein, in der Gemeinschaft leben wollen, natürlich an Gott glauben und «Sehnsucht nach mehr im Leben» verspüren, wie es auf der Webseite der Abtei Münsterschwarzach heißt.

Um Viertel vor fünf schrillt der Wecker, genau wie in den Nächten zuvor. Eine fiese Uhrzeit, das ganze Land schläft noch. Da ich hier meistens schon vor zehn in der Falle liege, ist es immerhin keine enorme Qual, das schmale Bett zu verlassen.

An diesem Februarmorgen wird die Sonne noch einige Stunden auf sich warten lassen. In den langen Klostergängen ist das Licht gedimmt, nur im Treppenhaus blenden mich die hellen Neonröhren, als ich schlaftrunken ins Erdgeschoss hinabsteige, in die Stille schier endloser Flure und Hallen. Ich schleiche zum Morgengebet, und mir begegnen andere Besucher, die dasselbe Ziel haben. Man grüßt sich mit einem Nicken. Überhaupt stelle ich fest, dass ich meine Lautstärke seit der Ankunft im Kloster runtergefahren habe, und das trifft auch auf alle anderen zu.

Geredet wird leise, eigentlich nur geflüstert. Man fühlt sich im Kloster, als wäre man permanent in Watte gepackt.

Fünf Minuten nach fünf verstummt das Glockenläuten. In der Kirche mit den vier Türmen sitzen vielleicht ein Dutzend Leute, jeder hat eine ganze Reihe für sich. Die Bänke sind derart unbequem, dass sie nur einem Zweck zu dienen scheinen: die Person, die sich darauf niederlässt, zu piesacken und wach zu halten. Ein paar Reihen vor mir entdecke ich McKinsey aus Speisesaal III, der sich erst bekreuzigt und dann auf dem dafür vorgesehenen Brett niederkniet. Schließlich setzt er sich auf die Bank und rutscht ungeduldig auf seinem Hintern hin und her. Er trägt eine glänzende Steppjacke, was keine schlechte Idee ist, denn schon nach kurzer Zeit ist meine Nasenspitze eiskalt. Immerhin hilft einem die Temperatur, ebenso wie die Holzbänke, auf perfide Weise dabei, aufmerksam zu bleiben.

Hinter dem Altar hängt ein mächtiges Kreuz. Ein Bruder, der die Versammelten nun anspricht, sieht darin noch mehr: Das Bildnis des Heilands am Kreuz zeigt einen Sieger, der den Tod überwunden hat. Er ist zugleich der verletzte Heilsbringer, der die Wunden der Gläubigen zu schließen vermag. Betrachtet ein Mönch den Gekreuzigten, wird er seine eigenen Verletzungen erkennen und darf darauf hoffen, dass Jesus sie heilt. Die Kirche ist auf das Kreuz ausgerichtet, das in warmes, goldenes Licht getaucht wird, ein Symbol für die Herrlichkeit Gottes, wie ich erfahre. Zu beiden Seiten sitzen aufgereiht die Mönche, junge, ältere und sehr alte Männer, manche von ihnen sind im letzten Moment herbeigeeilt. Sechzig, siebzig Benediktiner in antiergonomischen Klappbankstühlen, sie alle wenden uns, den Gästen, ihr Profil zu.

Das gemeinschaftliche Gebet ist das Erste und das Letzte,

was sie am Tag tun, sie preisen Gott, den sie allmächtigen Vater und Schöpfer des Lebens nennen. Mit der Verherrlichung seines heiligen Namens stellen sie sich in seine Gegenwart und bringen den Tag und die Stunde, Welt und Menschen, ihr Leben und alles, was ist, zur Sprache. Der Herr ist ihr Gebieter und ihre helfende Hand.

Die Gebetszeiten können täglich bis zu acht Stunden beanspruchen, sie sind fest in den Tagesablauf eingebettet. Was für den Greis aus Speisesaal III die ANABOX voller bunter Pillen ist («morgens», «mittags», «abends», «nachts» und «Bedarf»), sind dem Benediktiner die Andachten: am Morgen, am Mittag, am Abend und in der Nacht. Ob Pillen oder Gebete, beides gibt Sicherheit und soll helfen, das eigene Leben zu meistern. Und vielleicht ist beides nur ein Placebo, der Glaube an eine Sache allein kann bekanntlich schon Berge versetzen.

Stündlich werden Psalmen runtergebetet. So kann derjenige, der betet, sich vor Gott offenbaren.

«Herr, öffne meine Lippen!», singt-spricht ein Mönch.

«Damit mein Mund dein Lob verkünde», erwidern dreimal die anderen.

Zahlen leuchten auf den kleinen Tafeln an den Seiten des Kirchenschiffs: 500, 501, 632. Ich blättere in einem der Büchlein aus der Ablage vor mir, finde aber nicht die Stelle, die es mir ermöglichen würde, lippensynchron mitzusäuseln. Schließlich lande ich doch auf der richtigen Seite, verschränke die Finger, lese mit und tue das, was man beten nennt. Ich habe nicht das Gefühl, dass mich der innere Monolog Gott näherbringt, aber der bloße Akt des Betens in dieser Kirche wirkt meditativ – vor allem in den frühen Stunden des Tages –, und ich bin ganz bei mir. Was um mich herum passiert, bekomme ich nur noch am Rande mit.

«Es ist nicht leicht, sich der Barmherzigkeit Gottes anzuvertrauen, aber wir müssen es tun.»

Es wird um Gnade gebeten, und anschließend wird es wieder einmal sehr still. Neue Zahlen erscheinen auf den Tafeln für die Gottesdienstbesucher, daraufhin erheben sich erst die Brüder, dann auch wir von den harten Bänken. So geht es eine Zeitlang weiter. Aufstehen. Niederknien. Hinsetzen. Wieder aufstehen. Niederknien. Und wieder hinsetzen. Manche würden es Frühsport nennen. Nach dem Eröffnungspsalm folgen weitere Psalmen, die Lesung und das Responsorium. Um Viertel nach sechs, keine Viertelstunde später, geht es mit dem Konventamt weiter. Die Mönche verlassen in der kurzen Pause die Kirche und ziehen sich in den Klausurbereich zurück, ich selbst harre aus.

Meine Gedanken kreisen nicht um Dinge, die mich sonst beschäftigen oder die ich irgendwo aufgeschnappt habe, ich bin einfach nur im Moment, wach und ruhig. Um mich herum ist es voller geworden, mehr Besucher, die ich aus dem Speisesaal III kenne, haben den Weg hierher gefunden. Erneut läuten die Glocken, die Beleuchtung ist weniger schummrig als noch vor einer Stunde.

Wieder ähnliche Abläufe: Psalmen, Schriftlesung, Responsorium, Canticum, Vaterunser. Während des Gottesdienstes fällt mir auf, dass die Benediktiner jetzt unterschiedlich gekleidet sind. Waren bei der Morgenhore noch alle im schwarzen Habit, tragen einige nun ein weißes. Grund dafür, erfahre ich später, ist die Eucharistiefeier, das wöchentliche Abendmahl – ein Ereignis, das der Prior mit jeder Menge Superlativen beschreibt. In Weiß hüllen sich zu diesem Anlass die priesterlichen Brüder, die Farbe steht für Glaube, Licht und Auferstehung.

Um Punkt Viertel vor acht steht das Frühstück auf den Tischen, dafür bleiben fünfundvierzig Minuten, die Abläufe im Kloster sind auch hier genauestens durchgetaktet. Anschließend beginnt die Arbeit. Da ich es verpasst habe, mich für eine Tätigkeit anzumelden, bin ich zum Nichtstun verdammt. Ich versuche allmorgendlich wie ein Tagelöhner, irgendwo anzuheuern, nachdem ich gehört habe, dass es bei den Gärtnern oder den Schreinern noch Bedarf an helfenden Händen geben könnte, aber meine Bemühungen bleiben vergebens.

Bis zur Mittagshore sind dreieinhalb Stunden zu überbrücken. Dreieinhalb Stunden können sich ziehen, wenn man sich vorgenommen hat, nicht nach Ablenkung zu suchen oder zu schlafen. Jetzt macht sich das frühe Aufstehen bemerkbar, ein erster Anflug von Müdigkeit überkommt mich. Dagegen hilft frische Luft. Als Hundehalter bin ich es gewohnt, regelmäßig spazieren zu gehen. Dabei gibt es kaum etwas Traurigeres, als allein durch die Gegend zu rennen, ich komme mir verdächtig vor, verloren. In dem nahen Dörfchen mit seinen fünfhundert Seelen gibt es nichts zu entdecken. Es holen mich nur irdische Gedanken ein, sofort erreichen mich wieder E-Mails, Push-Nachrichten, Sprachboxmessages, der ganze Kram halt, ein anderes Tempo, das ich im Moment nicht mitgehen möchte. Besser wieder rein, hinter die dicken Mauern.

Schließlich lasse ich mich auf dem Stuhl vor dem kleinen Schreibtisch in meinem kargen Zimmer nieder und blicke aus dem Fenster. Von hier drinnen sieht die Welt direkt anders aus. Dabei schaue ich eigentlich nur in einen begrünten Hof, vorbei an einer im Wind zappelnden Fahne, auf der «Sei offen!» steht. Ich sitze so da und glotze vor mich hin, höre meinen Atem und konzentriere mich darauf. Schließlich bin ich ganz beim Einziehen und Ausstoßen der Luft, einatmen und ausatmen. Es ist das pure Runterkommen, nach und nach verschwinden alle Gedanken.

Weshalb nach Indien oder Thailand reisen, wenn man die absolute Entschleunigung auch vor der eigenen Tür erleben kann? Die Vormittage im Kloster sind so herrlich langweilig, und offenbar musste ich diesen Ort aufsuchen, um mich endlich einmal wieder aktiv langweilen zu können. Langeweile kann die beste Quality Time sein, die man sich als Erwachsener viel zu selten gönnt. Würde ich von Meditation sprechen, klänge es wohl sinnvoller, bedeutender, aber ich bevorzuge die einfachere Beschreibung des Nichtstuns und Sichvergessens. Wie lange ich aktiv der Passivität gefrönt habe, weiß ich am Ende kaum abzuschätzen.

Die Mittagshore beginnt um zwölf und dauert gerade mal eine Viertelstunde. Ich mag sie am liebsten, es passiert einfach am meisten.

«O Gott, komm mir zu Hilfe!», rezitiert ein Bruder.

«Herr, eile, mir zu helfen», kommt von den anderen.

Hymnus, Psalmen, Schriftlesung, Responsorium, Fürbitten, Gebet und Abschluss. Alles mit ein wenig mehr Zug als morgens. Ein warmer Dur-Orgelsound erfüllt die kühle Kirche, die Melodie schleppt sich dahin wie sonst nur auf Bohren-&-der-Club-of-Gore-Platten. Dieses Gesangsgebetsspektakel, die Choreographie der Messe mit jeder Menge liturgischem Allerlei, beeindruckt mich. Im Zwischenspiel begleiten die Mönche die Musik, einer gibt den Ton an, die anderen erwidern. Der Moment hat etwas Erhabenes, einer älteren Frau vor mir läuft eine Träne über die Wange.

Ein Mönch hat mir erzählt, dass ihm die gemeinsamen Chorgebete helfen, in die Herrlichkeit des Himmels einzutauchen, und umgekehrt werde damit auch die Herrlichkeit des Himmels in unsere Welt hineingetragen. Ich respektiere, was die Mönche tun, sie opfern sich leidenschaftlich für eine Sache auf. Dass sie vom Glauben erfüllt sind, spiegelt sich in den meisten Gesichtern wider. Eine solche Begeisterung für etwas, das über dem eigenen Ich steht, empfinden vielleicht auch manche Eltern, wenn sie an ihre Kinder denken. Doch ich glaube, ihre selbstlose Liebe ist etwas von der Natur so Eingerichtetes, während das Mönchsein auf einer rationalen Entscheidung fußt.

Von zwanzig nach zwölf bis dreizehn Uhr wird in der Abtei Münsterschwarzach mittaggegessen. Mit Ausnahme der Sonntage, da beginnt das Essen schon zehn Minuten früher. Ab vierzehn Uhr steht jeden Tag ein kleines Kuchenbuffet im Speisesaal III bereit, eine Stunde später wird es dort lebhaft, wenn die Gäste, die im Kloster einer Arbeit nachgehen, spätestens Feierabend machen. *Ora et labora*, das Zusammenspiel von Gebet und Arbeit, bleibt mir bis zur Abreise verwehrt. Das eine kann der benediktinischen Auffassung nach nicht durch das andere ersetzt werden. Es gilt, eine Balance zu finden, um in dem alltäglichen Leben eines Mönchs, einer Suche, die zugleich kräftezehrend und kraftspendend ist, nicht aus der Spur zu geraten.

Am Nachmittag stehen Seelsorge und Exerzitien auf dem Plan, außerdem verschiedene Workshops zur Lebensorientierung und Glaubensvertiefung. «Tanz als Gebet», «Vom Perfektionszwang zum Mut zur Unvollkommenheit» oder «Wer still wird, hört mehr» lauten die Titel einiger Kurse, an denen ich nicht teilnehmen kann, weil ich mich dazu, wie zur Arbeit, im Vorfeld hätte anmelden müssen. Mit Spontanität und Flexibilität haben sie es im Kloster offenbar nicht so, aber mir ist das von einem meiner Arbeitgeber, den Öffentlich-Rechtlichen, ja bestens vertraut. Was mir bleibt, ist der Müßiggang und immer wieder der Blick aus dem Fenster.

«O Gott, komm mir zu Hilfe!»

«Herr, eile, mir zu helfen.»

Achtzehn Uhr, die Abendhore: vier Psalmen, Schriftlesung, Responsorium, Hymnus, Versikel, Canticum, Vaterunser, Abschluss. Wie am Mittag ein kürzerer Gottesdienst, an den sich um zwanzig vor sieben das Abendessen anschließt.

Um kurz nach halb acht dann die Nachthore.

«Unsere Hilfe ist im Namen des Herrn.»

«Der Himmel und Erde geschaffen hat.»

Stille. Das Schuldbekenntnis wird vorgetragen, weitere Psalmen, ein Lobgesang, ein Gebet und die Marianische Antiphon.

Jeder Tag im Kloster kommt mir vor wie eine Wiederholung des vorherigen – und täglich grüßt das Murmeltier.

In einem verglasten Kasten an der Klosterpforte sitzt ein älterer Mönch mit Helmut-Kohl-Kassengestell auf der Nase. Er öffnet das kleine Bullauge, ich stelle mich vor und sage ihm, dass ich mit Pater Pascal verabredet bin.

So alt wie die Brille, durch die mich der Mann mit großen Augen anschaut, während er den rechten Zeigefinger auf die Wählscheibe des Telefons legt und sich den dunkelgrünen Hörer ans Ohr presst, ist auch das Interieur in seinem Kasten. Nachdem der Mönch gewählt hat, rückt er mit dem Zeigefinger die eckige Metallfassung in seinem Gesicht gerade. Würde er inmitten dieser Kulisse auch noch einen grauen Kittel tragen, könnte er wunderbar als Hausmeister irgendeiner Schule kurz vor der Pensionierung durchgehen.

Die Klosterpforte trennt die privaten Räume der Benediktiner vom öffentlichen Teil des Klosters. Die abgeschlossenen Räume dienen den Bewohnern der Abtei als Rückzugsort. Die Klausur schützt das Schweigen und die innere Sammlung der Mönche, vor allem in einem Kloster wie Münsterschwarzach, das viele Gäste empfängt. Außenstehende erhalten nur mit besonderer Erlaubnis Zutritt. Ich muss es vorwegnehmen: Dieser Bereich bleibt während meines gesamten Aufenthalts für mich tabu. Leider, denn die «Kein-Durchgang»-Schilder im Garten, an einem schwarzen Eisentor und an so vielen Ecken im Gebäude, machen mich unglaublich neugierig. Es ist fast wie früher bei einem Festival: Als junger Besucher habe ich mir immer ausgemalt, was wohl im Backstage-Bereich passiert, es konnte dort ja nur wahnsinnig aufregend zugehen. Dann hatte ich eines Tages *Access All Areas* zu einem dieser ach so legendenumwobenen Orte jenseits der Menschenmassen – und schon war die schöne Vorstellung dahin. Dieses Mal soll mir die Realität keinen Strich durch die Rechnung machen, das Kopfkino bleibt.

Pater Pascal ist Prior, der Stellvertreter des Abtes. Die Priesterweihe erfuhr er 1999, anschließend war er für drei Jahre Missionar in Tansania. Der Pater ist ein Mann frei von jeglicher Ironie, und das ist tatsächlich auch mal sehr angenehm. Wir führen weniger ein Gespräch als ein klassisches Interview. Der Mönch lässt das «R» rollen, wie es nur Franken können. Leise und mit Bedacht spricht er, aber trotz des reduzierten Tempos werde ich nicht ungeduldig, ich höre ihm einfach zu und werde ganz ruhig. Genug Zeit, um sich diesen Predigersprech draufzuschaffen, hatte Pater Pascal allemal. Schon 1991, er war damals sechsundzwanzig, kam er in die Abtei Münsterschwarzach, die Hälfte seines bisherigen Lebens hat er in diesen Mauern verbracht.

«Die Entscheidung, ins Kloster einzutreten, fiel mir schwer», erzählt er. Während er eine Ausbildung zum Krankenpfleger absolvierte, kam er immer wieder als neugieriger Gast in die Abtei, verschwand für ein Wochenende aus seinem Alltag, bis ihm bewusst wurde, dass das Kloster der richtige Ort für ihn war. Sein Glaube brauchte einen Rahmen und eine Gemeinschaft von Gleichgesinnten. Der Drang, etwas Neues auszuprobieren, tat das Übrige.

Vieles vom dem, was der Prior erzählt, kann ich gut nachvollziehen. Aber ein paar Fragen, die nur indirekt mit dem Kloster zusammenhängen und eher das menschliche Naturell betreffen, brennen mir trotzdem unter den Nägeln.

«Was ist das Schwerste am Leben im Zölibat?»

Der Mönch hält bei dieser Frage noch länger inne als gewöhnlich, er braucht einige Sekunden, bis er zu einer Antwort ansetzt.

«Einen guten Zugang zu sich selbst zu finden. Solange ich mein Leben auf andere projiziere und Erfüllung darin suche, bleibt mir das verwehrt.»

«Ersetzt der Glaube eine Liebesbeziehung zu einer anderen Person?», frage ich.

«Das lässt sich nicht eins zu eins vergleichen, aber die Beziehung zu Gott muss eine dynamische sein, die ähnliche Konturen hat wie die zu einem Menschen.»

Es sei völlig in Ordnung für einen Mönch, ein Verliebtheitsgefühl zuzulassen. Aber natürlich darf es nicht ausgelebt werden.

«Das Körperliche fehlt, wie kompensiert man das?», taste ich mich weiter vor.

«Durch eine dynamische Gottesbeziehung. Diese unsichtbare Verbindung zu Gott kann mit einem Blümchen auf dem Schreibtisch für mich lebendig werden.»

Was weiß ich schon als jemand, der zuletzt als Kind gebetet und darauf gehofft hat, dass die eigenen Wünsche und Sorgen erhört würden? Gott habe ich nie gefunden. Pater Pascal schon. «Gesehen oder gehört habe ich ihn nicht. Es sind Erfahrungen, die mich in manchen Momenten überwältigt haben, Dinge, die außerhalb meines Denkens liegen. Ob im Gebet oder in schweren Zeiten, wenn ich mit mir gerungen habe. Da habe ich Halt gespürt und gewusst, dass es so gut ist.»

Es ist, als würde der Pater in Zungen reden, ich höre, was er sagt, doch ich verstehe ihn nicht. Eine Vision, in der er den Allmächtigen erblickt hat, gab es also nie. Überhaupt fehlt in seiner Biographie der dramatische Moment, seine Sinnsuche scheint von Anfang an auf ein gemeinschaftliches Leben mit Gleichgesinnten ausgerichtet gewesen zu sein. Nicht selten ist es doch so: Je autarker Menschen leben, desto weniger sind sie auf einen Glauben angewiesen, der ihnen Halt gibt und von einer Institution wie der Kirche vertreten wird. Doch trotz all der vagen Beschreibungen beneide ich Pater Pascal um sein Empfinden, um seinen Glauben an Gott. Diese bedingungslose Hingabe ist mir vollkommen fremd und fehlt in meinem Leben, offensichtlich habe ich mein Ich noch lange nicht überwunden, anders als er. So viele Menschen kommen mithilfe der Religion besser durch die sich ständig verändernde Welt. Dabei spielt ironischerweise oft genug die Religion eine Rolle, wenn die Welt mal wieder heftig aus den Fugen gerät. Ich spüre, dass der Augenblick meiner Offenbarung naht.

«Ich muss Ihnen gestehen», erzähle ich dem Pater, «dass ich vor vielen Jahren aus der Kirche ausgetreten bin. Auch aus Überzeugung. Bin ich in Ihren Augen verloren?»

Wieder längere Stille.

«Nein, nicht verloren. Aber Sie müssen die Verantwortung

dafür tragen. Das kirchliche Leben will einen Rahmen bieten und soll innerlich Suchenden helfen. Doch die Kirche ist in den vergangenen Jahrzehnten zu statisch gewesen, es hat nur der äußere Rahmen eine Rolle gespielt, und dem Menschen mit seinen drängenden Fragen wurde zu wenig angeboten.»

«Es gibt also noch Hoffnung, dass ich auf den rechten Weg zurückfinde?», frage ich, gespannt auf die Antwort des Paters.

«Nicht auf die Ewigkeit hin gedacht. Doch Sie werden wach genug sein, um zu spüren, welche Nahrung Sie für Ihr Leben brauchen.»

Jeder erfährt Glaube und Gott anders, so viel ist mir nach dem Gespräch mit dem Pater klargeworden. Für einen Benediktiner geht es darum, Abstand vom eigenen Ich zu nehmen, vom schlechten Ego, wie es der Pater nennt. Damit werden die anderen und die Welt um einen herum wichtiger. Gott kann demnach in der Begegnung mit dem Gegenüber liegen, im Zwischenmenschlichen. Vielleicht, denke ich mir, ist Gott dann schon die Liebe zu einem anderen Menschen. Genauer bestimmen zu wollen, was Glaube bedeutet, scheint mir allerdings ebenso aussichtslos wie festzulegen, was Liebe ist. An Gott zu glauben heißt meiner Erfahrung im Kloster nach, in einer Beziehung zu ihm zu stehen. Vielleicht sind die Mönche auch ihr Leben lang auf der Suche. «Der Liebe zu Christus ist nichts vorzuziehen», schrieb der heilige Benedikt in der *Regula* – das Unsichtbare bestimmt hier die Realität.

In einer Schublade des Nachtschranks in meinem Zimmer finde ich ein Büchlein des österreichischen Priesters Martin Gutl. Darin lese ich folgende Zeilen: «Die Algen sind mühelos zu finden. Wer Perlen sucht, muss tiefer tauchen. Wer Gott finden will, muss in die Stille gehen.»

Gefunden habe ich ihn in Münsterschwarzach nicht. In die Stille gegangen bin ich. Gefunden habe ich einen Teil von mir, der mir nicht fremd oder unbekannt war. Aber er ist in meinem Alltag ins Hintertreffen geraten, vielleicht habe ich ihn unbewusst ausgeblendet. Sich der Stille im Klosterleben hinzugeben ist etwas Besonderes. Hier habe ich einen Zustand erreicht, der mir vom Reisen wohlvertraut ist, denn manchmal lösen auch die Eindrücke, die an exotischen Orten über einen hereinbrechen, den Fokus vom eigenen Ich. Natürlich ist so ein Zustand selten von Dauer. Vielleicht gehört der Mönch zu den letzten selbstlosen Geschöpfen, die eine klare Vision haben, für die es vor allem eins braucht: den unbändigen Willen, an das Gute zu glauben. Wenn nicht jetzt, wann sonst?

ViEL RAUCH UM NiCHTS?

Eine Nacht im Freistaat Christiania (Kopenhagen)

Ich sehe eine kleine Bretterbude, aus der dumpfer Lärm dringt. Ich will da rein, dahin, wo die Action ist. Die Konstruktion mit der Pferdetür erinnert an einen Saloon aus dem Wilden Westen. Am Tag habe ich den Schuppen wohl übersehen, nun, nachdem die Sonne untergegangen ist, macht das Ding einen verwegenen, abgefuckten Eindruck. «Woodstock» ist grob in einen Balken über dem Eingang geschnitzt. Es ist die älteste Bar am Platz, wie ich später erfahre, und ihr Name verweist auf das «Love-Peace-&-Harmony»-Credo der Flower-Power-Generation – im Inneren aber tobt das Leben unter Starkstrom.

«Trooommelll-Solooo!», lallt eine Männerstimme irgendwo so laut, dass ich meine, mir hätte jemand direkt ins Ohr geschrien. Der Typ brüllt langsam und zerdehnt, als hätte jemand seine Hand auf eine Schallplatte gelegt, um sie runterzupitchen und irgendwann anzuhalten. In meinem Augenwinkel hebt eine Gestalt die Hände und ballt sie zu kleinen Fäusten. Die zwei Zeigefinger stehen antennengleich nach oben und bewegen sich hektisch zum schleppenden Drum-Sound. Nach dem Einsatz folgt ein Break, dann zieht der Lufttrommler voll durch. Ein Hund bellt und rennt mit eingezogenem Schwanz aus der Kneipe, ein anderer Typ kippt vom Stuhl und bleibt liegen, niemand stört sich daran. Noch keine zwei Schritte im Laden, und mir ist klar: Hier bist du Mensch, hier darfst du's sein. Aber ich merke jetzt doch – da ist kein Sauerstoff in der Luft. Es riecht einfach nur heftig nach Gras, ich atme flach und bin direkt leicht breit, breiter, will sitzen, steuere schnurstracks auf die Bar zu.

«Eine halbe Million Euro Umsatz machen die Dealer hier pro Tag. Im Jahr sind das hundertachtzig Millionen.»

Ole Lykke Andersen, Staatsarchivar des Freistaats Christiania in Kopenhagen, wirft diese Zahl unbeeindruckt in den von Zetteln, Postern und Büchern überquellenden Raum. Überall Regale und Schubladen, es müffelt nach Papier, nicht nach Dope. Vor kurzem trug Andersen seine grauen Haare noch lang, bis über die Schultern. Mittlerweile sind sie ab. Das Auffallendste an dem Althippie mit der unauffälligen Kurzhaarfrisur ist die blau-schwarze Kette, die seinen Hals eng umschnürt.

Wir schreiben September 2015, der Archivar der liberalen Mikronation kann zu dieser Zeit unmöglich wissen, welche Szenen sich exakt ein Jahr später rund um die Pusher Street abspielen sollten. Im schlimmsten Falle hat er eine Ahnung, weil sich die Geschichte selbst in Christiania wiederholt. Die Pusher Street steht wie keine andere im Land für weiche Drogen, der Boulevard eines Kiffertraums, ein Drive-in für Marihuana, nur dass Autos in Christiania verboten sind – Gras dagegen nicht, jedenfalls wenn es nach den Bewohnern geht. Einige besuchen den Freistaat wohl nur wegen dieser Straße, sie ist zum Synonym für Christiania geworden. Ein Slogan fordert «Legalize Cannabis», ein Graffito zeigt einen kiffenden Rastamann, Bob

Marley darf natürlich eh nicht fehlen, und, ohne Scheiß, aus einem dieser Verkaufsverschläge, in denen die Dealer ausharren, dudelt tatsächlich leise «Sunshine Reggae»: *Gimme gimme gimme just a little smile / That's all I ask of you.* Andererseits: Wenn nicht hier, wo dann? Schließlich kommen Laid Back aus Kopenhagen, wo sich in den Pfützen derzeit nur wenige Sonnenstrahlen spiegeln, dafür aber umso mehr die Normalität des Treibens. *Don't worry, don't hurry, take it easy / Sunshine, sunshine reggae.*

Verstörend sind die Pusher, all der Offenheit und dem Groove zum Trotz. Sie verschanzen sich in ihren Buden, treten nur vermummt auf wie Polizisten der GSG 9. So recht bekomme ich sie nicht in das Bild einer offenen, liberalen Gesellschaft, haftet ihnen doch genau das an, was die Christianitter den weichen Drogen nehmen wollen: das Illegale.

Mal riecht es mehr, mal weniger intensiv nach Dope. Auf den ersten Blick hat es viel vom Görlitzer Park in Berlin, allerdings ohne das Anpfeifen, die Zischlaute und «Hash-Hash»-Anpreisungen. Vor allem Touristenhorden mit amerikanischem Slang höre ich hier im Inselstaat. Heute gilt der Fleck als Must-do, eine Sehenswürdigkeit wie der Tivoli, die bronzene Meerjungfrau oder die Carlsberg-Brauerei mit den vier mächtigen Elefanten aus Stein, in die fette Hakenkreuze gemeißelt wurden, lange bevor die Nazis das Symbol für ihre Zwecke missbrauchten. Ein Menschenzoo ohne Gitter, herrlich exotisch, viel zum Anfassen, noch mehr zum Glotzen. Schätzungsweise eine halbe Million Besucher kommen pro Jahr nach Christiania, um zu erleben, was in ihrem Alltag undenkbar wäre. Fotografieren ist streng verboten, durchgestrichene Kamerasymbole ermahnen die Touristen allerorts – doch halten sich, ganz im Sinne der christianischen Revolte, nur die wenigsten daran.

Für die Souvenirverkäufer wird der heutige Tag wenig einträglich sein, kaum jemand verlangt nach Sonnenbrillen oder dem anderen Klimbim, die Masse sucht die Dröhnung. Denn ist man schon mal da, machen viele sich beim Sightseeing durch Christiania so richtig schön breit. Wie verlockend das aber auch ist! Niemand drängt einem das Zeug auf, wie auf einem Markt schieben sich die Besucher über das Kopfsteinpflaster von Stand zu Stand und beäugen die Ware: Zero-Zero, Pollen, Nepal, Standard, Kashmir, Charas, X-Treme, Super Ryger, Manali und so weiter. Am Stück oder schon vorgerollt als Joint? Darf es noch ein bisschen mehr sein? Hier bestimmt das Angebot die Nachfrage, bezahlt wird natürlich nur in bar. Schilder reduzieren die Kommunikation mit den Tickern auf das Allernötigste, denn auf Fragen haben die gar keinen Bock. Mir kribbelt es in den Fingern, doch ich lasse es schließlich sein. Kiffen und Trinken verträgt sich ja bekanntlich nicht, und da ich einen Cuba Libre mit mir herumschleppe, setze ich aus. Manchmal lernt der Mensch eben doch aus seinen Fehlern.

Ganz nüchtern scheint an diesem Abend in Christiania niemand, wie es wahrscheinlich auch an den restlichen dreihundertvierundsechzig Tagen im Jahr ist. Die Geschichte des im späten September 1971 gegründeten Freistaats klingt, als wäre es nie anders gewesen. Die stillgelegte Kaserne Bådsmandsstræde in Kopenhagens Stadtteil Christianshavn wurde von jungen Leuten besetzt, die von dem Leben der Hippies in den USA angetan waren. Sie lehnten eine feudale Gesellschaftsordnung ab, positionierten sich gegen Krieg und Ausbeutung. In der Welt, wie sie war, wollten sie nicht leben, also erschufen sie sich ihre eigene. Auf dem vierunddreißig Hektar großen Areal galt es, alles anders zu machen. Ein Schmelztiegel für Hippies, Hedonisten, Künstler, linke Intellektuelle und Idealisten, ein paar Verrückte, Aussteiger und Obdachlose – eine freie, selbstverwaltete Gesellschaft wollten sie werden, eine wahre Gemeinschaft. «Wir fordern alle auf, hierher zu emigrieren», verkündete Jacob Ludvigsen, einer der Wortführer, in den ersten Tagen.

Die Utopie, die damals Gestalt annahm, beruhte vor allem auf der Ablehnung von Normen. Das Althergebrachte stellten die Gründer von Christiania rigoros in Frage, vorgelebte und vermittelte Werte der Elterngeneration zweifelten sie an. Sie wollten nicht ihre Jugend verschwenden, sondern das Denken in Nützlichkeit und Verschwendung überwinden. Durch Spontanität und Willensstärke machten sie wett, was ihnen an Weitsicht fehlte. Lange Haare und freie Liebe waren das eine, und auch auf den Konsum weicher Drogen konnten sich die Christianitter schnell einigen. Das Brechen von Tabus war ein wunderbares Mittel, um das biedere Bürgertum zu schockieren und sich abzugrenzen.

«Wenn die Sache irre wird, werden die Irren zu Profis», schrieb der Gonzo-Journalist Hunter S. Thompson. Auf die Bürger des noch jungen Christiania trifft das in gewisser Weise zu, denn die ganze Sache sollte in der Tat noch ziemlich irre werden. Die Geister, die sie riefen, tauchten im September 2016 wieder auf: Als ein zwanzigirgendwas Jahre alter Dealer eine Waffe zückte und auf einen Touristen und zwei Zivilpolizisten schoss, eskalierte die Situation. Und weil die Stimmung ohnehin schon lange nicht mehr friedlich war, griffen die Hippies von Christiania hart durch. Liebe und Frieden schlugen um in Hass und Gewalt. Die Stände der Ticker riss man ab, und doch wird jedem klar gewesen sein, dass sich das Problem so einfach nicht beseitigen lässt. Eine friedliche Welt voller Drogen gibt es auch in Christiania nicht, liberales Denken allein krempelt eben keine kriminellen Strukturen um.

An der Gesamtsituation hat sich bis heute wenig geändert, der Verkauf läuft nach den unruhigen Tagen nur weniger öffentlich ab. Schwierigkeiten mit Banden und Drogenkriminalität hatte es auch vorher schon gegeben: 2014 nahm die Polizei bei einer Razzia sage und schreibe achtzig Personen fest, sechzehn Dealer wurden zu Haftstrafen verurteilt. Fünf Jahre zuvor verletzte eine Handgranate mehrere Passanten, 2005 verlor bei einer Schießerei ein junger Mann das Leben. Die Liste von Vorfällen ist lang, schon Mitte der Achtziger starb der Kopf einer Bande in Christiania. Seitdem ist im Freistaat nie dauerhaft Ruhe eingekehrt. Positive Meldungen über die Visionäre sucht man unterdessen vergebens.

Ole Lykke Andersen kann sich noch an die Zeit erinnern, als die Hells Angels in Dänemark zum ersten Mal ein Charter gründeten und sich mit anderen Rockern bekriegten. Geklärt wurden diese Streitereien nicht selten auf dem Boden der Mikronation. Die Kutten des Motorradclubs kann ich bei meinem Besuch nicht ausmachen, aber was bedeutet das schon? Der Frieden trügt allemal. Das Verhältnis der Christianitter zur Staatsgewalt ist, wen wundert es, alles andere als unkompliziert. Doch das harte Durchgreifen der Polizei, willkürliche Hausdurchsuchungen und körperliche Gewalt haben die Gemeinschaft zusammengeschweißt. Der Gedanke der Abgrenzung ist der Kitt, er stiftet Identität. Dennoch gibt es Verbote im Freistaat: Diebesgut, harte Drogen, Gewalt, kugelsichere Kleidung, Waffen und Kutten mit den Abzeichen von Gangs. Neben Autos dürfen auf dem Gelände auch keine Motorräder fahren. Auf Tafeln wird einem das überall ins Gedächtnis gerufen, doch genauso, wie sich die Touris nicht an das Fotoverbot halten, kratzen die Geschäftsleute ohne Steuernummer diverse andere Warnungen recht wenig. Selbst einige der rund achthundert Bewohner des alten Militärgeländes widersetzen sich den Regeln und machen ihr eigenes Ding. Vielleicht lässt es sich als ironische Fügung verstehen, dass die Ordnung ausgerechnet an einem Ort aus den Fugen gerät, an dem vor einigen Jahrzehnten noch ein ganz anderer Ton herrschte, Kommandos blind befolgt werden mussten und Disziplin weitaus mehr zählte als Selbstbestimmung.

Christiania und seine Bewohner polarisierten einst sehr. Die dänische Regierung war dennoch rasch bereit, die Besetzung als ein «soziales Experiment» für einen überschaubaren Zeitraum zu dulden. Sie ließ die Freistaatler machen, während konservative Kritiker aus der Bevölkerung sich berufen fühlten, ihrem Frust in Leserbriefen freien Lauf zu lassen. Die Christianitter und ihr Zuhause galt ihnen als «Saustall des menschlichen Abschaums», als «Europas übelste Lasterhöhle» oder als «Sozialkloake». Die Rede war vom «Freistaat der Trinker und Penner», von einem «riesigen Hurenloch». Doch aus Unsicherheit und massiver Ablehnung gegenüber den Besetzern wurde nach und nach Toleranz, schließlich Akzeptanz und der Beginn einer Geschichte, die mehr als fünfundvierzig Jahre später noch nicht an ihr Ende gelangt ist.

Diese Utopie ist wahr geworden und lebt! Oder?

Die Gäste müssen einem Roman von Charles Bukowski entstammen: Gestalten der Nacht, Hängengebliebene und Endfertige, die es schaffen, sich noch fertiger zu machen, als sie eh schon sind. Vom Dauerbrennen gezeichnete Gesichter mit großporigen Säufernasen und Unterlippen, auf denen Nikotinflecken wie Herpes sprießen. Zu viele glasige Augen, die nach permanentem Vollrausch aussehen. Alkohol, Zigaretten und Pot formte die, denen nun Haare wie Stroh wachsen – im besten Fall. Schlaff wie hingeworfene Jacken hängen sie auf ihren Stühlen und Hockern. Manche mobilisieren ihre letzten Reserven, um wenigstens halbwegs aufrecht zu sitzen, um gegen den Endgegner Gravitation anzukämpfen. Aussichtslos. Diese Leute, die das Verdrängen oder vielleicht auch nur das Feiern feiern, können unmöglich so alt werden, wie die meisten von ihnen jetzt schon aussehen. Sie sind Treibgut einer Gesellschaft, die sie ausgespuckt hat, vor der sie sich nach Christiania gerettet haben.

«Hey», schnauft der Barmann und blickt gelangweilt zu mir rüber. Seine Körperhaltung weniger gekrümmt als verbogen, erste Buckelbildung, die Wampe schiebt er wohl schon länger vor sich her. Die schwarze Lederweste spannt enorm über dem weißen T-Shirt, darauf der verblasste Umriss eines abgerissenen Backpatches. Die frühere Stickerei lässt sich noch erahnen: «Hard Rock Cafe Amsterdam». Im Gegensatz dazu bleibt das «Woodstock» ein Unikat, ein Anti-Franchise-Modell mit einhundert Prozent Authentizität. Der tapsige Kerl ist mir auf Anhieb sympathisch, denn trotz seiner Kutte ist auch er ein Original. Wahrscheinlich steht er schon sein halbes Leben in dieser Spelunke.

Ich sage die Sachen, die man an einer Bar so sagt, und mein Wunsch wird mit unverständlichem Gemurmel quittiert. Erstaunlich fix stellt der Barkeeper eine Flasche auf die abgegriffene Theke. Christiania-Bier, die Flagge des Freistaats ziert das Etikett. Drei gelbe Punkte in einer Reihe auf rotem Grund, sie stehen für die drei «i»-Punkte im Namen der Gemeinschaft. Es kursiert außerdem die Deutung, dass sie «Love, Peace & Harmony» symbolisieren sollen. Der Körper des Barkeepers ist für einen klitzekleinen Moment voll gespannt, als er die Flasche öffnet, dann feuert er den Deckel neben den Mülleimer. Nicht nur er hat Schwierigkeiten, auch das Viech mit dem Walrossbart und der Schiebermütze, das neben mir andockt, leidet unter massiven Koordinationsstörungen. Was für ein buschiger Schnauzer! Der angedeutete Faust-gegen-Faust-Gruß verfehlt den ihm vertrauten Kerl in der Lederweste nur knapp, beim zweiten Versuch ein leichtes Touchieren der Knöchel, beim dritten landen sie einen Treffer. Keinerlei Verwunderung über den Aussetzer, das spricht für Gewohnheit. Tragisch und faszinierend zugleich. Tragisch, weil sie diese Nummer vielleicht seit Tag eins hier in Christiania genau so abziehen. Faszinierend, weil sie eben genau diese Nummer vielleicht seit Tag eins hier in Christiania abziehen und für eine Sache einstehen. Nur was für eine? Eine Gemeinschaft der Aufsässigen?

Das T-Shirt der deutlich jüngeren Kollegin entlockt dem Walrossbart einen verwunderten Blick. Vielleicht liegt es an ihrem mächtigen Busen, denke ich mir, als auch ich das ausgebeulte Stück Stoff betrachte, auf dem die weißen Großbuchstaben «PO» und «EI» zu sehen sind. Liest man ein wenig um die Kurven herum, erkennt man das Wort «POLIZEI». Einen Bärtigen am Ende der Bar juckt das alles kein bisschen, er starrt ins Nichts und bekommt ungefragt ein Bier und einen Underberg zwischen die Hände geknallt. Und wieder landet der Kronkorken neben dem Eimer. Den Schnaps und das Bier trinkt der Abwesende in einem kurzen und einem längeren Zug leer, dann verlässt er den Saloon.

Hinter dem Tresen hängen Poster mit Cannabisblättern. Und die Mona Lisa. Zwischen ihren Fingern klemmt eine fette Tüte. Meine Einbildung will mich glauben machen, dass diese

Mona Lisa noch entspannter dreinschaut als die von Leonardo da Vinci. Überall um mich herum wird gebaut und gebaut, um nur nicht runterzukommen von diesem dauerbreiten Zustand. Allein unter Profis. Eine der wenigen Frauen in der Bar, die nach vierzig Jahren Heroin und Selbstgebranntem aussieht, kommt an die Theke geschlichen. Nicht nur ihre Wangen sind eingefallen, ihr komplettes Gesicht wirkt wie ein Hohlspiegel. Sie bestellt Kaffee, und kurz schäme ich mich für die Stigmatisierung, wäre ich doch jede Wette eingegangen, dass sie nach hartem Stoff verlangt. Überhaupt, Kaffee ist das Getränk, das der olle Kuttenmann an diesem Abend literweise über den Tresen schieben muss, fast jeder nimmt einen.

Langsam erinnert mich das «Woodstock» an meine Zeit als Zivi in einem Kontaktcafé für Junkies. Was alle dort neben dem Rausch immerzu wollten, war eine Schale Pudding für den symbolischen Betrag von dreißig Pfennig. Manchmal genügt eine Schüssel süße Pampe oder ein Pott schwarze heiße Plörre, um das gierige Ding Mensch kurz zu besänftigen. Heiß oder kalt, süß oder bitter, das Banale bringt Normalität und Ruhe in fast jedes Chaos. Mein Blick haftet immer noch auf der Kaffeetrinkerin, die es bald darauf zurück in die Rauchschwaden zieht.

«Dude», spricht mich ein junger, für den Laden viel zu frisch aussehender Kerl in amerikanischem Englisch an und will wissen, ob er sich zu mir setzen könne. Meine Antwort kümmert ihn wenig, er nimmt Platz, und als ich verspätet noch einwillige, schaut er irritiert.

«Dude, I'm hungover», klagt er und bestellt beim Kuttenmann ein Konterbier. Der versenkt dieses Mal sogar den Verschluss im Mülleimer. Stellt sich meine Bekanntschaft nicht vor, oder habe ich auch diesen Moment verpasst? Jedenfalls fühlt es sich so an, als würden wir schon länger an der Theke ausharren. Das liegt in erster Linie an dem Dude neben mir, der mich ununterbrochen Dude nennt, das Wort fällt wahrscheinlich häufiger als in «The Big Lebowski». Der Dude mit den kurzen rotblonden Haaren und dem Mehrtagebart hat ein wahnsinniges Mitteilungsbedürfnis. Eben erst in Kopenhagen gelandet, plane er, zwei Tage in der Stadt zu bleiben, danach werde er einen Freund in Berlin besuchen, und vor vierundzwanzig oder vielleicht auch achtundvierzig Stunden – wer kann das bei den ganzen überquerten Zeitzonen schon mit Sicherheit sagen – habe er noch in der Wüste von Nevada gestanden, beim Burning Man Festival. «Dude!», jauchzt er. Drei, vier Tage in dieser postapokalyptischen Kulisse, alles ein einziger Traum, den ich selbst nur von Bildern kenne. Der Dude kann ihn mir nicht so recht beschreiben. Mit aufgerissenen Augen gibt er mir zu verstehen, dass es eine ganz spezielle Erfahrung war. Was unter Umständen auch daran liegt, dass er LSD genommen hat, wie er nebenbei erwähnt.

«Dude, was nimmt man eigentlich gerade so in Berlin?»

Dass das Burning Man für ihn als ehemaligen Google-Mitarbeiter und heutigen Entrepreneur aus dem Silicon Valley schon seit Jahren eine Art Betriebsausflug und Branchentreff ist, lässt vermuten, wie sehr die Tech-Visionäre da drüben drauf sind. Psychedelische Substanzen sollen im Valley derzeit en vogue sein. Der Spirit der Hippieväter brutzelt in manchen Gehirnen der gegenwärtigen Programmierergeneration munter weiter. Ob nun harte oder weiche psychogene Substanzen und Drogen, solange sich die Massen Pillen und Pappen reinknallen, um Emotionen intensiver wahrnehmen zu können oder kreativer zu werden, wird es noch eine ganze Weile dauern, bis der Mensch seine Hülle als Auslaufmodell versteht, sie komplett abschafft und in der Cloud lebt. Christiania oder Burning Man, überall geht es um Emotionen.

«A city in the desert. A culture of possibility. A network of dreamers and doers.» So beschreiben die Veranstalter das Burning Man.

«Und, wie ist Christiania dagegen?», frage ich den Dude.

«Nett», meint er, steht auf und geht zur Toilette.

Danach taucht er nicht mehr auf. Der Abgang des Dudes gleicht seinem Auftritt, auf einmal da und genauso schnell wieder weg.

Das Experimentieren, denke ich, war hier doch auch einmal zu Hause. Und es ging nicht nur darum, das Bauen einer Tüte zu perfektionieren. Nach der Gründung müssen die Hippiebesetzer voll Euphorie und Tatendrang gewesen sein, die Tageszeitung «Information» veröffentlichte Ende 1971 ein Manifest, das sie als Überzeugungstäter auswies:

«Die freie Stadt ist geboren, hat bereits zwei Monate lang funktioniert und findet nun langsam zu sich selbst. Wir können jetzt eine aufkeimende Struktur von Individuen und Gemeinschaft entdecken, die größer und mächtiger werden wird, bis sie eines Tages so mächtig ist, dass der Zaun zwischen uns und der alten Gesellschaft eingerissen wird. Doch im Augenblick müssen wir den Keimling, der die Freiheit in sich birgt, noch schützen – wir müssen das gemeinschaftliche Leben, wir müssen Solidarität lernen.»

An ein Bündnis zwischen Christianittern, Hells Angels und Dealern dürfte damals niemand gedacht haben. Wie dieser Ort sich entwickelt hätte, wenn weiche Drogen nie legalisiert und härtere nicht unter der Hand vertickt worden wären, bleibt Spekulation. Kann überhaupt von Freiheit die Rede sein, wenn man sich abhängig macht und einen Kompromiss mit den Angels eingeht?

Im spärlich beleuchteten Jetzt bestimmt das Kiffen und Saufen maßgeblich den Ton, niemand wird abgeschleppt, keiner will Ärger, die Gäste sind schlicht total breit. So könnte es die ganze Nacht weitergehen, den ganzen Tag, ähnlich wie im Kreuzberger «Trinkteufel» oder im schräg gegenüber liegenden «Bierlokal Rote Rose»: rund um die Uhr Thekendienst, der ganz normale Wahnsinn. Burning Man oder Christiania lassen sich überall erleben, wenn der Rausch die Freiheit ersetzt und alles andere in die Ferne rückt.

Dann ist es zehn, und die «POLIZEI» greift in die alte Kasse, nimmt die Geldkassette heraus und knipst das Licht an: Feierabend. Mit meiner Verwunderung bleibe ich allein. Im Freistaat Christiania gibt es Regeln und Schilder, und im Gegensatz zu den Touris halten sich die Fertigen daran. Über Anarchie zu reden ist eine leichte Sache, sie zu leben eine weitaus schwierigere. Ein letzter Blick in die Runde: ein Raum voller Zombies, jetzt sehe ich es deutlich. Sie ignorieren mich, und wahrscheinlich bin ich nur ein weiterer Untoter unter ihnen.

In der Finsternis sehe ich kaum die Hand vor Augen. Es gibt nur wenige elektrische Laternen, lediglich aus Feuertonnen und Häusern dringt ein wenig Licht in die Nacht, die ihr Schwarz über Christiania gestülpt hat und den Ort allmählich zur Ruhe kommen lässt. Eine Viertelstunde von der Pusher Street entfernt, jenseits von Downtown mit seinen Event-Kiffern aus der ganzen Welt und den Fertigen aus der Nachbarschaft, entdecke ich eine andere Seite der Mikronation. Es riecht auffallend frisch nach nichts. Wenn Christiania im skandinavisch durchdesignten Kopenhagen einen eigenen Staat darstellt, ist dieser Fleck eine fremde Galaxie. Über einen Trampelpfad entlang des Stadsgraven-Kanals gelange ich zu einem ufoartigen Gebäude, mitten im Schilf. Zwischen ein paar Büsche hat man windschiefe Bauten gezimmert, einzigartige Häuschen, die nur aus Holzfensterrahmen zu bestehen scheinen. Den Spirit, etwas jenseits aller Normen erschaffen zu wollen, kann ich in dieser Idylle noch erahnen.

Von Aufbruchsstimmung und Veränderung spüre ich mehr als vierzig Jahre nach der Besetzung allerdings gar nichts mehr. Die, die damals jung und wild waren, sind ruhiger geworden, und damit wohl auch milder und angepasster. Hier draußen vermeiden es die meisten, mit Fremden zu kommunizieren. Allein dadurch, dass sie immer noch da sind, haben sie Kritiker abgestraft, die schon vor Jahrzehnten ein Ende ihres Protests vorhersagten. So wie Michael Haller, Autor eines «Spiegel»-Artikels, der im September 1981 über diesen einst wundersamen Fleck schrieb: «Wenn Christiania eines Tages und endgültig gescheitert sein sollte, dann vermutlich deshalb, weil vornehmlich gescheiterte, jedenfalls zum Scheitern verurteilte Jugendliche den Christiania-Freiraum wie eine Medizin zur Linderung ihrer Lebensangst benötigen. Bald, so scheint es, haben sie ihn verbraucht.»

Haller hält mit seinen Zweifeln nicht hinterm Berg, aber auch die Stimmung in der damaligen BRD klingt in seinen Worten mit, in der ein Ort wie Christiania unmöglich hätte gedeihen können. Wahrscheinlich war das Laisser-faire der dänischen Regierung nicht der einzige Grund, weshalb Christiania nie geräumt wurde. Die Strategie, den Druck gering zu halten, führte auch dazu, dass sich die Widerständigen nach und nach anpassten, vielleicht ohne es zu merken. Ihre Utopie hat in der Realität ihre visionäre Kraft verloren, sie ist banal ge-

worden. Zwar erhielt die kleine Gemeinschaft der Unangepass-
ten am Rande Einzug in die Gesellschaft, doch der Zaun, der
beide Seiten voneinander trennt und eingerissen werden sollte,
steht heute fest wie eine Mauer um einen Vergnügungspark mit
fixen Öffnungszeiten. Christiania ist das letzte besetzte Haus
in einer durchgentrifizierten Nachbarschaft. Christiania ist die
fette Piñata randvoll mit Dope. Christiania ist ein Schutzraum,
in dem das Experimentieren zum Mythos wurde. Und das ist
die Crux, denn die, gegen die man sich positionierte, wurden
weniger in dieser liberalen Stadt. So blicken die Althippies in
ihrer ehemaligen Kaserne vor allem auf sich selbst. Welchen
Kurs sollen sie noch verfolgen, jetzt, da ihnen das Ziel fehlt?
Das Schicksal dieses Mikrostaats ähnelt dem der Indianerre-
servate in den Vereinigten Staaten, die heute kaum mehr etwas
Besonderes sind und nach und nach in Vergessenheit geraten.

Zwei marterpfahlartige Stämme und ein Querbalken darüber
bilden den rotbraunen Bogen. «You are now entering the EU»
steht auf dem Balken, vor mir liegt Kopenhagen. Ich über-
schreite die Grenze, drehe mich ein letztes Mal um und lese
auf der Rückseite der hölzernen Pforte: «Christiania». Der
Teilkauf des Geländes aus einem gemeinsamen Fonds, den
die Bewohner Anfang der zehner Jahre einrichten konnten,
nachdem der Oberste Gerichtshof einen jahrelangen Rechts-
streit beendet und das alleinige Nutzungsrecht für Christiania
dem Staat zugebilligt hatte, sicherte das Fortbestehen der Idee.
Gleichzeitig haben die Käufer mit dieser Tat die ursprünglichen
Ideale des Freistaats zu Grabe getragen. Die Geschichte hat also
nur scheinbar ein Happy End, weil das alternative Disneyland
bestehen bleibt. Auch wenn der Erhalt mit der Seele bezahlt
werden musste und «Love, Peace & Harmony» an diesem Ort

tatsächlich mehr und mehr im Orkus der Belanglosigkeit verschwinden. Dabei müsste jedem noch so Zugedröhnten bewusst sein: Nach dem Superrausch kommt der Morgen mit dem Kater und die fiese Ernüchterung. Selbst das längste Trommelsolo faded mal aus. Christiania war ein politischer Glücksfall in einer stabilen, toleranten Wirtschaftsnation.

EWIGES LEBEN 2.0

Von verjüngten Mäusen und Gefühlen in der Cloud (Kalifornien)

Ich sehe operierte Menschen. Aufgeblasene Lippen, gestraffte Wangen, makellose Nasen. Die Ähnlichkeit der modellierten Gesichter ist verblüffend. Körper, die der Schwerkraft trotzen, und wirklich alle haben so krass weiße Zähne. Allzu früh fällt der Startschuss für den körperlichen Verfall, nicht jeder will das akzeptieren. Zum Glück wird die plastische Chirurgie mit nervigen Launen der Natur fertig, gegen beinahe alles lässt sich vorgehen. Das Risiko besteht darin, später eine groteske Erscheinung abzugeben – wenn Arzt und Patient über das Ziel hinausgeschossen sind und Doktor Frankenstein Lady Horror zusammengeflickt hat.

Kalifornien ist ein riesiger Bottich randvoll mit Silikon und Bleaching-Paste. Das Botox wartet in aufgezogenen Spritzen darauf, in eine Visage gepumpt zu werden. Alles auf Awesome! In Würde zu altern bleibt eine Bürde. Wer es übertreibt und zu gierig aus dem Jungbrunnen trinkt, saut sich von oben bis unten ein und sieht aus wie die mit den geschmolzenen Gesichtern in Los Angeles. Ich liebe diese Stadt, in der es so gut wie nie um Authentizität geht. Ob in Venice oder West Hollywood, man darf halt nur nicht zu lange oder zu genau hingucken, sonst fällt der ganze Schwindel auf. So wie Fingerabdrücke über die Identität eines jeden Auskunft geben, verraten Handrücken mit dicken Adern, schlaffer Haut und Altersflecken die ungeschönte Wahrheit über das Alter eines voll gelifteten Menschen.

Was ich beschreibe, trifft auch auf so manchen Besucher des Ressorts in San Diego zu, in dem ich nach ein paar Tagen in Los Angeles verweile und gut reden habe. Zwischen den Menschen um mich herum fühle ich mich geradezu jung, weil das Versagen des Körpers keinen gravierenden Einfluss auf mich und mein Äußeres genommen hat – das rede ich mir zumindest ein. Was zum Gesamtbild passt, ist die Hotelanlage. Sie liegt neben einem Golfplatz im Mission Valley, direkt an der Interstate 8. Ähnlich wie die Stadt nahe der mexikanischen Grenze, die zu großen Teilen am Reißbrett entstanden ist, wirkt der Hotelkomplex so austauschbar wie die meisten der aufgefrischten Gesichter, in die ich blicke. Sogar die Palmen sind seltsam perfekt gewachsen, sie erscheinen wie Klone ihrer selbst. In dem angrenzenden Kongresszentrum des Town and Country Resort geht es nicht um das, was war, man hat die Falten der vollendeten Gegenwart längst straffgezogen. Die Zukunft, nichts als die Zukunft zählt – nur gilt es in dieser Zukunft, das Aussehen längst vergangener Tage um jeden Preis zu erhalten. Welche Ironie.

In den USA dreht sich mal wieder alles um «Change». Und auch wenn das RAAD Fest im Süden Kaliforniens keine politische Veranstaltung ist, haben doch etwa neunhundert revolutionäre Geister ihren Weg hierhergefunden. RAAD steht für «Revolution Against Aging and Death», gekommen sind Tech-Visionäre aus dem Silicon Valley und Wissenschaftler, deren selbstgewählte Nachnamen nach Programm klingen. Sie heißen More oder Vita-More, und wie viele der Besucher träumen sie von einem sehr, wirklich sehr langen Leben. «Krieg dem Alter», ruft jemand während des Warm-ups im Saal. Jubel und Applaus, für die meisten mag das wie eine Offenbarung klingen. In den nächsten zwanzig Jahren wird auf dem Gebiet der Life Sciences mehr passieren als in den vergangenen zweihundert, da sind sich alle einig. Die Veranstalter und Teilnehmer des Festivals haben sich vorgenommen, die Existenz des Menschen grundlegend zu verändern. Mit Gentherapien, Nanorobotik und neuen Verfahren, um Zellen zu reparieren, könnte schon bald das Undenkbare möglich werden: agil sein im höchsten Seniorenalter. Neunzig plus ist dann das neue Dreißig.

Hunderte von Jahren alt zu werden, das klingt utopisch, fast schon anmaßend, aber auch sehr aufregend und nach viel Science-Fiction. Unendliche Jugend, ewiges Leben: Sehnsüchte der Menschen seit jeher, die nicht nur Forscher und Künstler angetrieben und inspiriert haben. In der abgedunkelten und extrem herunterklimatisierten Halle ist dieser Geist zu spüren. Jeder hat megagute Laune, es herrscht Aufbruchsstimmung. Man will sich vergewissern, dass der Wettkampf gegen das Altern genau jetzt mit Siebenmeilenstiefeln beginnt. Tod dem Tod, lang lebe das Leben!

Dass ausgerechnet der alte Staatsfeind ausgiebige Experimente auf diesem Feld unternommen hat, mögen hier die wenigsten wissen. Russland, einhundert Jahre zuvor: Sogenannte Biokosmisten und Immortalisten mit gesellschaftlichem Einfluss und Ansehen versuchen sich am Unterfangen Unsterblichkeit. Ihr Ansatz war äußerst radikal. Nikolai Fjodorow etwa wollte mittels moderner Technik Tote auferstehen lassen. Weil die Resurrektion der Massen zu erheblichen Platzproblemen auf der Erde geführt hätte, spielten andere die Sache weiter durch. Eine Utopie, die an Fjodorows Ideen anknüpfte, verfolgte ein späterer Wegbereiter der Raumfahrt, Konstantin Ziolkowski. Er träumte von der Kolonialisierung fremder Planeten. Dort sollten die Wiederauferstandenen, so Ziolkowskis Vorstellung, eine Bleibe und vor allem Arbeit finden. Moderne Sklaven für das Riskante und Brisante. Mit nicht ganz so grellen Farben hat Alexander Bogdanow das Bild seiner Vision gezeichnet. Bei der Umsetzung seines Traums war er aber weitaus konsequenter als seine Avantgarde-Kollegen. Der Arzt, Philosoph und Professor für Ökonomie gründete im Moskau der zwanziger Jahre ein Institut für Bluttransfusionen. Bewilligt wurde es noch von Lenin, durch Stalins Beschluss schließlich finanziert. In der Bluttransfusion meinte Bogdanow ein Mittel gefunden zu haben, das zu ewiger Jugend verhelfen konnte. Der wechselseitige Blutaustausch sollte eine revitalisierende Wirkung auf den menschlichen Organismus haben. Bogdanow unternahm elf Selbstversuche, der zwölfte endete im Jahr 1928 tödlich.

Ob die visionären Köpfe beim RAAD mehr Erfolg haben werden?

Das Dasein wird einem gegeben und irgendwann entrissen. Das ist der Deal, den wir alle ohne Unterschrift eingegangen sind und der noch nie gebrochen wurde, nicht von einer einzigen Person. Früher oder später malt sich jeder aus, wie das eigene Ende aussehen könnte, wann es so weit sein wird und was danach vielleicht noch kommt. Wir sind uns bewusst, eine endliche Geschichte zu haben, einige bekommen mehr Zeit als andere, das Leben ist auch in diesem Punkt nicht gerade fair und kein Ponyhof. Was Walter Benjamin in der ersten Hälfte des 20. Jahrhunderts festhielt, ist nach wie vor gültig: «Es gibt für die Menschen, wie sie heute sind, nur eine radikale Neuigkeit – und das ist immer die gleiche: der Tod.»

Alle, die an diesem Wochenende aus vierunddreißig verschiedenen Ländern nach San Diego gereist sind, wollen das nicht länger wahrhaben. Schnell muss es gehen, schließlich tickt die biologische Uhr. Selbst die, die erwarten, später in den Himmel zu kommen – und bei dieser so typisch amerikanischen Veranstaltung müssen das einige sein –, wollen erst mal nicht den Löffel abgeben.

Ein abgetrennter Bereich neben der Vortragshalle. An einem der Stände für Produkte, die zu einem längeren Leben beitragen sollen, nehme ich einen Schluck Wasser. Nicht irgendein Wasser, es ist reinstes Wasser, Superwasser. Das kleinste Fläschchen kostet stolze fünf Dollar, und das ist noch der Messesonderpreis, dabei schmeckt der Inhalt doch wie herkömmliches Wasser ohne Kohlensäure. Das Superwasser sieht natürlich auch aus wie herkömmliches Wasser. Was das Besondere daran ist, vergesse ich so schnell, wie ich das kostenlose Probefläschchen leergetrunken habe. Die Wirkung setzt unmittelbar ein: Mein Durst ist gelöscht.

Es gibt viele weitere Elixiere, auch Nahrungsergänzungsmittel in Pillenform. Ein Autor und eine Illustratorin stellen ein Kinderbuch vor, das «Death is Wrong» heißt. Schließlich stoße ich auf den kleinen Stand einer Frau, die sich mir sofort als Laurie vorstellt. Er will nicht so recht zu den Ständen der anderen Aussteller passen. Batiktücher an der Hinterwand zeigen Paare in unterschiedlichen Kamasutra-Stellungen. Auf der Theke liegen glibberige Dildos in verschiedensten Größen, glänzende Liebeskugeln und Tantra-DVDs mit ziemlich eindeutigen Abbildungen. Natürlich bleibe ich stehen, und Laurie winkt mich zu sich heran.

Wenn wir irgendwann einmal hundertzwanzig Jahre alt würden, meint die Best Agerin, dürfe das Leben keinesfalls in trauriger Enthaltsamkeit vor sich hinplätschern. Deshalb sei es wichtig, frühzeitig mit Übungen untenrum anzufangen. Ohne Vorspiel geht es zur Sache, und ohne dass ich etwas hätte sagen können, errät die Lady mein Alter: «Du bist siebenunddreißig, und was ich dir rate», lacht mich Laurie an, ein vibrierendes Ei in der Hand, «ist das tägliche Training deines PC-Muskels und deines Afterschließmuskels.» Sie blickt mir tief in die Augen. Einen nassen Waschlappen solle ich über meine Erektion hängen, das sei alles. Kaum gesagt, beugt die Frau wie beim Kraftsport den rechten Arm, und ich weiß sofort, was sie meint.

Das Geschäft in der kleinen Messehalle brummt, Hamsterkäufe an den Pillenständen, nur bei Laurie bleibt der Ansturm aus. Über das Sexleben von Senioren zu sprechen ist vielleicht genauso unangenehm und verpönt, wie über die Kehrseiten des hohen Alters nachzudenken, wenn vertraute Menschen, Eltern oder Großeltern schleichend ihre Autonomie verlieren und wieder so unselbständig werden wie Kinder.

Ich zähle auf dem RAAD Fest wohl zu den Jüngeren, trotzdem färbt die Euphorie auf mich ab. Schon seit einer ganzen Weile fahre ich unruhig mit der Zunge über meine Zähne, die leider nicht so strahlend weiß sind wie die der Redner. Gäbe es Schwarzlicht, würden sämtliche Beißerchen aufleuchten, nur meine nicht. Das schlechte Gewissen verleitet mich dazu, den Kaffee im Pappbecher, Größe «small» heißt in den USA selbstredend ein halber Liter, zur Seite zu stellen. Und ich frage mich: Wie alt würdest du werden wollen, wenn du es dir aussuchen könntest?

Ich muss an die Beerdigung meiner Oma vor ein paar Monaten denken, bei der die Trauergemeinschaft sich gegenseitig Trost spendete und darin bekräftigte, dass die Verstorbene viel zu spät gegangen sei, ihr Leidensweg sei doch zu lang gewesen, endlich sei sie erlöst worden. Ich muss an den Tod eines Kollegen denken, der mit Anfang dreißig aus dem Leben gerissen wurde, und natürlich waren sich alle einig, dass das viel zu früh war. Zur rechten Zeit sterben: Ist das überhaupt möglich? Eine Antwort könnten wohl nur diejenigen geben, die schon gegangen sind. Und wer würde sich ernsthaft dazu durchringen, ein Alter zu nennen, mit dem man ins Gras beißen will? Ich wünsche mir vor allem Gesundheit. Sollte mir die vergönnt sein, würde ich gerne so alt werden, wie ich mich gut fühle, wie ich fit bin. Zugegeben, die Standardantwort. Letztlich hält sich der Einfluss, den ich auf meine Lebenserwartung habe, wohl ohnehin in Grenzen. Ich muss also darauf hoffen, dass es das Schicksal gut mit mir meint.

Auf höhere Gewalt will sich Michael Greve, Jahrgang 1963, nicht verlassen. Er will die maximale Gewissheit. Der einzige deutsche Sprecher auf dem Kongress und Gründer des E-Mail-Portals Web.de sitzt in diesem wunderbaren kalifornischen Licht der tiefstehenden Frühabendsonne vor mir. Auch seine Zähne sind weiß, allerdings nicht übertrieben gebleacht, mehr ein Ton wie Elfenbeinweiß. Als wir uns vor einigen Monaten in Berlin kennengelernt haben, war nicht nur das Wetter ein anderes, auch Greve schien verhaltener, ein wenig angespannt, vielleicht wie die Golfer auf der Driving Range jenseits der Straße, die wir von unserer Sitzecke am Seitenflügel des Kongresszentrums durch die Palmen und Büsche kaum sehen, aber umso deutlicher hören können. Hier und heute ist Michael, wir sind mittlerweile beim Du, easy und gelöst. Aber auch diesmal kann er mir nicht das genaue Alter nennen, das er erreichen will, da hat sich seit unserem ersten Treffen nichts getan.

«Ich möchte einfach die Zukunft erleben, und momentan kann ich mir nicht vorstellen, eines Morgens aufzuwachen und zu sagen: Boah, ist das ein geiler Sonnenaufgang, aber davon habe ich schon genug gesehen, ich würde heute gerne sterben.»

Eine Sache ist dennoch klarer als bei unserem letzten Gespräch. Wie viel es Greve persönlich wert ist, das Altern und das Krankwerden allein in den kommenden fünf Jahren abzubremsen, vielleicht gar aufhalten zu können, lässt sich seit wenigen Wochen beziffern: zehn Millionen Dollar. Die Hälfte dieser Summe hat er der SENS Research Foundation gespendet, einer Stiftung im Silicon Valley, in direkter Nachbarschaft zum Googleplex, dem Hauptquartier des Technikkonzerns. Mitbegründet hat SENS ein charismatischer und gleichwohl umstrittener Kopf, der im Verlauf der folgenden Geschichte noch auftauchen wird. Mit diesen fünf Millionen Dollar stieg der Entrepreneur aus Deutschland direkt hinter dem SENS-Schöpfer zum zweitwichtigsten Investor auf und verdrängte den bis dato bedeutendsten Mäzen des Instituts auf Platz drei: Peter Thiel.

Thiel, 1967 in Frankfurt am Main geboren und mit seinen Eltern als Kleinkind in die Staaten gezogen, gilt als eine der schillerndsten Figuren der New Economy. Gemeinsam mit dem späteren Tesla- und SpaceX-Gründer Elon Musk baute er Ende der Neunziger unter anderem den Online-Bezahldienst PayPal auf. Er war der Erste, der Mark Zuckerberg für seine damals noch unbekannte Kommunikationsplattform Facebook eine halbe Million Dollar Risikokapital als Starthilfe zur Verfügung stellte. Die dafür eingeräumten zehn Prozent Unternehmensanteile machten den Absolventen der Stanford-Universität bald noch reicher, als er ohnehin schon war. Im Jahr

2016 schätzte das Magazin «Forbes» sein Privatvermögen auf 2,7 Milliarden US-Dollar. Die zwei, drei Millionen, die er SENS gespendet hat, sind für einen Investor seines Kalibers natürlich ein Kleckerbetrag. Faktisch betrachtet, war das Investment allerdings größer als das damalige für Facebook.

Was Peter Thiel umzutreiben scheint, sind radikale Utopien: Unterwasserstädte oder schwimmende Städte, die das Seasteading Institute (eine weitere Schmiede, in die er Geld gepumpt hat) in Französisch-Polynesien realisieren will. Aber auch der Überschalltransport, die Idee fruchtbarer Wüsten und eben der Kampf gegen das Alter faszinieren den Milliardär. Wir erinnern uns an den Biokosmisten Alexander Bogdanow, der im Blutaustausch nicht das ewige, sondern das endliche Leben fand. Auch Peter Thiel begeistert sich für das Blut junger Menschen, mit dem laut Studien des Unternehmens Ambrosia wundersame Dinge bewerkstelligt werden können. Man kann den Tod akzeptieren oder leugnen – oder man hält es wie die finanzstarken Macher aus dem Silicon Valley, entscheidet sich für Option «c» und versucht, ihn mit allen plausiblen bis fragwürdigen Methoden zu bekämpfen.

Thiel ist bei weitem nicht der einzige Big Player, der über die Möglichkeit eines längeren Lebens nachdenkt und entsprechende Start-ups und Stiftungen finanziert. Auch Google setzt alles daran, die Zukunft des Menschen zu gestalten. Larry Page und Sergey Brin, die zusammen längst mehr als die populärste Suchmaschine der Welt geschaffen haben, gründeten mit Calico (kurz für «California Life Company») eine Biotechnologie-Tochterfirma des Konzerns. Auf der Webseite von Calico werden Besucher mit «We're tackling aging, one of life's greatest mysteries» willkommen geheißen. Auch hier also der Angriff auf das Altwerden.

Zurück zu Greve und den anderen fünf Mille seines Investments. Die flossen an die amerikanischen Biotech-Start-ups Oisin und Ichor. Beide Unternehmen haben es sich zur Aufgabe gemacht, Forschungserkenntnisse der SENS Research Foundation in Therapien umzusetzen. In zwei, spätestens drei Jahren könne mit handfesten Resultaten gerechnet werden, da ist sich Michael sicher. In Deutschland werde garantiert nichts passieren, wahrscheinlich auch nicht in den USA, aber in der Dominikanischen Republik zum Beispiel könne die entwickelte Verjüngungskur angeboten werden, mit der Regierung stehe man in Kontakt, die Politiker seien dort liberaler. Eine Injektion für zwei- bis dreitausend Euro werde einem gesunden Menschen von fünfzig Jahren eine zwanzigprozentige Verjüngung bringen – ergo ein Plus von zehn Lebensjahren. In der Beta-Phase brauche es wohl noch ein paar Auffrischungen mehr. Es verhalte sich dabei ähnlich wie mit Handys. Die ersten Teile waren schwere Knochen mit wenig Potenzial, die sich nur eine exklusive Gruppe leisten konnte. Heute sind die Dinger kompakter, bringen ein Vielfaches an Leistung und sind vor allem wesentlich preiswerter – genauso wird sich bald jeder den Lebensbonus leisten können, meint der Investor. Die Kuren seien an alten Mäusen getestet worden: Das Wachstum grauer Haare habe merklich nachgelassen, das Fell sei wieder dichter geworden, die Lungenfunktion habe sich verbessert, die Muskulatur verstärkt. Bald könnten die Stoffe menschlichen Probanden verabreicht werden. Was genau im Körper passiert, beschreibt der Zehn-Millionen-Dollar-Mann als ein Aufräumen und Reparieren des Organismus. Seneszente Zellen, also Zellen, die am Ende ihres Lebenszyklus angekommen sind, müssten vom Immunsystem resorbiert werden oder sich selbst auflösen, wie Greve sagt. Weder das eine noch das andere passiert jedoch, und so sammeln sich im Laufe des Alterns mehr und mehr dieser «Zombiezellen» an, die es zu «killen» gelte. Es dauere nicht mehr lange, dann könne jeder halbwegs junge, fitte Mensch einen Lebensbonus erhalten. Was den Managern sämtlicher Pharmaunternehmen den Puls in die Höhe treiben dürfte, ist die Tatsache, dass die Kunden allesamt gesund sind.

Schon im Alten Testament ist vom ewigen Leben die Rede. Mit mehr als nur Worten hat man sich der Sache allerdings vor allem im Laufe des 20. Jahrhunderts angenähert, das in Wissenschaft, Technik und Medizin mehrere Quantensprünge erlebt hat. Ungeachtet zweier verheerender Weltkriege und von Menschenhand herbeigeführter nuklearer Katastrophen gab es in den letzten rund einhundertzwanzig Jahren einige Faktoren, die dafür gesorgt haben, dass die Lebenserwartung in zahlreichen entwickelten Ländern unentwegt gestiegen ist. Die gesundheitliche Versorgung und die hygienischen Bedingungen haben sich drastisch verbessert, ebenso die Ernährung, und auch komfortableres Wohnen sowie humanere Arbeitsbedingungen haben ihren Teil dazu beigetragen. Lag die Lebenserwartung eines Mannes im Jahr 1900 in Deutschland laut Angaben des Statistischen Bundesamts bei gut sechsundvierzig und für Frauen bei zweiundfünfzig Jahren, konnten Männer gegen Ende des Millenniums im Schnitt fünfundsiebzig werden, Frauen sogar noch sechs Jahre älter. Schreibt man diese Tendenz bis ins Jahr 2050 fort, würde die Lebensdauer von Frauen auf etwa achtundachtzig, die von Männern auf vierundachtzig Jahre ansteigen.

Auch die Weltbevölkerung nimmt rasant zu. Während zu Beginn des 20. Jahrhunderts etwas mehr als anderthalb Milliarden Menschen auf der Erde lebten, sind es heute schon beinahe siebeneinhalb, und 2050 werden es laut Schätzungen der Vereinten Nationen über neun Milliarden sein. Dass die globale Bevölkerung derart zunimmt, hat verschiedene Gründe. Sicher ist, dass die nächsten Jahrzehnte radikale Umwälzungen mit sich bringen werden – selbst wenn wir nicht nennenswert älter werden sollten. Immerhin geht die Geburtenrate in den entwickelten Ländern zurück. Lange Zeit galt: je mehr Kinder, desto besser die Absicherung im Alter. Jetzt fällt dieses Generationen-Kartenhaus in sich zusammen.

Schon 2002 beschrieb der amerikanische Politikwissenschaftler Francis Fukuyama in seinem Buch «Das Ende des Menschen» ein denkbares Zukunftsszenario der konstant älter werdenden Gesellschaft: «Die Verlängerung des menschlichen Lebens wird die meisten nach Alter gestuften Hierarchien zerstören. Solche Rangordnungen konnten eine Pyramidenform annehmen, weil der Tod die Zahl der Kandidaten für die Spitzenposition klein hält ... Wenn es einmal ganz üblich geworden ist, dass Menschen bis in ihre sechziger, siebziger, achtziger und sogar neunziger Jahre hinein arbeiten, dann werden die Pyramiden sich mehr zu Trapezen und sogar Rechtecken entwickeln. Die natürliche Tendenz einer Generation, der nachfolgenden Platz zu machen, wird durch die simultane Präsenz von drei, vier und sogar fünf Generationen zur gleichen Zeit ersetzt.» Was folgt, so die Hypothese von Fukuyama, ist ein gewaltiger Generationenkonflikt, schließlich stoßen wenige Junge auf viel mehr Alte und noch Ältere.

Zurück ins 20. Jahrhundert: Mit Alexander Flemings Entdeckung des Wundermittels Penicillin Ende der zwanziger Jahre änderte sich für den Menschen beinahe alles. Heute ist das Antibiotikum längst selbstverständlich, ohne größere Anstrengungen lassen sich damit Krankheiten heilen, die vor achtzig Jahren noch tödlich enden konnten. Nun sollen künstliche Intelligenz und Robotik ihren Durchbruch erleben und maßgeblich zum verlängerten Aufenthalt der Menschen auf dem Planeten beitragen. Die Zukunft, davon sind auf dem RAAD Fest alle überzeugt, gehört den Visionären, den Biotechnologen und Informatikern aus dem Silicon Valley, dem siebzig Kilometer langen und dreißig Kilometer breiten Landstrich zwischen San Francisco und San José. Dass von diesem Flecken in den letzten Jahrzehnten entscheidende Impulse für den digitalen Fortschritt ausgegangen sind, ist ebenso unbestritten wie die Annahme, dass die zu Schwergewichten herangewachsenen Tech-Giganten dabei sind, einen gesellschaftlichen Wandel einzuläuten, der sich mit der Industrialisierung im 19. Jahrhundert vergleichen lässt. Sicher ist außerdem, dass dieser Umbruch exponentiell beschleunigt über die Bühne gehen wird.

Was all das mit dem Traum vom längeren Leben zu tun hat, wird bei dem Auftritt des Keynote-Speakers deutlich – noch bevor dieser einen einzigen Ton von sich gegeben hat. Aus einer dunklen Ecke rollt etwas in das Licht der Scheinwerfer: ein Roboter mit zwei Rädern und zwei senkrechten Stangen, an denen etwa auf Kopfhöhe eines durchschnittlich großen Menschen ein Flatscreen angebracht ist. Darauf zu sehen ist das Gesicht von Ray Kurzweil, der live aus seinem Büro in Nordkalifornien zugeschaltet wird und via Kamera in die Halle blicken kann.

Kurzweil ist Chefingenieur von Google, er hat unter anderem den Flachbettscanner erfunden, und der Kurzweil-Synthesizer dürfte Musikern ein Begriff sein. Der Transhumanist und Futurologe ist Träger von zwanzig Ehrendoktorwürden und

193

genießt den Ruf eines Genies. Sein Talking Head ist auf zwei großen Leinwänden noch von den hintersten Reihen aus gut zu erkennen. Das Publikum erhebt sich und feiert das Ding auf der Bühne, «Ray! Ray! Ray!» skandiert es im Chor. Er sei glücklich, hier sein zu können, sagt Kurzweil – ein Lachen mit normalweißen Zähnen.

Der Auftakt der Rede beinhaltet einiges von dem, was der Tech-Optimist in seinem Buch «Menschheit 2.0: Die Singularität naht» beschreibt. Dabei blitzt der Moment auf, in dem menschliche Vernunft und künstliche Intelligenz eins werden, Mensch und Maschine miteinander verschmelzen. Im besten Fall, so Kurzweil, erreicht die Menschheit auf diesem Weg die nächste Stufe der Zivilisation. 2045 soll es so weit sein, unsere biologische Begrenztheit lässt sich dann mithilfe der Technik überwinden und das menschliche Bewusstsein in die Cloud laden, das organische Gehirn verschmilzt mit der KI, dem artifiziell hergestellten Hirn. Ein Meilenstein auf dem Weg zum ewigen Leben. Kurzweil macht eine Kunstpause und sagt dann den Satz, auf den hier alle gewartet haben: «Wir werden unsterblich.»

Ein Raunen geht durch den Saal.

Jetzt skizziert der Kopf auf dem Bildschirm, wie der Weg in die Unsterblichkeit aussieht. Biotechnologie und Nanorobotik werden stetig weiterentwickelt und finden immer mehr Verbreitung, Nanoroboter, winzig kleine, autonome Maschinen, werden den Organismus des Menschen durchströmen, überprüfen und vorsorglich fit halten. Nicht Ärzte, sondern Ingenieure sind fortan für die Gesundheit des Homo sapiens verantwortlich. Ende der zwanziger, Anfang der dreißiger Jahre unseres Jahrtausends tritt diese Phase ein, davon ist Kurzweil überzeugt. In sämtlichen Informationstechnologien führe ein exponentielles Wachstum der Wissenschaften und des Wissens zu einer sogenannten technologischen Singularität. Das Ergebnis sei eine Art Urknall, und das sich damit auftuende Spektrum von Möglichkeiten und Konsequenzen sei aus heutiger Perspektive kaum zu überblicken.

Kurzweil hat frühzeitig diverse Szenarien prognostiziert, die sich später bewahrheitet haben. Ein Schachcomputer, sagte Kurzweil voraus, werde den Menschen besiegen (Deep Blue gewann 1997 ein Match gegen den amtierenden Schachweltmeister Garri Kasparow), das Internet werde die Welt verändern (was ohne Zweifel so eingetreten ist), Autos würden ab 2017 autonom fahren (richtig, zumindest ein paar davon). Was uns in Zukunft blüht: 3D-Drucker werden die Welt revolutionieren (2020, diese Technologie ist schon seit ein paar Jahren sehr real), vertikale Pflanzen- und Fleischfarmen werden Usus (2030), Energie wird zu einhundert Prozent aus Solarkraft gewonnen (2033).

Im Jahr 2010 publizierte Kurzweil eine Abhandlung, in der er seine knapp einhundertfünfzig Prognosen der vergangenen zwei Dekaden auf Herz und Nieren prüfte. Er kam zu dem Resultat, dass er nur bei drei Prophezeiungen komplett danebenlag. Einige seiner Annahmen traten ein, manche Ereignisse hat Kurzweil viel später, andere früher erwartet. Sechsundachtzig Prozent seiner Vorhersagen waren relativ exakt. Eine beachtliche Trefferquote. An Selbstbewusstsein mangelt es Kurzweil also keineswegs. Täglich wirft er sich über einhundert Pillen ein, von Vitaminen bis zu ominösen Stoffen ohne jegliche Marktreife. Anfang der nuller Jahre setzte er zwanzigtausend Dollar darauf, dass 2029 ein Computer oder eine KI den Turing-Test bestehen wird, der belegen soll, dass eine Maschine ein menschenähnliches Denkvermögen besitzt.

Was Kurzweil in seinem Vortrag anreißt, geht weit über den Kampf gegen Alter und Krankheit hinaus. Er predigt eine Idee vom Menschen, der zum Cyborg mutiert. Die Frage, die niemand zu stellen wagt, lautet: Was wird Mensch und Maschine in fünfzig oder schon in fünfundzwanzig Jahren noch voneinander unterscheiden? Die Fähigkeit zur Empathie? Das Vermögen, sich unlogisch zu verhalten, emotionale statt rationale Entscheidungen zu treffen? Die Gabe zu lieben, die Last zu hassen? Die Bereitschaft, auch einfach mal unproduktiv zu sein und die Zeit verstreichen zu lassen? Die Freiheit, dem eigenen Dasein durch Suizid ein Ende setzen zu können? Wie echt wird sich das Sein in der Zukunft noch anfühlen?

Das erinnert durchaus an «Blade Runner», den wunderbaren Science-Fiction-Film, der auf einer Romanvorlage von Philip K. Dick basiert. Im Mittelpunkt dieses Epos stehen cyborgähnliche Geschöpfe, die «Replikanten» heißen und sich kaum mehr anhand ihres Aussehens oder Verhaltens vom Homo sapiens unterscheiden lassen – sie sind längst «more human than human». Nur der «Voight-Kampff-Test», eine Variante des Turing-Tests, kann Gewissheit darüber geben, ob der oder die Getestete Mensch oder Replikant ist. Selbst die künstlich erschaffenen Geschöpfe sind sich nicht unbedingt im Klaren darüber, was sie sind. Ridley Scotts Werk aus dem Jahr 1982 spielt 2019, also quasi heute. Die Sehnsucht nach Perfektion, die der Film zeigt, ist auch in Ray Kurzweils Visionen von der Zukunft des Menschen spürbar. Wenn 2045 das eintritt, was der Google-Chefingenieur sich vorstellt, immerwährendes Leben also (Unfälle mit Todesfolge ausgenommen), werde ich sechsundsechzig Jahre alt sein, und frei nach Udo Jürgens würde das Leben dann tatsächlich erst anfangen. Liegt Kurzweil falsch, bliebe meine Restlaufzeit überschaubar. Der

Startschuss zur Downhill-Fahrt ohne Bremsen wäre längst verhallt.

In den letzten Minuten des Vortrags wird es beinahe völlig still im Saal. Es ist schwer, einen klaren Gedanken zu fassen. Das ewige Leben soll möglich werden. Doch klingt es nach einem Euphemismus, wenn der Verzicht des Körpers damit einhergehen könnte. Physische Erlebnisse jeder Art, von Berührungen bis hin zu Muskelkater und Schweißausbrüchen, wären Geschichte. Küsse eine romantische Kuriosität aus längst vergangenen Zeiten. Sex eine Software. Allein die Vorstellung ist ein zu heftiger Brainfuck.

Ein Winter vor dem RAAD Fest, ein unprätentiöses Café in Berlin-Kreuzberg. Der Landwehrkanal, der in Sichtweite liegt, ist von einer dünnen Eisschicht überzogen, auf der sich Vögel tummeln. Michael Greve besitzt eine Wohnung ganz in der Nähe, er hat das Café für unser Treffen vorgeschlagen. Kurze Haare, die Seiten rasiert, der Bart am Kinn und über der Lippe ist sauber getrimmt. Er trägt legere Freizeitkleidung, die sicher einiges gekostet hat und doch so unauffällig ist wie Greves ganzes Erscheinungsbild und sogar die kleine Lokalität, in der wir zusammensitzen. Auch ich wohne nicht weit weg. Kreuzberg soll unser einziges Bindeglied bleiben, denn Greve lebt auch in Kalifornien, wo all seine Ärzte arbeiten, von denen er sich regelmäßig durchchecken lässt. Und er fährt oft in seine Heimat Karlsruhe.

«Ich reise viel», kürzt der Dreiundfünfzigjährige ab.

Er bestellt Tee, ich Kaffee. Er ist Millionär, ich nicht. Reich wurde Greve, als das Internet einen kometenhaften Aufstieg erlebte. Gemeinsam mit seinem Bruder gründete er 1995 Web.de. Weitere Portale wie Lastminute.de und Flug.de kamen hinzu, die Gewinne schossen durch die Decke, ein Börsengang folgte, und peu à peu verkauften die Gebrüder ihre Firmen. Über Geld braucht sich der Unternehmer keine Gedanken mehr zu machen.

Dabei musste er lernen, mit Hohn und Spott klarzukommen, denn seine Ideen waren oft der Zeit voraus. «Internet wird irgendwann mal größer sein als Fernsehen, Radio und Print. Es wird viel, viel wichtiger werden!» Das ist die Botschaft, die er damals predigte und die sich nun längst bewahrheitet hat. Diejenigen, die in den Neunzigern über ihn lachten, sind längst nicht mehr am Markt. Vielleicht gibt die Gewissheit, den richtigen Riecher zu haben, das nötige Selbstbewusstsein, um diese Gelassenheit auszustrahlen. Heute belächelt man Greve wieder, nur dass er nicht mehr über das Netz spricht, sondern über das Aus des Alterns: «Wir werden in der Lage sein, das Altern zu heilen. Die Frage ist nicht, ob das passiert. Die Frage ist, wann das passiert.»

Neben den obenerwähnten Biotechnologie-Start-ups kümmert sich Greve vor allem um seine 2014 gegründete Stiftung Forever Healthy. Deren Hauptaufgabe besteht darin, Forschungsergebnisse und gesammeltes Wissen zum Thema frei zugänglich zu machen. Arbeiteten für das Internet-Imperium, das er mit seinem Bruder aufgebaut hat, einst um die siebenhundert Mitarbeiter, beschäftigt er jetzt gerade mal eine Handvoll Leute. Aber nicht nur der Inhalt und das Drumherum haben sich radikal verändert, er selbst hat ebenfalls abgespeckt. Von den früheren zwanzig Kilo Übergewicht sieht man dem schlanken Mann nichts mehr an. Auf seine Hauptnahrungsmittel zu Web.de-Boom-Zeiten (Red Bull, Zigaretten und Bestellpizza) verzichtet er seit Jahren rigoros. Zucker und sämtliche Produkte, die Zucker enthalten, sind tabu. Gleiches gilt für Fertiggerichte, außerdem für Getreide. Alkohol und Milchprodukte: gestrichen. Selten gönnt er sich mal einen Kaffee, er trinkt viel Wasser, morgens einen Smoothie, sonst vor allem Tee. Es gehe dabei nicht um Askese, sagt Greve, sondern um Bewusstsein, der Genuss bleibe nicht auf der Strecke. Er isst irgendwas zwischen Low-Carb und Paleo, also Fleisch, Fisch, Eier, Gemüse und Obst. Hülsenfrüchte sind ebenfalls genehmigt. Wichtig, erklärt er mir, sei reichlich Schlaf, acht Stunden pro Nacht. Greve meditiert täglich und kümmert sich um seinen Körper, eine Stunde Sport am Tag gehört dazu. Auslöser für den Wunsch, die eigene Lebensweise zu verändern, war ein inneres Unwohlsein, das wie sein Gewicht stetig zugenommen hatte.

Mehr als zehn Jahre sind seit seiner Wandlung vergangen. Eine Zeitspanne, in der er mit Schicksalsschlägen konfrontiert war und sich von geliebten Vertrauten aus der Familie und aus dem Freundeskreis verabschieden musste. Michaels Mutter starb wie einer seiner besten Freunde an Krebs.

Die Zurückhaltung weicht, und Greves Stimme wird energischer, härter, wenn es um Moral geht. Vielleicht spürt er meine Skepsis. Warum genau, will er von mir wissen, solle man nicht alles versuchen, um Parkinson, Alzheimer oder Krebs zu heilen und den Menschen somit ein längeres Leben zu schenken? Wer das ernsthaft ablehne, dürfe kein Penicillin nehmen und sich auch nicht ins Krankenhaus bringen lassen, nachdem der Herzinfarkt einen niedergestreckt hat.

Steve Jobs starb im Alter von sechsundfünfzig Jahren an Krebs. Bei einer Absolventenverabschiedung an der Stanford-Universität, wenige Jahre vor seinem Tod, sagte die Apple-Ikone in einer Rede: «Death is very likely the single best invention of life. It is life's change agent. It clears out the old to make way for the new.» Einen ähnlichen Gedanken hat Martin Heidegger in der Formulierung «Sein zum Tode» zum Ausdruck gebracht. Erst die Endlichkeit des Daseins gibt dem Leben einen Kurs vor, der Tod wird zum Kompass, zum sinnstiftenden Teil des Ganzen.

Es wird eine sehr persönliche und emotionale Entscheidung sein, sollten wir tatsächlich bald die Möglichkeit haben, uns ein kleines Extraleben spritzen zu lassen. Hätte ich die Chance, länger gesund bleiben zu können und dafür nicht mal wahnsinnig viel investieren zu müssen, meine hedonistische Seite würde sich schreiend durchsetzen gegen die des Kritikers, der selbstverständlich von Überbevölkerung und Klimawandel weiß.

Ob Michael Greve daran glaubt, dass sein Wagniskapital, das er in die «Radical-Life-Extension»-Forschung steckt, ihm noch zu Lebzeiten einen Aufschub gewähren kann?

Ohne jeden Zweifel, bejaht er. Sein Investment versteht er nicht als Wette auf eine Hochrisiko-Aktie, sondern mehr als Anzahlung auf eine Bestellung.

Rund um den eingezäunten Poolbereich der Resortanlage ist das ausnahmslos mexikanische Personal unentwegt am Fegen. Ein Gemisch aus Chlor und Sonnencreme hängt in der Luft, die Gäste auf dem Gelände um das Kongresszentrum halten sich artig an die zahlreichen Verbotsschilder. In dieser Welt raucht niemand mehr, dafür krallen sich die meisten Festivalbesucher – sie lassen sich unschwer an der brustbeutelgroßen Akkreditierung ausmachen, die sie um den Hals hängen haben – an überdimensionale Kaffeepappbecher oder Smoothieflaschen oder transparente Plastikbecher mit halbrunden Plastikdeckeln, in denen Plastikstrohhalme stecken, der Inhalt Organic-Irgendwas mit viel Eis. Morgens. Mittags. Abends. An diesem Bild ändert sich nur der Stand der Sonne. Es ist wie mit den weißen

Zähnen, der braungebrannten Haut und den Augen, die hinter schwarzen Sonnenbrillengläsern versteckt werden. All das gehört zur Illusion Kaliforniens dazu.

Dieser eine Typ fällt aus dem Rahmen. Ein daumendicker Zopf hängt ihm fast bis zum Arsch, sein rotbrauner, schon etwas ergrauter Vollbart reicht bis über die Brust. Weiß und dünn wie Papier wirkt die Haut im Gesicht von Aubrey de Grey, die nicht von Haaren bedeckt ist. Seine Zähne zeigt er nicht, der Bart ist einfach zu dicht. Auf dem RAAD Fest fällt der spindeldürre Kerl immer wieder auch aus anderen Gründen auf, nach dem Lunch etwa flitzt er als Einziger mit einer Flasche Bier durch die Gegend. Der Dreiundfünfzigjährige sammelt bei mir mit dieser kleinen Genuss-Protest-Geste, die ich vielleicht überinterpretiere, direkt Pluspunkte.

Die Kluft zwischen de Grey und dem SENS-Hauptinvestor Greve könnte kaum größer sein. Dieser mächtig haarige Look muss nicht jedem gefallen, aber er steigert doch erheblich den Wiedererkennungswert, und sein Träger ist sich dessen sehr bewusst. Als ich ein Foto von de Grey schieße, vergewissert er sich, ob sein Bart komplett abgebildet ist. Der Mann sieht aus wie das Mitglied einer ZZ-Top-Coverband und riecht auch so, entspricht also gar nicht dem Bild des Forschers mit Brille und Kugelschreiber-Set in der Brusttasche. In der Welt der Lebensverlängerungsbewegung ist er ein Star. In der Fachwissenschaft gelten die Thesen des SENS-Mitgründers bestenfalls als umstritten. Zu seinen Kritikern zählt der Alternswissenschaftler Richard Miller von der Universität Michigan, er bezeichnet de Grey gar als gefährlich, weil dieser die Gerontologie mit Heilsversprechen in Verruf bringe. Das theoretische Wissen im Feld der Biogerontologie hat sich der gebürtige Brite de Grey im Selbststudium angeeignet. Sein erstes Buch «The Mitochondrial Free Radical Theory of Aging» erschien 1999, ein Jahr später verlieh ihm die Cambridge-Universität die Doktorwürde in Biologie – ohne dass er eine Prüfung absolvieren musste oder jemals in einem Labor gearbeitet hätte.

«Der Mensch ist tatsächlich eine Maschine», glaubt Aubrey de Grey. Eine Bierkanne, um das Triebwerk zu ölen, steht griffbereit neben ihm auf der Bank, Palmenblätter spenden Schatten und verhindern, dass das System überhitzt. Maschinen werden von Ingenieuren, Technikern und Informatikern gewartet, ohne Techies geht im angebrochenen Zeitalter der digitalen Revolution nichts, ich höre es immer wieder. Auch für die Gesundheit sollen sie bald eine wichtigere Rolle spielen als jeder Mediziner. Was sich nach Science-Fiction anhört, hat wenig damit zu tun, meint de Grey, der dieses Genre gelinde gesagt wenig spannend findet und sogar als hinderlich für seine Forschungsarbeit erachtet. Die Filme und Bücher würden nie über die Dystopie hinausgehen, ein Szenario des Grauens: Der Mensch wird als ein vor sich hin vegetierender Knecht der Maschine präsentiert.

Ich teile die Faszination für das lange Leben, fühle mich nach dem Hirnfickvortrag von Ray Kurzweil aber innerlich aufgewühlt. Ob meine Sorgen berechtigt sind, ob das menschliche Hirn der Zukunft überhaupt noch einen Körper braucht? Wird ein Gehirn in der Lage sein, Erinnerungen abzurufen, die mehrere hundert Jahre zurückreichen? Oder ist der Speicher irgendwann voll, und sogar Gedanken an die Kindheit werden gelöscht, um neue Infos aufnehmen zu können? Zu diesen Fragen will de Grey nichts sagen. Ein bisschen Angst sei voll okay, alles andere seien dumme Science-Fiction-Überlegungen, mit denen er sich nicht beschäftige. Spekulationen seien nicht sein Metier.

So schnell will ich mich nicht geschlagen geben. Angenommen, unsere Lebensspanne wird irgendwann tatsächlich unbegrenzt sein – wird es dann noch Menschen geben, die für andere ihr Leben opfern oder lebenswichtige Organe spenden? Werden Leute sich an das biotechnologisch designte Leben klammern, oder wird die Aussicht auf ein nicht enden wollendes Dasein ein unerträglicher Albtraum sein? Wird die Selbstmordrate steigen, weil viele ihr Leben als sinnlos empfinden, nach zehn Jobs und drei Ehen möglicherweise keinen Bock mehr haben, noch einmal von vorne zu beginnen? Was führt neben Unfällen überhaupt noch zum Tod, werden es Kriege sein? Wie werden sich unsterbliche Gesellschaften anderen gegenüber verhalten, werden nur die Wirtschaftsnationen profitieren oder alle? Mehr Menschen brauchen mehr Nahrung, wird die Überbevölkerung zum Kollaps des Planeten beitragen? Müssen wir früher oder später in die Cloud oder in das Weltall, auf den Mars ausweichen?

Aubrey de Grey ist mittlerweile sichtlich genervt von meinen Fragen, er nippt zweimal schnell an seinem Bier und wiederholt: «Science-Fiction, huh.»

Auf ein Gedankenspiel lässt er sich aber doch noch ein: Was wäre der Super-GAU?

«Wenn wir aus irgendwelchen Gründen keine preiswerten und ausreichend guten neuen Energieformen finden würden und es zum katastrophalen Klimawandel käme.»

Der Brite gibt mir nicht die Chance, in meiner Phantasie die Welt untergehen zu lassen oder auch nur irgendeine Anmerkung loszuwerden. Das Stichwort heißt für ihn Überbevölkerung. Dass wir uns damit in Zukunft auseinanderzusetzen haben, steht für ihn außer Frage. Es geht ihm um Regeln, die dann eingeführt werden müssen, so wie einst in der umstrittenen Ein-Kind-Politik Chinas. «Wenn die Menschen weniger Kinder bekommen, als sie möchten, wie schlimm ist das? Und wie schlimm ist es dagegen, dass heute an jedem Tag Hunderttausende den Alterstod sterben?»

So überzeugt de Grey von seiner Forschung ist, so skeptisch bleibe ich, es ploppen einfach zu viele Fragen auf. Würde die Welt sich so verändern, wie der Mann mit dem Methusalem-Bart sie für den schlimmsten Fall skizziert, wäre immerhin sicher, dass sich auch die katholische Kirche in Afrika endlich für die Pille und Kondome ausspricht. Können Sie sich das vorstellen?

Wenn sich das Leben jedes Einzelnen maximal verlängert, kann sich die Einstellung zum Tod nur radikal verändern. Vielleicht wird er irgendwann nicht mehr als gegeben hingenommen, nicht mehr als selbstverständlicher Teil des Daseins, auf den man mit Würde zusteuern sollte. Möglicherweise lässt sich das Altern und das Sterben bald wie die Kinderlähmung mit einer simplen Schluckimpfung ausschließen. Das wäre nicht nur utopisch, eigentlich ist es das, was üblicherweise ein Märchen genannt wird. Ein Science-Fiction-Märchen mit einem offenen Ende. Will man daran glauben, könnte es wahr werden. Bis es so weit ist, braucht es aber wohl noch etwas Zeit. Und «die Zeit ist das bewegte Bild der Ewigkeit», wie Platon festgestellt hat. Warten wir also auf die Ewigkeit und versuchen wir, bis dahin am Leben zu bleiben. Vielleicht lohnt es sich ja.

WG DER ZUKUNFT

**Ein neues Europa im Hitzacker-Dorf
(Wendland)**

Ich sehe gelbe Xe. Kleine und große, aus Holz gezimmert oder
mit Farbe aufgemalt. Seit ich die Elbe auf der B 191 von Meck-
Pomm nach Niedersachsen überquert habe und durch das
Wendland fahre, sind sie überall. Sie stehen an den Ein- und
Ausfahrten sämtlicher Ortschaften im Landkreis Lüchow-Dannenberg und auch in den Dörfern. Die Xe kleben an Häuser-
fenstern und auf Autos, wurden auf den Asphalt gepinselt, an
Zäune gelehnt oder an Laternenpfählen befestigt. Einige Passanten am Straßenrand tragen sie sogar an ihrer Kleidung.

Das X als solches steht nicht selten für Abgrenzung und
Protest, ob in der «Straight-Edge»-Subkultur, die es zu ihrem
Erkennungszeichen gemacht hat, oder im Namen des radikalen
Bürgerrechtlers Malcolm X. Im Wendland bedeutet das X Wi-
derstand, es wurde in den vergangenen Jahrzehnten zum Sym-
bol für die Anti-Atom-Bewegung dieser Region, die viele der
Bewohner miteinander verbindet. Durch die Demonstrationen
gegen Atomenergie, Castor-Transporte und das Atommüll-
lager Gorleben, über die viel berichtet wurde, ist dieses Stück
Deutschland enorm populär geworden.

Trotzdem bin ich bei meinem ersten Besuch überrascht. Vor der Wiedervereinigung erstreckte sich dieser Landstrich wie ein Wurmfortsatz in die DDR hinein und lag somit vollends am Arsch der BRD. An diesem damals äußersten Rand der Bundesrepublik, wo der Wind alles rasch nach draußen geblasen hätte, sollte nicht weniger als ein Zentrum der Atomenergie in Deutschland entstehen. Die Abneigung gegen diese Politik ist im öffentlichen Raum noch heute zu spüren. Ganz anders war es bei meinem Ausflug zu den Besetzern im Hambacher Forst: Weder im Großraum um den Tagebau herum noch in nahegelegenen Abbaugebieten oder umliegenden Dörfern waren Transparente oder Parolen auf Schildern auszumachen. Ist die Region im Westen konfliktscheuer, oder haben die Norddeutschen einfach mehr Ausdauer und Erfolg?

Zu meiner Reise ins Wendland motivierte mich ein Zusammenschluss von Menschen, die zur Abwechslung mal konstruktiv für eine Vision eintreten wollen. Ironischerweise entwickelte sich das Projekt «Dorf der Zukunft» allerdings aus einer Resignation heraus – vielleicht geht es im Wendland doch nicht ganz ohne «anti». Als die Euphorie der «Willkommenskultur» in Deutschland nach dem Herbst 2015 mehr und mehr verebbte, kam eine Gruppe tatkräftiger Zeitgenossen zu dem Schluss, dass Reden, Zuschauen und Zaudern nicht mehr ausreicht. Sie wollten anpacken, gestalten, verändern. Und so entstand die Idee für das interkulturelle Generationendorf bei Hitzacker, einem Städtchen mit knapp fünftausend Einwohnern.

Alte und Junge, Leute mit wenig und andere mit etwas mehr auf der hohen Kante, Deutsche und Migranten – sie alle sollen an diesem Ort eine neue Heimat finden. Für dreihundert Menschen planen die Initiatoren des Projekts. Genauer: einhundert

Alte, einhundert Junge und einhundert Geflüchtete. «Neuropa» war einer von vielen Namensvorschlägen für das Utopia. Nachdem aber auch dieser Name auf Widerstände stieß, einigte man sich schließlich auf das weniger wortspielerische «Hitzacker-Dorf». Geht es nach dem verantwortlichen Hamburger Architekten Frank Gutzeit, wird das Hitzacker-Dorf Wirklichkeit werden. Der Mann mittleren Alters mit hanseatischem Schnack hat schon mal eine Insel im Indischen Ozean geplant, die Umsetzung wurde allerdings nie in Angriff genommen. Entstehen soll ein Modell, das auch an anderen Orten umgesetzt werden kann. Erst im Wendland, danach im Rest des Landes – oder sogar außerhalb der Landesgrenzen. Denken wir groß, so die Vision der Gruppe, das Projekt soll Schule machen. Ungeachtet der aktuellen Nachrichtenlage glauben die Dorfgründer an ein Europa von morgen, das lebens- und liebenswert sein wird, weil sie, wir, es gemeinsam entstehen lassen können. Hitzacker-Dorf soll Antworten auf drängende gesellschaftliche Fragen geben. Es geht darum, im Einklang mit der Natur zu leben, selbstorganisiert und basisdemokratisch; ökologisch zu bauen und ein CO_2-neutrales Mobilitätskonzept zu entwickeln; die lokale Wirtschaft zu fördern, sodass die ganze Region profitiert; einen Ort zu schaffen, der dazu einlädt, Wurzeln zu schlagen – Geflüchtete und Vertriebene sollen mit Deutschen zu einer Gemeinschaft verschmelzen. So weit jedenfalls die Theorie.

Ein Neubaugebiet am Stadtrand von Hitzacker, jenseits des ruhigen Bahnhofs. HSV-Fahnen wehen in den kleinen Gärten der neuen Einfamilienhäuser. In den Hofeinfahrten parken geputzte Mittelklasselimousinen. Der Traum eines jeden Bausparers.

Wer jemanden in dieser Gegend besuchen will, muss über den Sarensecker Weg fahren. Auf der einen Seite dieser Straße liegt eine fünfeinhalb Hektar große brachliegende Ackerfläche, auf der vor Monaten noch Mais wuchs. Ich finde dort eine kleine, aus Europaletten gezimmerte Sitzgruppe, zwei Sonnenliegen und ein Hochbeet. Daneben einen Pfahl, für einen richtigen Fahnenmast viel zu kurz, an dem die gelbe «Atomkraft?-Nein-danke»-Flagge mit der roten Sonne hängt. Vor mir liegt die Hoffnung von dreihundert Menschen. Eine weite Fläche, an die sich ein Industriegebiet anschließt. Es braucht einiges an Vorstellungskraft, um sich hier etwas Schönes auszumalen. Erworben wurde das Land von der Genossenschaft, bald schon soll es losgehen: Die Grundsteinlegung ist für den Juli des laufenden Jahres geplant.

In einem alten Kühlschrank mit verglaster Tür, der sich hinter dem Hochbeet versteckt, liegt ein schwarzes Gästebuch. Das Hitzacker-Dorf lädt die zukünftigen Nachbarn, aber auch die Bewohner der Stadt Hitzacker zum Dialog ein. Eine Person mit altertümlicher Handschrift kam dieser Aufforderung schon nach:

«Bin Anwohner von hier. Aber Sperrmüll mit Plastik gehört hier nicht her – ökologic Fricks – oder Alternative 70iger Jahre Bengels.»

Ein Kommentar, der ein Protestzeichen sein soll wie das gelbe X, nur dass sein Verfasser schätzungsweise nicht zu denen gehört, die den Buchstaben am Revers heften oder an der Heckscheibe kleben haben. Der Verweis auf die siebziger Jahre ist natürlich kein Zufall, war es doch genau diese Zeit, als das Träumen von einem anderen Morgen im Wendland so richtig anfing und die Konfrontation mit dem Staat nicht gescheut wurde.

Die Natur scheinen die Träumer dagegen auf ihrer Seite zu haben, der Raps blüht strahlend gelb und wirkt wie ein Verbündeter der gleichfarbigen Xe. Zwischen all dem Gelb liegen kleine Inseln, die Bussau, Granstedt, Bausen, Diahren und Schlanze heißen. Die Häuser in den nahe beieinander erbauten Dörfchen lassen sich meist ohne Probleme an zwei Händen abzählen, die Einwohnerzahl bewegt sich im niedrigen zweistelligen Bereich. Unweit der Landstraße führt das Navi mich über Schleichwege, vorbei an einem alten, buntbemalten Bauwagen. Über die Jahre hat die Witterung nicht nur den Lack abplatzen lassen, auch die Botschaften sind nur noch bedingt zu entschlüsseln («Ato stieg sof rt»), die Haltung bleibt dabei klar: «Niemals aufgeben!», verkündet der einzige noch gut lesbare Schriftzug. Darunter ein Bild, das einen Storch zeigt, dem ein Frosch im Schnabel klemmt; der Frosch würgt wiederum energisch den Vogel. Ich fahre durch ein weiteres Nest, in dem mir ein Brocken von Mann aus einem Hof entgegentorkelt und sich fast vor das Auto schmeißt. Auch er hat eine Message, die er auf seinem T-Shirt offen zur Schau trägt: «Schade, dass man Bier nicht ficken kann.»

Pittoresk wie die Rapsfelder sind auch die Scheunen aus roten Backsteinen im benachbarten Rundlingsdorf. Je großzügiger die Fronten der Gebäude mit Glasflächen versehen sind, während man sich ansonsten natürlich um eine authentische Restaurierung bemüht hat, desto stärker meine Vermutung, dass die Eigentümer aus Hamburg, Berlin oder Hannover kommen müssen, den großen Städten, die eine Art Dreieck um das Wendland bilden. Diejenigen, die hier seit eh und je zu Hause sind, verschanzen sich hinter blickdichten Gardinen und bevorzugen Fliesen im Außenbereich, auf dem Boden und an den Wänden. Darüber allerlei Firlefanz aus den Untiefen der

Baumärkte. Von der Eifel bis in die Uckermark lassen sich Zugezogene und Einheimische leicht anhand ihrer Renovierungsgewohnheiten unterscheiden – die Scheunen im Wendland bestätigen das ungeschriebene Gesetz.

«Wenn du an dem Wendehammer angekommen bist, ist es das letzte Haus hinten rechts mit der Nummer sechs», beschrieb mir Roman den Weg.

Dass ich richtig sein muss, ahne ich, als ich zwei wahllos geparkte Sprinter mit offenen Türen sehe, die bis unters Dach mit Kisten zugeballert sind. Es dauert nicht lange, und ich bin ein Teil der Kette, in der die Umzugskartons von Hand zu Hand weitergereicht werden. Zwar lerne ich Leute lieber im Gespräch kennen, gern auch bei einem Bier, aber in diesem Fall geht es nicht anders. Das Paar hat mich zu seinem Umzug eingeladen. Die für den späteren Abend geplante Einweihungsparty sei ein vorzüglicher Anlass, um den zukünftigen Dorfbewohnern ungezwungen zu begegnen. Nur ein paar Kisten, wenn jeder mal eben mit anpackt, seien die doch rasch aus dem Wagen gewuchtet. Natürlich bin ich voll darauf reingefallen.

Roman, von Beruf Gärtner, ist Jahrgang vierundachtzig, genauso wie seine Freundin Isabel, die beiden haben bis heute Morgen in Hannover gelebt. Die neue Bleibe ist nur eine Zwischenstation, bald schon will das Paar in das interkulturelle Generationendorf übersiedeln. Genauer gesagt in den Abschnitt Südhang, der nach dem Viertel Dorfstraße als Zweites fertiggestellt werden soll. Das dafür vorgesehene Stück Acker gehört momentan noch einer anderen Partei, aber Roman ist sich sicher, dass sie verkaufen will. Ziemlich sicher.

Außer dem jungen Paar kenne ich bisher niemanden aus dem neuen Dorf. Die Vorstellung, die ich von den Gemeindemitgliedern habe – im weitesten Sinne wohl Leute, die sich gern mit gelben Xen schmücken –, verändert sich, als Roman eine Bemerkung wiederholt, die er schon während unseres Telefonats eingestreut hat. Er zweifelt, und das hat nichts mit der Idee des Dorfs zu tun, sondern mit den zukünftigen Bewohnern. Alle, die mit dem Paar einziehen würden, erzählt er, seien deutlich älter. Wenn sich nicht noch weitere junge Familien für das Projekt begeistern könnten, laufe das Generationendorf Gefahr, als Seniorendorf zu enden. Roman und Isabel wären unter diesen Umständen kaum mehr bereit, hier selbst alt zu werden.

«Es gibt schon junge Leute, die sich für die Sache interessieren, aber für viele ist es wichtig, eines der Häuser zu sehen. Sie wollen sich sicher sein, dass das Projekt auch umgesetzt wird.»

Der Traum, in den die beiden investiert haben, sieht eine gesunde Mischung vor, einen Querschnitt der Gesellschaft. Die Pflichteinlagen von fünfhundert Euro pro Kopf für die Mitgliedschaft in der Genossenschaft sind längst getätigt. Die Beteiligung für eine dreißig Quadratmeter große Wohnung beläuft sich auf knapp zehntausend Euro, für die größten Wohneinheiten mit hundertvierzig Quadratmetern sind dreiunddreißigtausend Euro fällig. Der Mietpreis pro Quadratmeter soll etwa bei fünf Euro fünfzig kalt liegen. Solidaranteile für finanziell Schwächergestellte, wie Alleinerziehende oder Geflüchtete, sind eingeplant. Eine Familie benötigt ungefähr fünfundzwanzigtausend Euro, wenn sie in das Dorf übersiedeln will. Unterstützt wird das Projekt von der GLS, einer Genossenschaftsbank aus Bochum, die von Anthroposophen gegründet wurde.

Wo es gerade ums Geld geht: Fünfzehn Millionen Euro soll alles zusammen kosten. Schon vor dem ersten Spatenstich braucht es mehr als eine Million Euro. Im Moment haben die Mitglieder gute sechzig Prozent davon beisammen. Eine Crowdfunding-Kampagne soll weitere einhunderttausend Euro einbringen. Bald wird sich herausstellen, dass die Kampagne kläglich scheitert. Verunsichern lässt man sich von solchen Rückschlägen jedoch nicht. Immerhin ist ein Silberstreifen am Horizont zu sehen – das Sozialministerium in Hannover hat einhunderttausend Euro zur Förderung bewilligt. Das Projekt werde trotz der angespannten Finanzierungslage nicht in die Schräglage geraten, meint Roman später.

Doch es gibt immer wieder ungeahnte Hindernisse. Gerade werden im nahegelegenen Industriegebiet Lärmmessungen durchgeführt.

«Ein benachbartes Unternehmen», erzählt Roman, «musste vor Jahren für Lärmschutzvorrichtungen sorgen. Durch unseren Bauantrag kam nun heraus, dass die Lärmschutzwerte nicht eingehalten wurden – es muss also nachgebessert werden. Die Crux: Das Unternehmen hatte die Vorgaben eigentlich eingehalten, nur hatte die zuständige Behörde die Höchstwerte niedriger angesetzt als vorgeschrieben. Nun will niemand schuld sein, die Stadt versucht, die Sache auszusitzen, und hält uns hin. Die Zuständigen mauern oder gestehen ihre Fehler nur mündlich ein.»

Irgendwas ist natürlich immer. Was die Nachbarn in spe beschäftigt, unterscheidet sich ansonsten nur unwesentlich von dem, was wohl jeden irgendwann im Leben umtreibt: Wie will ich leben? Was kann ich mir leisten? Und wie lange noch? Wenn ein Durchschnittskäufer gegenwärtig in Berlin eine Neubauwohnung erwirbt, verdient er das Doppelte eines durchschnittlichen Hauptstadtbewohners. Eigentumswohnungen sind also den Besserverdienenden vorbehalten. Wird es früher oder später auch in der Mittelschicht zu einer Stadtflucht aus Mangel an bezahlbarem Wohnraum, vor allem in Ballungsgebieten, kommen? Noch sterben die Dörfer eher aus, Abgehängte und Alte bevölkern das Land, heißt es. Ob es so bleibt? Die Hitzacker-Dörfler machen sich für gute Verkehrsanbindungen stark, insbesondere nach Hamburg und Berlin. Man weiß um diese Entwicklungen, sieht in ihnen aber auch eine Chance. Viele, die Teil der Gemeinde werden wollen und Genossenschaftsanteile besitzen, sind zugezogen.

Zu ihnen gehört auch Margitta, eine der Umzugshelferinnen. Ihre Lesebrille dient als Haarreif und hilft, die störrische graue Mähne unter Kontrolle zu halten. Vor über fünfundzwanzig Jahren ist sie aus der Stadt hierhergezogen, davor kam sie regelmäßig zu Anti-Atomkraft-Demos. Gegen das Zwischenlager Gorleben musste man auf die Barrikaden gehen, Ende der achtziger Jahre fing Margitta damit an, erzählt sie, nachdem wir uns beide aus der Kistenkette ausgereiht haben. Als es im April 1995 gegen den ersten Castor-Transport ging, hatte sie bereits reichlich Routine. Schließlich erkannte sie die Schönheit des Wendlands und entschloss sich zu bleiben. Sie holt eine American-Spirit-Kippe aus dem blauen Softpack, zündet sie sich an und zieht genüsslich daran.

«Wo wohnst du in Berlin?», will Margitta wissen, bevor sie mir erzählt, dass sie einen Teil ihres früheren Lebens in einer Berliner Kommune verbracht hat. Heute lebt sie anders, man könnte es fast bürgerlich nennen. Das Besondere am Landkreis Lüchow-Dannenberg sei die Solidarität, man halte hier einfach zusammen. Schon bei den Demonstrationen gegen das dreißig Kilometer von Hitzacker entfernte Gorleben sei das zu spüren gewesen, die Landwirte hätten damals die Protestierenden unterstützt.

Einer der bewegendsten Momente, meint Margitta, sei für sie gewesen, als ein kleines Flüchtlingskind während einer Plenumssitzung des Generationendorfs mit strahlenden Augen auf einen Plan zeigte und sagte: «Das da wird unser neues Zuhause.»

Roman und Isabel halten beharrlich an ihrer Zukunft auf dem trostlosen Maisacker fest. Dass sie schon so frühzeitig in die Umgebung ziehen, hat für sie Symbolkraft. Vom Bauernhaus aus können sie ihr Engagement steigern und zeigen, wie viel ihnen an der Sache liegt. Während sie zuvor nach jedem der monatlichen Treffen mit der letzten Zugverbindung Richtung Hannover aufbrechen mussten, können sie jetzt die erhoffte Lebensrealität als Betaversion im Alltag kennenlernen. Jeden Dienstag finden im Kulturbahnhof Hitzacker Versammlungen der Genossenschaft statt, und Zeit für einen abendlichen Plausch bleibt allemal.

«Was beschäftigt dich aktuell am meisten, wenn du an dein Leben hier auf dem Land denkst?», frage ich den Neu-Wendländer.

«Die Internetverbindung im Nachbarort. Da habe ich mich in eine Bürogemeinschaft eingemietet.»

Schon ist Roman wieder am Schleppen und Auspacken. Seine Umzugshelfer hat er voll im Griff: «Damit bitte nach oben ... Die Sachen gehören ins Wohnzimmer ganz hinten ... Das Zeug da holen wir am Ende rein.» Alle Kisten sind säuberlich mit Zielort und Inhalt beschriftet. Ich habe den Eindruck, hier hat jemand einen Plan und wird ihn zielstrebig verfolgen.

Von seinem vierzehnten bis neunundzwanzigsten Lebensjahr war der gebürtige Ostfriese Mitglied der SPD. Ein halbes Leben in einer Partei, der Visionen und charismatische Köpfe abhandengekommen sind, auch da können Zweifel aufkommen. In den letzten Jahren hat Roman das Vertrauen in die Politik verloren. Egal, bei welcher Partei, immer gehe es nur darum, Probleme zu lösen, statt Schwierigkeiten frühzeitig zu erkennen und sie gar nicht erst zu Problemen werden zu lassen. Unter Menschen, die sich in der Lokalpolitik engagieren, gibt es zwei Typen: den Selbstdarsteller und den Macher. Roman gehört zu denen, die keine Scheu haben, sich die Hände schmutzig zu machen. Auch außerhalb der Politik denkt er nicht nur an sich, sondern zerbricht sich den Kopf über Dinge, von denen auch andere profitieren könnten. Er plant, Kurse für Permakultur anzubieten, eine nachhaltige Form der Landwirtschaft. Wenn Roman über Gemeinschaft philosophiert, lernt man die leidenschaftliche Seite des Dreiunddreißigjährigen kennen, der Pilze züchtet und die Permakultur auch im Dorf der Zukunft umsetzen will. Isabel und ihr Freund sind offene, herzliche Leute, denen es ein glaubhaftes Anliegen ist, die Welt zu einer besseren zu machen. Davon könnte sich so mancher Abgeordnete eine Scheibe abschneiden.

Ryan Adams tönt aus den tragbaren Miniboxen, auf dem Grill brutzeln Würstchen, Halloumi und andere vegetarische Köstlichkeiten. Das Bier ist lauwarm, weil der Kühlschrank noch nicht läuft, aber der Stimmung tut das keinen Abbruch. Alle Kartons sind ausgeladen, die Arbeit ist getan. Im Garten hinter dem Bauernhaus sitzt eine bunte Truppe beisammen, ein Bild des Hitzacker-Dorfs in klein: Alte, Junge, Kinder. Darunter ein Geflüchteter aus Afghanistan, einer aus dem Irak und eine Kurdin, die vor zwanzig Jahren aus der Türkei nach Deutschland kam. Einige in der Runde werden Nachbarn von Isabel und Roman sein. Die hier Ansässigen sind alle fünfzig plus, die gleichaltrigen Freunde, die als Umzugshelfer mit angereist sind, werden in die Städte zurückkehren.

Ein großgewachsener Typ, der eher Flaum als einen Bart im Gesicht hat, war vor etwa einem Jahr zusammen mit Roman beim Dorf-der-Zukunft-Treffen für Interessierte. Die Idee für das Projekt findet er gut, doch so überzeugt wie sein Freund ist er nicht: «Gerade würde das nicht zu meinem Leben passen. Ich müsste zu viele Freiheiten aufgeben. Sich mal auszuklinken wäre schwer möglich.»

Ich verstehe die Bedenken. Was er nicht missen möchte, würde nach einem Umzug ins Dorf vielleicht tatsächlich auf der Strecke bleiben. In jeder der Gemeinschaften, die ich bisher besucht habe, erzählten mir die Mitglieder, dass das Zusammenleben in einer größeren Gruppe vor allem Arbeit bedeutet. Plenum, Diskussionen, Konsens suchen, Kompromisse eingehen. Alle müssen mit anpacken. Welcher Tätigkeit man nachgeht, ist nicht entscheidend. Ob eine Stunde Kinderbetreuung, eine Stunde harte körperliche Maloche oder eine Stunde Projektplanung – das alles ist gleich viel wert. Man kann darin ein Gegenmodell zum Kapitalismus sehen. Nicht Angebot und Nachfrage bestimmen den Wert der Arbeit, auch nicht das Wissen oder besondere Fähigkeiten, die dabei zum Einsatz kommen, sondern einzig und allein die Zeit, die dafür aufgewendet wird. Den dreihundert Dorfbewohnern geht es um die absolute Gleichheit von Frauen und Männern, Jungen und Alten, Deutschen und Geflohenen. Niemand ist mehr wert als ein anderer, jeder Mensch zählt.

Aber natürlich wird die Sache schnell komplizierter. Wenn für einen auf vier Stunden kalkulierten Job am Ende die doppelte Zeit benötigt wird, sollen nur die ursprünglich vorgesehenen Stunden auf dem gemeinschaftlichen Arbeitskonto

216

gutgeschrieben werden. Wie komplex es sein kann, Work-Life-Balance und soziales Engagement fair zu gestalten, bekommen die Dorfbewohner schon mit, bevor auch nur ein Haus ihres Dorfes steht. Wie stark sollte man sich überhaupt in die Gemeinschaft einbringen? Heißt soziales Engagement, regelmäßig auf die Nachbarskinder aufzupassen – nicht umsonst gibt es ja die Redensart, es brauche ein ganzes Dorf, um ein Kind großzuziehen –, oder reicht es, zweimal im Jahr an einer Gruppenaktivität teilzunehmen?

An diesem Abend im Frühjahr liegen mir viele Fragen auf der Zunge: Können dreihundert Menschen denselben Traum haben? Von null auf dreihundert, das scheint mir ambitioniert. Menschen, die sehr unterschiedlich sozialisiert wurden und unterschiedlichen Generationen angehören, werden sich sehr unterschiedliche Vorstellungen von einer besseren Welt machen. Permakultur ist ein Thema für Roman, auf ein ökologisch bewusstes Leben dürften sich alle einigen. Der Feminismus ist ein zentrales Anliegen, Roman erzählt mir von einem Frauenritual zur Einweihung des Feldes. Er toleriert und akzeptiert das – zwei weitere wichtige Stichworte –, merkt allerdings an, dass die Zeremonie für Außenstehende etwas merkwürdig gewesen sein könnte. Was passiert, wenn jemand aus den eigenen Reihen einmal keine Toleranz aufbringen will? Wenn ein Veganer nicht akzeptieren will, dass in der Gemeinschaft Fleisch gegessen wird? Wenn jemand, dessen Glaube das Trinken von Alkohol verbietet, es anstößig findet, dass andere aus seiner Gemeinschaft sich auf ein Bier treffen? Ist diese politisch linksorientierte Idee auch offen und bereit für konservative Geister, die zwar nach einem gemeinschaftlichen Leben suchen, aber sich vielleicht mit der Ehe für alle schwertun und in Sachen Zuwanderung mit der Parole «Refugees Welcome» nicht ganz konform gehen? Ist die Gemeinde stark genug, das ganze Spektrum demokratischer Vielfalt zuzulassen? Wo liegen die eigenen Grenzen der Toleranz?

Es sind Fragen, die vielleicht in den Sitzungen der Dörfler diskutiert werden, doch erst der Praxistest bringt die Erkenntnis, ob man sich zusammen einer besseren Welt annähern kann oder die Sehnsucht in einer Dystopie enden wird.

Die Geschichte des Protestes im Wendland reicht bis in die Siebziger zurück. 1973 begann die Bundesregierung, nach einem Endlager für radioaktiven Müll zu suchen, und auch ein Salzstock in Gorleben schien geeignet. Vier Jahre später plante die niedersächsische Landesregierung, Tests in der Region durchzuführen, woraufhin im Landkreis Lüchow-Dannenberg der Widerstand entflammte. Noch im selben Jahr kam es zu Demonstrationen von Atomkraftgegnern, die aus der gesamten Bundesrepublik anreisten. Im Jahr 1979, sechs Monate nach dem Kernschmelzunfall im Kraftwerk Three Mile Island nahe Harrisburg im US-Bundesstaat Pennsylvania, wurden erste Bohrungen um den Salzstock herum durchgeführt, um ihn auf seine Beschaffenheit hin zu überprüfen. Die Gegner scheiterten mit ihren Aktionen aufgrund massiver Polizeipräsenz.

Ein Jahr später stellten sich die Protestierenden breiter auf, sie erweiterten ihre Organisation und baten im Vorfeld Gleichgesinnte um Unterstützung. Fünftausend Atomkraftgegner folgten dem Aufruf und kamen ins Wendland. Am 3. Mai 1980 besetzten die Protestierenden in der Nähe von Gorleben eine Waldlichtung, an der die nächsten Bohrungen vorgenommen werden sollten. Innerhalb kürzester Zeit wurde ein Protestdorf aus dem Boden gestampft: Hippies, AKW-Gegner und Umweltaktivisten bauten mehr als einhundert Verschläge (darunter ein «Freundschaftshaus», ein «Meditationshaus» und ein «Klinikum»), Solar-Duschen, eine Schwitzhütte, sogar ein Piratensender und ein Friseursalon wurden eingerichtet. Und nicht nur von außerhalb, auch aus der Region erfuhren die Besetzer Unterstützung. Landwirte spendeten Holz für den Bau neuer Baracken, versorgten die Protestierenden mit Milch, Brot, Gemüse und anderen Lebensmitteln.

Man hatte einen Nerv getroffen. Menschen aus der Mitte der Gesellschaft, Journalisten, Lehrer oder Anwälte, zog es ins Camp, das schnell wuchs und größer wurde, als irgendjemand erwartet hätte. In diesen Tagen lebten Hunderte von Aktivisten im Lager. Besuch bekamen sie nicht nur von interessierten Bürgern, die gern mal einen Ausflug aufs Land unternahmen, sondern auch von Politikern, darunter der damalige Vorsitzende der Jusos. Sein Name war Gerhard Schröder. Schon damals wusste er sich in Szene zu setzen und sagte einem Reporter vor laufender Kamera: «Wer hier rangeht und versucht, Polizei herzuschicken, der stört dies. Und ich finde, das soll nicht gestört werden, das muss unsere Gesellschaft ertragen können.» Bundeskanzler Helmut Schmidt und andere führende Politiker waren den Aktivisten dagegen weniger gewogen. Der seinerzeit amtierende niedersächsische Innenminister Egbert Möcklinghoff beschuldigte sie des «Hochverrats gegen die Bundesrepublik Deutschland».

Wer ins Wehrdorf wollte, musste einen Schlagbaum hinter sich lassen, der die Republik Freies Wendland von der Bundesrepublik trennte. Der neugegründete Staat führte sogar eigene Ausweisdokumente ein: Für zehn D-Mark bekam man einen hellgrünen Lappen, der «für das ganze Universum» galt und gültig war, «solange sein Inhaber noch lachen kann». Auf der Rückseite hieß es: «Der Inhaber dieses Passes ist Bürger der

Republik Freies Wendland und gibt somit zu verstehen, dass ein Staat, der die Unversehrtheit seiner Menschen an Körper, Geist und Seele nicht gewährleistet, der die natürlichen Ausgewogenheiten zwischen Menschen, Pflanzen, Tieren und Mineralien nicht erhalten kann, der die Ausbeutung Aller zugunsten von letztlich Niemand betreibt, der an dem tödlichen Missverständnis festhält, dass innere und äußere Sicherheit durch Waffen und Uniformen hergestellt werden kann, dass ein solcher Staat nicht länger der Seine / Ihre ist.»

Für genau dreiunddreißig Tage kam man damit durch. Am Abend des 4. Juni 1980 machten Polizei und Bundesgrenzschutz die Republik Freies Wendland dem Erdboden gleich. Es war bis dato der größte Polizeieinsatz in der Nachkriegsgeschichte Deutschlands, mehr als sechstausend Beamte trafen auf etwa zweitausend überwiegend friedliche Demonstranten. Es gelang den Einsatzkräften zwar, sie von der Waldlichtung zu vertreiben, doch das Bewusstsein war geschärft und die Idee bestätigt, in den Köpfen blühte die Republik des Dagegenseins weiter auf. Man kriegt den Aktivisten aus dem Wehrdorf, aber nicht das Wehrdorf aus dem Aktivisten.

Die berüchtigte Bohrstelle 1004, das Gebiet des Dreiunddreißig-Tage-Staats, holte sich die Natur schließlich zurück. Im Landkreis Lüchow-Dannenberg entstand weder ein Atomkraftwerk noch die geplante Wiederaufbereitungsanlage und auch kein Endlager. Es bleiben der Salzschacht und das Zwischenlager in Gorleben, das gegen jeden Widerstand errichtet wurde. Schon 1983 war die Anlage fertiggestellt, allerdings konnte sie aufgrund von weiteren Protesten und Rechtsstreitigkeiten erst zwölf Jahre später in Betrieb genommen werden. Verglichen mit dem, was die Regierung in Sachen Atomwirtschaft vorhatte, wurde nur ein kümmerlicher Rest des Masterplans umgesetzt. Kaum auszumalen, was los gewesen wäre, wenn die Protestierenden weniger beharrlich aufgetreten wären und die Regierung stur ihren Kurs beibehalten hätte.

Die Freie Republik Wendland wurde rasch zerstört, doch die gelebte Utopie hat den Landkreis bis heute geprägt. Trotz des verpennten Landidylls ist die Energie des Aufbruchs zu spüren. Die Sehnsucht nach einem anderen, besseren Zusammenleben mit weniger Ellenbogengerangel, weniger Ego-Fixierung und mehr Sinn für Gemeinschaft war damals der Auslöser, und so ist es noch immer. Motivierte einst die Bedrohung durch die Atomkraft zum Handeln, ist es heute einigen Menschen im Wendland ein Anliegen, Geflüchteten zu helfen. In einer Gesellschaft, die im Wohlstand badet und von einem funktionierenden Sozialsystem profitiert, können manche kaum entspannt in die Zukunft blicken, weil sie überzeugt sind, dass es ihren Kindern bedeutend schlechter gehen wird als ihnen. Vielen fehlt es an nichts, außer an einer Vision, die sie zur Tat schreiten lässt. Der Niederländer Rutger Bregman, Jahrgang 1988, seines Zeichens Historiker, Journalist und Vordenker utopischer Ideen, beschreibt die Gegenwart als eine freudlose Ära: «Das Land des Überflusses ist in Nebel gehüllt. Just in dem Moment, in dem wir uns der historischen Aufgabe hätten stellen sollen, diese reiche, sichere und gesunde Welt mit Sinn zu erfüllen, beerdigten wir stattdessen die Utopie.»

Die Sinnsuche von Hauke Stichling-Pehlke und seiner Frau Ursula Pehlke brachte im Landkreis Lüchow-Dannenberg einen Stein ins Rollen. Noch bevor Ende 2015 bekannt wurde, dass achthundertneunzigtausend Geflüchtete und Migranten nach Deutschland gekommen waren, gründeten sie die Initiative «ZuFlucht Wendland». Auch Thomas Hagelstein, der wie Hauke Stichling-Pehlke in Hamburg geboren wurde, aber längst zum Wendländer geworden war, mochte nicht länger tatenlos zusehen. Bald darauf veranstaltete er das erste Dorf-der-Zukunft-Treffen, der Nebel lichtete sich, und eine Idee nahm konkrete Gestalt an. Mittlerweile haben sich mehr als hundertdreißig Genossen gefunden, die die Umsetzung dieser Idee erleben wollen.

Das Besondere am Generationendorf ist der Prozess seiner Entstehung. Jeder kann dabei zusehen, wie der Ort sich entwickelt, darf ihn selbst mitgestalten. Am Ende gibt es zwei Möglichkeiten: Der Traum wird tatsächlich wahr – oder das Dorf scheitert am Realitätscheck und bleibt Utopie. Das altgriechische «Utopia» bedeutet ursprünglich «Nicht-Ort», erst Thomas Morus machte es zum «guten Ort».

«Ick find das Projekt jut, weil es Menschen zusammenbringt», meint ein rüstiger Rentner, der in seinem Bauernhaus eine kleine Pension betreibt.

Auf seinem Grundstück sieht man keine gelben Xe. Dass der Acker polarisiert, das habe er mitbekommen. Roman hat es so zusammengefasst: Die Stadt Hitzacker befürworte das Vorhaben, einige Bewohner des angrenzenden Neubaugebiets seien skeptisch. Manche von ihnen seien besorgt, dass vor ihrer Haustür ein Brennpunkt entstehen könnte.

Der Alte und ich sind aber aus einem anderen Grund ins Gespräch gekommen. Neben seiner Rezeption, einem Minitresen voller Prospekte vor allem für Radfahrer, hängt eine alte Holzapparatur mit verschnörkelten Schnitzereien. Ich kenne solche Tafeln aus den Eingangsbereichen von Berliner Altbauten, früher einmal haben sie Auskunft gegeben über die Namen der Mieter. Und tatsächlich stammt der dunkle klobige Setzkasten aus einem Gebäude in der Gneisenaustraße in Berlin-Kreuzberg, wo der alte Mann aufgewachsen ist. Er erinnert sich an die Nachkriegsjahre, und obwohl diese Zeit keine einfache war, lebte es sich als junger Kerl doch schön und unbeschwert in der zerbombten Stadt. Nun wohnt er schon mehrere Jahrzehnte im Wendland, und gute Freunde haben ihm zu einem runden Geburtstag dieses Erinnerungsstück geschenkt.

Was der Pensionswirt an dem Generationendorf gut findet, umschreibt er mit einer Erinnerung aus vergangenen Tagen: «Zusammenkommen ist wichtig. Nach Kreuzberg haben se früher die Türken gesteckt, das war falsch, weil die Leute sich selbst überlassen wurden.»

In Berlin war der Alte schon lange nicht mehr. Sein Viertel würde er heute wohl kaum mehr wiedererkennen.

Der historische Kern von Hitzacker befindet sich auf einer Insel und wurde in der Vergangenheit schon mehrmals durch Hochwasser der Jeetzel und vor allem der Elbe verwüstet. Es gibt die Eisdiele «Al Dente», auf der anderen Seite der Brücke den Dönerimbiss «Istanbul Grill» und ein paar Gaststätten, die mit gutbürgerlichem Essen um Kundschaft buhlen. Neben dem alten Zollhaus ist ein mächtiger Schutzwall errichtet worden, um die Altstadt vor weiteren Sintfluten zu schützen.

Am anderen Ende der Kleinstadt liegt der «KuBa», wie ihn all diejenigen nennen, die in das Dorf der Zukunft ziehen wollen. Der Kulturbahnhof war einst der Bahnhof von Hitzacker, er ist einhundertvierzig Jahre alt und aus roten Ziegelsteinen gemauert. Das Gebäude ist im Besitz des Vereins KuBa e. V., nachdem die Deutsche Bahn es vor ein paar Jahren zum Verkauf angeboten hatte. Gelegentlich hält auf dem einzigen Gleis vor dem Bahnhof sogar noch ein Zug.

An der Fassade des Gebäudes hängen Banner mit den Fotos

ganz unterschiedlicher Menschen. Sie alle verbindet dasselbe Schicksal, sie mussten aus ihrer Heimat fliehen und sind im Wendland angekommen: Vahida (58) und Saldo (60) aus Bosnien waren drei Monate lang auf der Flucht; Ingrid (74) verließ Ost-Berlin und war acht Monate unterwegs, bevor sie einen Ort fand, an dem sie bleiben wollte; Hassan (28), Muna (24) und ihr Baby Hosna flohen aus Somalia, ihre Flucht dauerte vier Jahre. «Zuwanderung als Chance» steht über zwei kleineren Abbildungen, die Pläne des Dorfes zeigen. «Die Genossenschaft will neue Formen des gemeinsamen Wohnens, Arbeitens und Lebens auf dem Land entwickeln» – so beginnt der begleitende Text.

Im Inneren des Bahnhofs erinnert einiges an das politisch aktive Kreuzberg vergangener Tage, oder was gemeinhin damit verbunden wird. Es sind weniger die Veranstaltungen, die im KuBa stattfinden und über die auf Aushängen informiert wird (Yoga, Wing Chun, Deutschkurse, Plenum), sondern eher die Menschen, die sich hier versammelt haben. Sie alle wollen auf dem Acker ein paar Fußminuten entfernt ihr neues Zuhause errichten. Altachtundsechziger, so meine erste Assoziation.

«Viele, die hier mitmachen, waren schon bei den Gorleben-Protesten dabei», sagt eine ältere Frau zu mir.

«Die Aktivisten, die sich an Schienen gekettet haben, wurden besser versorgt als die Polizisten», erzählt jemand anderes.

Ich muss an Romans und Isabels Sorge denken. Die beiden sind noch mit dem Umzug beschäftigt und können am heutigen Südhangtreffen nicht teilnehmen. Mit meinen achtunddreißig Jahren darf ich mich in der Runde von mehr als vierzig Leuten beinahe jugendlich fühlen. In der Minderheit sind nicht nur die Jüngeren, sondern auch die Geflüchteten. Einige der Teilnehmer tragen kleine Namenschildchen an der Brust.

Man ist direkt beim Du – Barbara, Gert, Käthe, Berthold, Matthias oder Gesa. Namen wie Hassan oder Omid lese ich seltener. Zwei Frauen tragen Hidschab, der Rest vor allem Strick und Outdoorklamotten. Die Geflüchteten stammen aus dem Irak, aus Afghanistan, Somalia und Albanien. Vertreibung und Integration in eine neue Gemeinschaft haben die Initiatoren nie am eigenen Leib erfahren müssen.

Man empfängt mich freundlich, obwohl ich vom «Wendland-Buffet» nichts wusste und mit leeren Händen gekommen bin. «Wendland-Buffet» heißt, jeder bringt irgendwas mit. In einem Seitenzimmer entsteht ein wilder Mix aus Nationalküchen: Kartoffelsalat, Dinkelbratlinge oder Bulgur, mit Frischhaltefolie abgedeckte Platten und jede Menge Tupperschüsseln, einmal quer durch das Reformhaus und drei Kontinente. Normalerweise lassen mehrere Nationalitäten auf der Speisekarte nicht unbedingt eine hochwertige Küche vermuten, das «Wendland-Buffet» aber schmeckt.

Ansonsten gibt man sich im KuBa mit Zweckdienlichem zufrieden. Nackte Glühbirnen hängen von der Decke, die an manchen Stellen die darüberliegenden Balken offenbart, der Putz blättert von den Wänden, und überall liegen Teile der Backsteinwand frei. Das Gebäude spiegelt wider, welchen Stellenwert Kultur fernab der Metropolen und staatlich subventionierten Einrichtungen genießt. In einer Ecke steht ein Flipchart, das Tagesprogramm ist umfangreich. Ein Kreis aus mehreren Stuhlreihen wird gebildet. Weil sich noch nicht alle kennen, stellt sich jeder kurz vor und lässt die anderen wissen, ob man in den Südhang oder in die Dorfstraße zu ziehen gedenkt. Namen, Herkunftsland und Muttersprache werden auf einem Zettel notiert. Plenum und Basisdemokratie bedeuten, dass viel geredet wird. Wenn dann alles Gesagte noch auf Arabisch und Farsi übersetzt wird, geht es nur sehr schleppend voran.

Zu Beginn aber wird ausgelassen gejubelt, als Käthe, die noch in Hamburg lebt, aber bald mit ihrer Partnerin hierher aufs Land ziehen will, verkündet: «Ich bin stolz und bedanke mich bei allen. Wir haben unser Ziel erreicht!»

Angeblich ziehen bald ein Drittel Junge, ein Drittel Ältere und ein Drittel Migranten in die Dorfstraße. Zahlen geistern durch den Raum, werden korrigiert, es wird nachgefragt, dann ein wenig gerundet, eher auf als ab. Insgesamt sollen die achtzig Menschen jedenfalls zu gleichen Teilen aus den drei Gruppen bestehen. Die ganze Rechnerei – zwei hin, drei im Sinn, oder doch anders – hat entweder Käthe oder mich aus dem Konzept gebracht. Ich möchte ihren Worten glauben, doch ihren Zahlen kann ich nicht so recht trauen.

Einige der Dörfler melden sich zu Wort, sie wollen in den geplanten Gewerberäumen an der Fertigstellung des Hitzacker-Dorfs mitarbeiten. Hassan, der junge Familienvater vom Plakat an der Fassade, ist einer der beiden Übersetzer, er spricht fließend Deutsch und lacht viel. Sabrina, eine der jüngeren Semester und alleinerziehende Mutter von drei Kindern, fragt sich, ob es in den Herkunftsländern der Migranten besondere Rituale gibt, wenn neue Häuser bezogen werden. Sie schlägt vor, ein solches Zeremoniell einzuplanen. Die Idee wird festgehalten, auch wenn den Zugewanderten nicht wirklich ein Brauch einfällt.

Man erinnert sich an ein Treffen vor mehr als einem Jahr, als zum ersten Mal Geflüchtete zum Dorf-der-Zukunft-Plenum gekommen sind.

«Aber nur die Männer waren vor Ort!», meint eine Frauenstimme.

Unter diesen Männern war auch Omid, ein junger Afghane um die zwanzig, der mit seinen Eltern nach Deutschland gekommen ist.

«Ihr Deutschen habt so viele Regeln», lacht er.

Omids Vater Edi hofft darauf, in der Dorfgemeinschaft die Sprache mit den drei verschiedenen Artikeln und den komplizierten Wortendungen richtig lernen zu können. Er ist Ingenieur und möchte sein Wissen einbringen.

Obwohl die Stimmung beim Südhangtreffen, nachdem eigentlich mehr über die Dorfstraße geredet wurde, recht euphorisch ist, wird auch Kritik an bereits gefällten Entscheidungen laut: Warum sollen die Gemeinschaftsräume erst entstehen, nachdem die Wohnungen fertig sind? Wofür braucht man einen so großen Parkplatz? Warum sind die «essbaren Landschaften», wie die Gartenanlage genannt wird, so klein? Werden sie tatsächlich genug für dreihundert Leute abwerfen?

All diese Fragen beantwortet Frank, der verantwortliche Architekt aus Hamburg, mit Engelsgeduld. «Ihr gestaltet den Bau wie das Leben im Dorf aktiv mit, ich wünsche mir das von euch.»

Er zeigt Pläne davon, wie der Südhang angelegt werden könnte: Rundlinge, wie sie überall im Wendland zu finden sind, Wohnhöfe in U-Form und andere Entwürfe, die aus der Gemeinschaft von dreihundert Menschen viele kleinere machen würden. Es wird durcheinandergequasselt, jemand erinnert daran, dass alles übersetzt werden muss, die Gemüter beruhigen sich. In einer Gruppe Konsens herzustellen bedarf diplomatischen Geschicks. Die Diskussion ist zweifelsohne nötig, doch oft ist sie so ergiebig wie Gruppenarbeiten mit zu vielen Schülern. Es passiert wenig, bis Hassan um Ruhe bittet. Er übersetzt die Wortmeldung eines Landsmannes.

«Kann ich irgendwann auch wieder aus dem Dorf wegziehen?», fragt der Somalier.

«Ja, natürlich», antwortet Frank etwas zögerlich.

Eine Gemeinschaft muss auch damit klarkommen. Und eine Demokratie kann und muss mehr als nur ein Utopia von idealistischen Träumern verkraften. Ein offenes und lebendiges Miteinander setzt voraus, dass mutige Gedanken umgesetzt und festgefahrene Strukturen aufgebrochen werden. Nicht jeder unterstützt das Treiben der Hitzacker-Dorf-Planer. Längst macht eine Unterschriftenliste gegen das Dorf die Runde, die meisten Unterstützer der Gegenbewegung kommen aus einem Umkreis von fünfhundert Metern um den noch unbebauten Acker. Dreihundert Unterschriften sind es bis jetzt – auf jeden Dorfbewohner kommt ein Skeptiker.

Dabei hoffen alle auf eine bessere Zukunft, Optimisten wie Pessimisten. Die Vorstellungen davon, was «besser» genau bedeutet, gehen stark auseinander, aber das ist auch gut so. Entscheidend ist: Die Geschichte zeigt, dass aus vielen Ideen, die zunächst absurd erscheinen, Tatsachen werden, die man bald darauf als selbstverständlich erachtet. Möglicherweise entsteht im Wendland tatsächlich nicht nur ein neues Dorf – sondern ein neues Wohnmodell.

ETWAS SCHAFFEN, DAS BLEIBT

Christoph Schlingensiefs Operndorf (Ouagadougou)

Ich sehe einen Kerl mit roter Kappe und einem grauen Rennfahreroverall, der knietief im Wolfgangsee steht. Die Sonne ballert, es ist ein glühend heißer Augusttag. Der Typ im Overall brüllt und fuchtelt mit den Händen. Auf seinem Rücken erkenne ich den Schriftzug des Magazins «Spex», «Scheitern als Chance» ist darunter aufgedruckt – der Slogan der Partei Chance 2000, die der Regisseur und Künstler Christoph Schlingensief im März mitbegründet hat. Siebenunddreißig Jahre alt ist er, der da im Wasser zwischen einigen anderen Leuten und etlichen Kamerateams ausharrt. Immer wieder schreit er: «Heeelmut! Heeelmut! Papa!» Ein kleiner Chor steigt weniger euphorisch ein. Wir schreiben das Jahr 1998, in dem es, wie in den sechzehn Jahren zuvor, nur einen Helmut gibt. Seit ich denken kann, ist Kohl Kanzler. Eine Jugend im Zeichen der Birne. Doch nun ist das Ende dieser Ära absehbar, der Koloss aus der Pfalz gerät ins Wanken, und einen Monat später wird Gerhard Schröder zum neuen Bundeskanzler gewählt werden.

Was hat Schlingensief mit all den Utopien zu tun, und warum schreibe ich über ihn? Geplant hatte ich das nicht. Aber gönnen wir uns doch den Moment in Sankt Gilgen am Wolfgangsee. Als das zweite Jahrtausend sich dem Ende zuneigte, wurde dort der Stein ins Rollen gebracht, der mich von meinem vorbestimmten Kurs abbringen soll.

Zu Beginn der Szene blicken wir auf diesen beschaulichen Ort in Österreich nahe der deutschen Grenze. Zu sehen ist das alljährliche Sommerdomizil von Helmut Kohl, ein Haus direkt am See, Mondseestraße 34a – romantischer geht's ja wohl kaum. Das Rufen und Brüllen der Meute im See bleibt, wen wundert's, erst einmal unbeantwortet. Was folgt, beschreibt Schlingensief in seinem Buch «Ich weiß, ich war's»:

«Als wir in die Nähe von Kohls Ferienhaus kamen, versuchte ein Polizeiboot, uns zu stoppen, ein Mann mit Megaphon schrie: ‹Herr Schlingensief, schwimmen Sie zurück!›

‹Nee, das geht doch nicht, die ganzen Leute hier, die ganze Presse, die wollen doch was sehen!›

‹Drehen Sie um, Herr Schlingensief, schwimmen Sie zurück!›

‹Nee, bitte, helfen Sie mir lieber. Sagen Sie Herrn Kohl, er soll ans Fenster kommen und winken, das reicht den Leuten, dann schwimmen wir zurück.›

‹Das geht doch nicht, Herr Schlingensief. Der kommt nicht ans Fenster – was soll ich denn machen? Ich bin doch vom BND! Schwimmen Sie zurück! Bitte!›»

Schließlich lenkt Schlingensief ein und tut wie ihm geheißen. Die Entourage aus Punks, Studitypen und anderen Supportern folgt ihm artig wie kleine Entlein ihrer Mutter. Wieder am Ufer, verkündet der Parteivorsitzende, voll im Wahlkampfmodus und sichtlich erschöpft von dem ganzen Gekraule, den Tod des Kanzlers: «Helmut Kohl hat sich nicht am Fenster gezeigt, das heißt, er ist gerade in seinem Haus verendet. Deshalb ist Deutschland jetzt führerlos, deshalb wählt Chance 2000.»

Eine Punkerin der Anarchistischen Pogo-Partei Deutschlands versucht daraufhin, sich showwirksam zu übergeben, scheitert aber kläglich. Wirklich zum Kotzen ist, dass die Fotografen und Kameraleute es voll mitkriegen und gnadenlos draufhalten. Schwarzblende.

Helmut Kohl starb im Juni 2017. Am Ende hat er Schlingensief, der den Kampf gegen den Lungenkrebs schon 2010 verlor, um sieben Jahre überlebt. Für Papa Helmut hatte der Künstler so viel übrig wie die Achtundsechziger für ihre Väter und deren Geschichte.

Um rechtlichen Konsequenzen aus dem Weg zu gehen, hat der Initiator später beteuert, er habe doch nur ein wenig schwimmen wollen. Doch das «Bade-Happening», wie es die «taz» später genannt hat, war natürlich mehr. Alle sechs Millionen Arbeitslosen, die es zu dieser Zeit in Deutschland gab, hatte Schlingensief aufgerufen, zum Wolfgangsee zu kommen. Jeder einzelne dürfe sich eingeladen fühlen. Wenn alle kommen würden und es ihm gleichtäten, so würde der Wasserpegel ansteigen und Kohls Ferienhaus fluten. Man wolle dem Kanzler der Einheit nasse Füße verpassen für das, was er mit seiner Regierung in den vergangenen sechzehn Jahren angerichtet habe. Im Vorfeld hatte jemand ausgerechnet, dass der Pegel durch so viele Leute immerhin um drei Zentimeter steigen werde – was zugegebenermaßen nicht ganz gereicht hätte.

Passiert ist am Ende natürlich gar nichts. Von den sechs Millionen reisten nur wenige hundert an, wie den Artikeln der Presse zu entnehmen ist – Schlingensief selbst erzählte später von sechshundert Teilnehmern. Dass es sich dabei nur um Arbeitslose gehandelt hat, darf bezweifelt werden. Jedenfalls waren genügend Reporter und Medienvertreter dabei, die über das Spektakel berichteten. Ich für meinen Teil verfolgte das Geschehen als gerade mal Achtzehnjähriger im Fernsehen. Der Mensch im Overall war mir bis dahin nicht wegen seiner eigentlichen Arbeit ein Begriff. Seine brillant-chaotische Show «Talk 2000» hatte ich eher zufällig entdeckt. Jetzt plantschte er also im Wasser und versuchte, diese herrlich bescheuerte Idee umzusetzen, ohne Angst vor Spott und Niederlage. Wer etwas verändern will, muss nicht nur ein dickes Fell haben, er sollte auch nicht zu vernünftig sein. Die Gegner der Sklaverei, die Verfechter des Frauenwahlrechts, sie alle galten zunächst als Spinner und Phantasten, bis ihnen die Geschichte recht gab.

«Wer gescheitert ist, darf geliebt werden», forderte Schlingensief, der das Scheitern als Chance etablieren wollte. Mein Herz hat er damit sofort gewonnen. Wenige Wochen später sollte ich bei meinem ersten Gang zur Wahlurne ein Kreuzchen hinter den Namen von Schlingensiefs Partei machen. Chance 2000 raste bei dieser Bundestagswahl trotzdem mit vollem Karacho in den Abgrund. Mir war es Wurst, hatte ich doch diesen Getriebenen für mich entdeckt. Einen, der leidenschaftlich für eine Sache brannte.

Achtzehn Jahre später. Die Kleinstadt Dornach unweit von Basel ist sauber, verpennt und irgendwie echt langweilig. Also schnell weiter und weg, wäre da nicht dieser absolut beeindruckende, unter Denkmalschutz stehende Bau. Für einige ist es weit mehr als nur ein Gebäude, für manche symbolisiert es gar das Zentrum der eigenen Lebensanschauung: das Goetheanum. Ein Koloss aus Sichtbeton, einem Bunker nicht unähnlich, der trotz seiner materialistischen Brutalität unglaublich elegant wirkt, weil dieser Architektur sämtliche rechte Winkel fehlen. Dadurch hat der mächtige Klotz etwas sehr Leichtes,

Geschwungenes, beinahe Organisches. Nachdem das erste Goetheanum in den frühen zwanziger Jahren abgebrannt war – es war komplett aus Holz gebaut und weniger eigenwillig in seiner Form –, wurden die Entwürfe für diesen futuristischen Komplex angefertigt. An gleicher Stelle wie der Vorgängerbau öffnete das Gebäude 1928 seine Pforten.

Sein Anblick muss für die Menschen damals so fremd gewesen sein wie der eines Jumbojets. Und manch eine Waldorfschule dürfte in ihrem Bau von der Sehenswürdigkeit inspiriert worden sein. Zufall ist das nicht. Es war der Esoteriker Rudolf Steiner, der die Pläne für das erste und zweite Goetheanum in Auftrag gegeben, in der Zwischenzeit die erste Waldorfschule ins Leben gerufen und bei alldem die von ihm begründete Anthroposophie umzusetzen versucht hatte: eine vom deutschen Idealismus, von Gnosis und Mystik beeinflusste Lehre der Bewusstseinsentwicklung, der die Erkenntnis der Individualität des einzelnen Menschen zugrunde liegt. Steiners Ansatz fand in der Pädagogik und Kunst Anwendung, ebenso wie in der Medizin und im Finanzwesen. Denn die Anthroposophie versteht sich als allumfassende Lehre, die jeden Bereich der Gesellschaft berührt.

Deswegen bin ich hierhergekommen. Dass mich meine Suche noch an ganz andere Orte führen sollte, konnte ich in der Schweiz noch nicht ahnen.

Auf dem Hügel und im Inneren des Goetheanums herrscht reges Treiben. Menschen unterhalten sich in vertrauten und weniger vertrauten Sprachen, von denen ich manche kaum zuzuordnen weiß. Wie ich von dem Verantwortlichen für Kommunikation erfahre, habe ich ein Wochenende erwischt, an dem hier Waldorflehrer aus allen Teilen der Welt zu einem Weiterbildungsseminar zusammenkommen. Wir schlängeln uns durch die überfüllte Haupthalle und gelangen durch spektakuläre Treppenhäuser in roher Betonoptik zu Räumen, die der Mann aufschließt, um sie direkt hinter uns wieder zuzusperren. Dann stehen wir vor einer massiven Holzskulptur. «Menschheitsrepräsentant» heißt sie, zwanzig Tonnen schwer und acht Meter hoch. Steiner schuf sie für das erste Goetheanum, doch da die Arbeit an ihr vor dem Brand nicht vollendet werden konnte, entging die wuchtige Plastik in einer Schreinerei den vernichtenden Flammen.

Ich staune nicht schlecht, während wir weiter durch diesen Koloss der Avantgarde gehen. Doch leider kann Beton keine Geschichten erzählen. Später drückt man mir eine Liste mit Kontakten zu engagierten Anthroposophen in die Hände, auf der mir als Erstes der Name des Milliardärs Götz Werner ins Auge fällt – Gründer der Drogeriemarktkette dm, der in seinen Filialen flache Hierarchien einführte, um ein besseres Betriebsklima zu schaffen; der seine Unternehmensanteile nicht den eigenen Kindern übertrug, sondern einer gemeinnützigen Stiftung; der sich heute für ein bedingungsloses Grundeinkommen von eintausend Euro im Monat starkmacht. Diese Idee nennt Werner ein Menschenrecht, weil Maschinen in Zukunft immer größere Teile unserer Arbeit übernehmen und Jobs wegfallen würden. Fortschritt vermag unser Leben besser zu machen, weniger Arbeit bedeutet schließlich mehr Freizeit.

Schon in den zwanziger Jahren war John Maynard Keynes überzeugt, dass der Mensch dank immer modernerer Technologien im Jahr 2028 kaum noch arbeiten müsse. Was also tun mit der frei verfügbaren Zeit? Was Keynes nicht bedachte oder verschwieg, ist der missliche Umstand, dass die Wegrationalisierten ihren Lebensstandard nicht mehr halten könnten – selbst wenn er nie besonders hoch gewesen ist. Werners Vision will somit auch dem strukturellen Wandel des Arbeitsmarkts vorbeugen.

In einigen Ländern versucht man sich sogar schon an der Einführung eines solchen Grundeinkommens. In Finnland testen zweitausend zufällig ausgewählte Arbeitslose seit Anfang 2017, wie sich der Alltag gestalten lässt, wenn monatlich eine Summe zur Verfügung steht, für die keinerlei Gegenleistung erwartet wird. Zwei Jahre soll dieses Projekt laufen, eine reale Utopie in der Betaphase. Gesellschaftliche Hierarchien sollen abgebaut, eine gerechtere Gemeinschaft geschaffen werden, so die Vision. Abhängigkeiten könnten sich pulverisieren, sofern die Lebenshaltungskosten nicht zusammen mit dem bedingungslosen Grundeinkommen ansteigen. Arbeit wird freiwillig, der Einzelne entscheidet, kein Staat oder Chef.

Kritik an diesem Experiment äußert in der «Süddeutschen Zeitung» ausgerechnet ein Befürworter der Sache, Philip Kovce. Der gerade mal dreißig Jahre alte Ökonom und Philosoph schreibt: «Ein bedingungsloses Grundeinkommen lässt sich ebenso wenig testen, wie sich Demokratie, Rechtsstaat oder Menschenrechte testen lassen.» Seiner Meinung nach kann man sich höchstens im Umgang damit üben.

Mutiger als Finnland ist in dieser Angelegenheit die Schweiz. Sie war das erste Land, in dem man über ein bedingungsloses Grundeinkommen von monatlich zweitausendfünfhundert Franken abstimmte. Zwar scheiterte das Referendum am 5. Juni 2016 – achtundsiebzig Prozent derer, die abgestimmt hatten, waren dagegen. Doch wäre ein solcher Volksentscheid vor fünf oder zehn Jahren überhaupt denkbar gewesen? Und wer sagt, dass es nicht ein zweites Referendum geben wird, bei dem das Ergebnis ganz anders ausfällt?

1959 sprach sich der Großteil der männlichen Bevölkerung

in der Schweiz gegen eine bizarre Idee aus: Frauen zu Wahlen zulassen? Stellen Sie sich das bitte mal vor! Erst in einem zweiten Volksentscheid im Jahr 1971 entschied eine Mehrheit, dass Frauen künftig abstimmen dürften. So heißt es in dem als bürokratisch verschrienen Land womöglich einmal mehr: Nach dem Referendum ist vor dem Referendum.

Dass das bedingungslose Grundeinkommen umgesetzt werden wird, davon ist Götz Werner fest überzeugt. «Die Realität der Zukunft ist die Utopie von heute», predigt er fast schon gebetsmühlenartig. Ergo ist die Realität, das Hier und Jetzt, die Utopie von gestern. Der Dreiundsiebzigjährige möchte die Welt humaner, gerechter machen. Armut lässt keine Verschnaufpause zu. Befürworter des bedingungslosen Grundeinkommens führen das vernünftige Handeln der Masse ins Feld, jedes Individuum zählt. Menschen, die dieses System ausnutzen und sich dem Nichtstun hingeben, würden, da sind sich die Verfechter ganz sicher, in der Minderheit bleiben. Ihr Konzept bildet die Antithese zum evolutionstheoretischen «Survival of the fittest», bei dem nur die am besten Angepassten überleben, was nicht sonderlich sozial sein kann. Wer Vertrauen erfährt, möchte der Gesellschaft etwas zurückgeben. Das hätte so oder so ähnlich im Programm von Schlingensiefs Chance 2000 stehen können.

Für Götz Werner ist klar, dass sich ohnehin jeder die Frage nach dem Sinn unseres Seins stellt. Wenn der Existenzdruck schwindet, ist niemand mehr gezwungen, einen Job zu ergreifen; unangenehme Aufgaben müssten dann attraktiver gestaltet werden. Die neue Freiheit hätte viele Vorteile: Es würde wahrscheinlich mehr soziale Arbeit und Kunst geben, der «Fortentwicklung unserer Kultur», wie Werner in einem Interview sagte, würde mehr Aufmerksamkeit geschenkt werden.

So sieht die Vision eines Menschen aus, für den Geld kaum mehr als buntbedruckte Zettel mit kleinen Zahlen darauf sein könnte.

Fortschritt bedeutet nicht selten auch wirtschaftlichen Wohlstand. In diesem noch jungen Jahrhundert wird es neue Ansätze brauchen, um unsere Lebensqualität zu halten. Die Entkopplung von Job und Einkommen ist längst im Gange: Arbeitsleistung und Entlohnung driften immer weiter auseinander. Doch könnte ein bedingungsloses Grundeinkommen überhaupt finanziert werden? Unterschiedlichste Modelle sollen nachweisen, das es möglich wäre; nicht weniger zahlreich sind die Einwände der Widersacher. Die Freiheit, auch mal nur sein zu dürfen und Entscheidungen eigenverantwortlicher zu fällen, muss behutsam erlernt, das Dasein mit neuem Sinn und neuen Inhalten gefüllt werden. Dass es das bedingungslose Grundeinkommen noch nicht gibt, hängt vielleicht damit zusammen, dass wir als Gesellschaft noch nicht daran glauben. Solange sich dies nicht ändert, würde es vermutlich nicht funktionieren.

«Er ist der Arzt, der sich um Christoph Schlingensief gekümmert hat.» Dieser Satz, den der PR-Mensch des Goetheanums eher beiläufig fallenlässt, bringt mich auf Dr. Christian Grah. Genau wie der Regisseur ist er Jahrgang 1960, er hat den Kriegsdienst verweigert und an der Freien Waldorfschule in Frankfurt am Main sein Abitur gemacht.

«Auf einer normalen Schule wäre ich gnadenlos sitzengeblieben, ich wäre der absolute Schulversager gewesen», meint Grah, der heute das Lungenkrebszentrum der Klinik Havelhöhe am Rande der Hauptstadt leitet.

«Havelhöhe und diesen Dr. Grah dort» sei die absolut richtige Wahl gewesen, schreibt Schlingensief in seinem Tagebuch. Sein bis dato behandelnder Arzt, Professor Kaiser in Zehlendorf, empfahl ihm im März 2008, die Chemotherapie bei Grah anzugehen. «Das sei schulmedizinisch voll auf der Höhe und Grah ein erfahrener Arzt (…). Und diese anthroposophische Medizin sei grundsätzlich eine gute Sache, weil der einzelne Patient da stärker im Mittelpunkt stehe.»

Doch: Ein Krankenhaus ist ein Krankenhaus ist ein Krankenhaus. Auch im Klinikum Havelhöhe tanzt kein Pfleger über die Flure. Der Doktor mit den raspelkurzen Haaren und den wachsamen Augen schätzt, dass mehr als achtzig Prozent seiner Patienten noch nicht einmal wissen, dass sie in einer anthroposophischen Einrichtung behandelt werden. Ich merke es selbst ebenso wenig und fühle mich schnell sagenhaft schlecht. Das geht mir in Kliniken fast immer so. Selbst als Besucher mag ich nur äußerst ungern an einen Ort wie diesen kommen, an dem man zwar heilt und hilft, an dem aber auch Leid und Schmerz präsent sind.

Im kalten Neonlicht erwachen, den Geruch von Desinfektionsmittel in der Nase, jedes Mal dieselben düsteren Gedanken hinter der Stirn, denen ich schonungslos ausgeliefert bin. Ich fühle mich wie ein Hypochonder. Am Ende habe ich bestimmt auch bald Krebs, dafür braucht es nicht viel. Der kaputteste Song von Nine Inch Nails wirkt dagegen wie eine liebliche Ode ans Leben. Scheiß-Krebs. Fängt man erst mal an zu googeln, weiß man schon beim ersten Unwohlsein, dass man garantiert Krebs hat. Dabei ist es vielleicht nur ein grippaler Infekt.

Jetzt warte ich also vor Dr. Grahs Büro, unter meinen Füßen blaues PVC, die chemische Duftkeule macht alles nur noch intensiver, und über der Tür lese ich «Pneumologie und Lungenkrebszentrum». Was ich tun würde, wenn ich tatsächlich selbst

238

betroffen wäre? Den Verstand verlieren und mich aufgeben oder erst recht noch mal aus dem Vollen schöpfen, mir die absurdesten Träume erfüllen? In der Regel verbringen Krebskranke die ihnen verbleibende Zeit mit der Familie und Freunden. Manche erfüllen sich wirklich einen letzten Traum, reisen vielleicht an einen Ort, den sie schon immer mal besuchen wollten. Machen etwas, von dem sich zehren lässt, wenn sie die ganze Scheiße mit voller Breitseite trifft. Doch meistens kommt es gar nicht mehr dazu. Sobald erst einmal die waagerechte Position eingenommen ist, sind die Möglichkeiten beschränkt.

Noch etwas verändern, etwas erschaffen, das wollen wahrscheinlich einige. Doch kaum jemand hat noch die Kraft, es am Ende richtig anzugehen. Schlingensief war da anders, er hatte einen Sehnsuchtsort. Nur konnte er den nicht mal eben besuchen; er musste ihn erst zum Leben erwecken. Als man Anfang 2008 Lungenkrebs diagnostizierte, ihm daraufhin einen Lungenflügel entfernte und Chemo und Bestrahlung Teil seines Alltags wurden, wählte er das Reisen, die Aktion, anstatt in Lethargie zu verfallen.

Vielleicht hat er genau wie ich auf diesem Holzstuhl mit bordeauxfarbenen Polstern gewartet, vielleicht hat er sich sogar ähnliche Gedanken gemacht. Wie er mit der Erkrankung umging, lässt sich in seinem Buch «So schön wie hier kanns im Himmel gar nicht sein!» nachlesen. Es ist das Tagebuch eines Sterbenden, der den Glauben an die Menschen, das Leben und die Autonomie nie aufgegeben hat. Den schleichenden Verlust seiner Freiheit nahm er einfach nicht hin. Und er erlebte paradoxerweise gerade in der Zeit, als seine Unfreiheit immer offener zutage trat, wie sich echte Freiheit anfühlt.

«Ich sage euch: Man muss noch Chaos in sich haben, um einen tanzenden Stern gebären zu können. Ich sage euch: Ihr habt noch Chaos in euch.» Auf kaum einen trifft diese Aussage Friedrich Nietzsches besser zu als auf den sich der Ohnmacht verweigernden Schlingensief.

Also initiierte er den Bau eines Operndorfs, nicht irgendwo in Europa, sondern mitten im bettelarmen Burkina Faso. Schlingensiefs letzter großer Traum: in der Steppe nahe der Millionenstadt Ouagadougou einen Ort zu schaffen, an dem sich Menschen unterschiedlichster Herkunft kreativ betätigen und sich auf diese Weise näherkommen können. Als Wahnsinnsprojekt wurde es beschrieben – und Wahnsinn ist ja bekanntlich facettenreich, mal wunderbar, mal ziemlich krank. Kulturkolonialismus werde da betreiben, ätzten manche. Schlingensief sei genauso ein Exzentriker wie der besessene Träumer Fitzcarraldo, der in Werner Herzogs gleichnamigem Film von dem Egomanen Klaus Kinski gespielt wird. Fitzcarraldo wagt das Unmögliche und lässt einen Flussdampfer über einen Bergkamm ziehen, um im peruanischen Dschungel ein Opernhaus zu errichten. Natürlich muss dieser größenwahnsinnige Plan scheitern, und doch kommt es am Ende zu einer Aufführung – wenn auch, anders als erträumt, nur an Deck des Schiffes.

Im Gegensatz zu Herzogs Film und zu Bayreuths Hügel, auf dem Schlingensief von 2004 bis 2007 im Rahmen der Wagner-Festspiele den «Parsifal» inszenierte, sollte das Dorf in Burkina Faso dauerhaft bestehen bleiben und im täglichen Leben der Menschen einen Platz finden. Ich selbst war einmal bei den Bayreuther Festspielen, wo sich im Sommer für kurze Zeit die vermeintliche Spitze unserer Gesellschaft trifft. Nicht als Besucher mit Eintrittskarte hatte es mich dorthin verschlagen, ich war für eine Reportage gekommen. Einen Nachmittag lang beobachtete ich das Gelände rund um das Opernhaus, bevor sich die Türen öffneten und die Bläser zum Einlass spielten. Bayreuth ist in diesen Tagen der Schöngeisterei und des Ausharrens auf harten Holzmöbeln unendlich weit von Afrika entfernt. Die Richard-Wagner-Büste in der Nähe des Konzerthauses erinnert daran, warum alle an diesen Ort pilgern. Schlingensief plante kein Denkmal, sein Wille war, etwas Lebendiges zu schaffen, etwas, das eine Zukunft hat, eine Arche des Lebens: «Und dann habe ich versprochen, dass ich eine Kirche, eine Schule, ein Krankenhaus und ein Theater, ein Opernhaus, in Afrika bauen werde, wenn das hier gut ausgeht. Das habe ich wirklich als Gelübde am Grab meines Vaters abgelegt», berichtet der Künstler in seinem Buch.

Im Februar 2010 wurde der Grundstein für das Dorf gelegt, Schlingensief war dabei. Außerdem einige Medienvertreter, auch wenn es weniger waren als damals am Wolfgangsee. Sechs Monate später starb Christoph Schlingensief.

Die Witwe des Künstlers Aino Laberenz führte das Erbe fort. So nahm Schlingensiefs Utopie über seinen Tod hinaus Gestalt an. Noch heute gedeiht sie. Schirmherr Horst Köhler, Bundespräsident a. D., sagte im September 2013: «Das Operndorf ist ein Projekt, das Hoffnung weckt – Hoffnung darauf, dass es ein Verhältnis zwischen Europa und Afrika geben kann, welches auf Gegenseitigkeit und nicht auf Dominanz beruht. Hoffnung darauf, dass Kultur zur Entwicklung von Kindern und der Entwicklung eines Landes beitragen kann. Das Operndorf ist ein Hoffnungsdorf.»

Ein Haus, das den Geist von Joseph Beuys atmet, schwebte Schlingensief vor. Eine «soziale Plastik», ein Gebäude im Sinne des «erweiterten Kunstbegriffs». In ihm sollten alle Künste miteinander verschmelzen. Es sollte ein Raum sein, an dem

Menschen zusammenkommen. Wie für Beuys, der Anfang der siebziger Jahre der anthroposophischen Gesellschaft beigetreten war, konnte auch für Schlingensief jeder ein Künstler sein.

«Ich will etwas bauen, wo andere Währungen geschaffen werden können, zusammen mit Leuten, die nicht an der Gelddruckmaschine stehen», heißt es in den Aufzeichnungen Schlingensiefs. Die Bühne verstand er als eine Art Transformationskasten, in dem die verschiedenen Kulturen, die im Operndorf zusammenfinden sollten, «neue Währungen im System erzeugen. Dadurch, dass sich jemand anmaßt, etwas aus Afrika zu präsentieren, entstehen vielleicht diese Überblendungswährungen.»

Nicht zuletzt weil es als die Wiege der Menschheit gilt, war Afrika der perfekte Ort für seine Vision. Er, der Kranke, wollte etwas Gesundes hervorbringen, wo das Leid aufgrund der jahrhundertelangen Ausbeutung durch weiße Kolonialherren tief verankert ist. Aber Schlingensief dachte nicht daran, als «Weißnase», wie er selbst sagte, den Entwicklungshelfer zu spielen und mit einem fertigen Plan und Ingenieuren aus Europa in Burkina Faso aufzuschlagen. Von vornherein war ihm klar, dass seine Idee Hilfe und Hoffnung bedeuten musste, um andere dazu anzuregen, sich kreativ einzubringen.

«Wir werden keine Leute erlösen, weder hier in Europa noch in Burkina Faso. Wer an Erlösung glaubt, soll in eine Partei eintreten.» Schlingensief begriff das Scheitern stets als Chance, und den radikalen, bedingungslosen Geist des Aufbruchs, den der gebürtige Oberhausener meinte, als er Beuys' erweiterten Kunstbegriff aufgriff, pflanzte er in Afrika. In einem der zahlreichen Interviews, die er zum Operndorf gegeben hat, als er schon deutlich von der Krankheit gezeichnet war, blickte er auf das eigene Schaffen zurück und formulierte eine Art vorweggenommenen Nachruf; über seine Arbeit sprach er da bereits im Perfekt. Seine Person war beinahe schon durchsichtig und zur Geschichte geworden, doch diesen einen Traum galt es noch einzulösen. Denn dass das Leben aus dem Unvollendeten entstanden sei, schließe nicht aus, einen hohen Grad an Vollendung anzustreben. Vor allem in Afrika. Das Modell des Festspielhauses in Burkina Faso entwarf ein Kollektiv. Es sollte die Form eines Schneckenhauses haben, kein geometrisch astreiner Kreis, sondern organisch und aus den vor Ort verfügbaren Materialen hergestellt. Jahre später sollte das Festspielhaus das Herz des Operndorfs werden.

«Diese Idee ist sicher noch nicht ausgereift, ist vielleicht genauso verrückt wie alles andere. Aber verrückt ist der falsche Ausdruck ... Ich finde nicht, dass meine Sachen verrückt sind. Ich darf mich dafür gerne haben, was ich mache. Und dieser Gedanke an das Opernhaus in Afrika ist eben ein Bild, das mich zum Denken bringt. Was das genau ist und was sich da genau abspielt, spielt gar keine große Rolle. Genau wie bei so einem Tumor. Das Bild und der Tumor sind jetzt einfach da, und sie sind erst mal der Grund, mehr nachzudenken als sonst. Und anders zu denken und genauer zu denken.»

Das Operndorf sah sein Schöpfer auf drei Säulen stehen: Bildung, Gesundheit und Kultur sollten die Vision tragen. In der ersten Bauphase wurden sechzehn Gebäude realisiert, darunter eine Kantine, Räumlichkeiten für Lehrer und eine Grundschule. Dreihundert Schüler werden seit Oktober 2011 dort unterrichtet. Musik ist Teil des Lehrplans, es gibt einen Filmvorführraum und ein Tonstudio. Im zweiten Bauabschnitt entstand die Krankenstation samt Ambulanz, Apotheke, Geburtsstation und Zahnklinik. Diese Einrichtungen, die für die Menschen im Dorf möglicherweise am wichtigsten sind, nahmen im April 2014 den Betrieb auf. In einem Interview nach dem Operndorf gefragt, antwortete eine Frau aus der Region: «Oper? Nie gehört, ich weiß nur, was eine Operation ist, und so etwas bräuchten wir hier.» Doch auch daran hatte Schlingensief gedacht: Ärzte aus dem Land kümmern sich, von der burkinischen Regierung finanziert, um ihr Volk. Die Krankenstation ging nach der Fertigstellung in die Trägerschaft des Landes Burkina Faso über.

Im letzten Schritt, der sich noch in Planung befindet, soll das Festspielhaus als Stätte der Zusammenkunft und des interkulturellen Austauschs die Vision des verstorbenen Regisseurs komplettieren. In der Mitte des Areals wird dann stehen, was für den Künstler der Kern seiner Idee war: der Festsaal. Drum herum sollen zwischen der Schule, dem Krankenhaus und den bereits gebauten Einrichtungen Ateliers und Proberäume entstehen. Kunst und Leben können eins werden.

Schlingensiefs verrückter Traum ist also noch nicht ganz Wirklichkeit geworden, doch viel von dem, was er während seines öffentlichen Sterbens entwarf, wurde in Burkina Faso umgesetzt. Christoph Schlingensief verstand es, mit schockierenden und subversiven Ideen für Aufsehen zu sorgen, ob am Wolfgangsee oder in Afrika. Seine Vorhaben waren dann meist weniger radikal, im Gegensatz zu den provokanten Aktionen wirkten sie beinahe vernünftig, logisch, folgerichtig.

Kaum habe ich das Büro von Christian Grah betreten, ist der ganze Krebs-Brainfuck schon vergessen. Nicht weil der Raum so anders wäre, es liegt an dem Arzt: ein Mensch, der den Blickkontakt sucht, dem Gegenüber seine volle Aufmerksamkeit schenkt und dabei etwas vollkommen Positives ausstrahlt. Diese Eigenschaft bringe ich sonst eher nicht mit Ärzten in

Verbindung. Sofort würde ich ihm mein Herz ausschütten, doch deshalb bin ich nicht gekommen. Grahs ehemaliger Patient mit den strubbeligen Haaren hat über ihn geschrieben: «Der Arzt ist trotz anthroposophischer Orientierung sehr klar und sachlich, hat vor allem überhaupt keinen Druck wegen der Chemo ausgeübt und meinte, ich soll ruhig noch ein bisschen zu Kräften kommen.»

Das Klinikum Havelhöhe entstand Mitte des 19. Jahrhunderts in Spandau, über die Jahre wurde es erweitert und umgestaltet. Von dem anthroposophischen Architekturkonzept fehlt dem Komplex mit seinen Ecken, noch mehr Ecken und rechten Winkeln so ziemlich alles. Nichts davon erinnert mich an das Goetheanum in Dornach. «Die Klinik ist in einer alten Kaserne untergebracht, da muss man sich erst dran gewöhnen, aber die Leute sind alle sehr nett», notierte Schlingensief nach seinem ersten Tag in Havelhöhe. Das Gebäude mit Grahs Büro, in dem ich nun sitze, wurde 1934 von den Nazis errichtet: scharfe, gerade Linien, wohin ich nur schaue, mehr Speer als Steiner. In einem Bunker, der während des Zweiten Weltkriegs entstand, werden heute Strahlentherapien durchgeführt.

Als ich den Arzt auf den harten Kontrast zwischen der Architektur und der antroposophischen Idee hinweise, widerspricht er mir. Zwar hätte Rudolf Steiner, wäre es nach ihm gegangen, sicher andere Räumlichkeiten entworfen, da stimme er mir zu, aber die Vision des Anthroposophen sei in diesen Mauern dennoch verwirklicht.

«Die Mysterien finden im Hauptbahnhof statt, um es mit Beuys zu sagen – und für mich ist das hier ein Mysterienort. Hitler ist hier gewesen, und direkt nebenan, auf dem Flugplatz Gatow, standen die Maschinen aller anderen Schwergewichte der Nazikultur. Dass wir heute gerade in dieser ehemaligen

Hochburg der Nazis einen spirituellen Impuls setzen und – ich sage das jetzt mal ganz unbescheiden – die Medizin der Zukunft entwickeln ...»

Grah räuspert sich, er denkt nach. Dass Steiner rassistische Ressentiments unterstellt werden, ist allgemein bekannt. Aber der Arzt will weiter über Medizin sprechen. Der anthroposophische Ansatz zeige sich vor allem im Umgang mit dem Patienten, dieser werde hier wirklich als Individuum betrachtet und nicht, wie in vielen anderen Krankenhäusern, als Renditeobjekt.

Das geflügelte Wort von Beuys, das gern als Aufforderung gedeutet wird, neue Räume zu erschließen, geht eigentlich noch weiter: «Die Mysterien finden im Hauptbahnhof statt, nicht im Goetheanum.» Beuys hat diesen Satz in einem im Juni 1984 erschienenen Interview mit dem «Spiegel» gesagt. Daraufhin kritisierte ihn sein Gegenüber: Er selbst, Beuys, werde doch dem darin formulierten Anspruch einer zugänglichen, im Leben stehenden Kunst gar nicht gerecht, weil seine «Utopie einer wiedergewonnenen Einheit von Natur und Mensch, von Denken, Fühlen und Handeln» am allerwenigsten bei denen ankomme, für die sie bestimmt sei.

Christoph Schlingensief hätte man in Bezug auf sein Operndorf Ähnliches entgegenhalten können: Hatte er, der er aus einem Land des Überflusses stammt, nicht gut reden, und war es nicht geradezu dekadent, über Utopien zu schwadronieren, während die Menschen in Burkina Faso sich mit ganz anderen Sorgen herumschlagen mussten? Wären Investitionen in Straßen oder den Zugang zu sauberem Trinkwasser in einem der ärmsten Länder der Welt nicht hilfreicher gewesen als ein Festspielhaus? Diese Fragen zu diskutieren ist gewiss angebracht. Und doch entwerten sie Schlingensiefs Vision nicht. Eine Utopie muss radikal bleiben, sonst ist sie nicht mehr als ein nett gemeinter Vorschlag.

In diesem Sinne korrigierte auch Beuys den Journalisten des «Spiegel»: «Es handelt sich eigentlich darum, das Unmögliche möglich zu machen. Das reißt die Leute letztendlich aus den Sesseln.»

Christian Grah fordert mich schließlich auf, mich einmal umzudrehen. An der Wand hinter mir hängt ein gerahmtes Poster, das eine von oben herabbaumelnde brennende Glühbirne zeigt. In der unteren Ecke des abgebildeten Raumes ist eine Art Fettspender zu sehen, ein Haufen gallertartiger Masse, der wohl den Mutterboden des menschlichen Seins verkörpern soll. An der Decke klebt ein Hase, ein weiterer Verweis auf Beuys. Schlingensief muss in dem Leiter des Lungenkrebszentrums in mancher Hinsicht einen Verbündeten gefunden haben, einige Sätze in seinem Tagebuch lassen vergessen, dass hier ein Patient mit seinem Arzt spricht: «Dann kam noch mal Dr. Grah vorbei, und wir haben bestimmt eine Stunde miteinander geredet. Das war sehr nett, auch weil er sich ein bisschen mit Beuys und seinen Gedanken auskennt.»

Mein Blick fällt auf zwei Sätze, die in der Mitte des Plakats stehen: «Die Flucht des Hasen aus dem Fett entspricht im erweiterten Krankheitsbegriff der Flucht des Kranken aus den Armen der Schulmedizin! Allerdings nur ab dem Zeitpunkt, wo der Angsthase die Verantwortung für sich selbst übernimmt ...»

Schweigend betrachten der Arzt und ich Schlingensiefs Bild. Es war ein Geschenk an das Krankenhaus, auch an Grah selbst, der schließlich die Stille durchbricht: «Meine Utopie finde ich darin sehr gut wieder. Was will die Medizin eigentlich außerhalb der konventionellen Medizin?»

Christoph Schlingensief war kein Anthroposoph. Aber er war jemand, der sich hemmungslos für Spinnereien begeistern konnte, der sich wie Beuys auf das Unmögliche einzustellen vermochte und keine Angst davor hatte, mit einer Vision zu scheitern. Er war einer, der nicht resistent gegen Utopien wurde in unserer ach so abgeklärten Welt, die oft nur zynisch auf diejenigen zu reagieren weiß, die weiter hoffen und es wagen, von mehr als einer schönen Wohnung oder einer gesunden Familie zu träumen.

Christian Grah meint, dem Schöpfer des Operndorfs sei es gelungen, Zukunft als etwas Offenes zu begreifen. Er habe ein Gespür für die brennenden Fragen unserer Gegenwart besessen und das Vermögen, sie für andere, deren Zeit noch nicht gekommen war, zu filtern. «Er hatte einen hohen Grad an Wachheit», schwärmt der Arzt.

Sein Leiden hat den Künstler selbst zum Gegenstand seiner Kunst gemacht; er verwendete dafür den Begriff der «Leid-Währung». Noch so ein Verweis auf Joseph Beuys. Als Kranker entdeckte Schlingensief seine eigene Sensibilität neu, als hätte er und mit ihm jeder Mensch von Geburt an Antennen mitbekommen, die im Laufe eines Lebens mehr und mehr verkümmern, weil wir das Gefühl für sie verlieren oder sie stummschalten. Aufgrund seiner Krankheit fingen Schlingensiefs Antennen erst wieder so richtig an zu funken. Angetrieben durch diese Impulse, baute er dann, obwohl zum Sterben verdammt, an der Gesellschaft mit. Letztlich war es also die «Leid-Währung», die den Regisseur nach Afrika geführt hat. Was wie ein fiebriger Traum klingt, ist doch die Geschichte der Hoffnung eines Einzelnen, der keine Furcht vorm Scheitern hatte und dem an der Zukunft viel gelegen haben muss.

DER TRAUM VON FREIHEIT
Sehnsucht ohne Ort (Teheran)

Ich sehe eine dunkle Seitenstraße in Teheran, biege ab und folge ihr. Das Handy hilft bei der Navigation nicht weiter, zum ersten Mal seit Beginn des Smartphone-Zeitalters befinde ich mich in einem Land, in dem mein Anbieter keinen Vertragspartner hat. Kein LTE, kein 3G, sogar Telefonate sind mit dem Ding gerade nicht möglich. Aber damit hätte ich eigentlich rechnen können. Weder meine Visa- noch meine EC-Karte funktionieren hier, und so trage ich mehrere hundert Euro cash mit mir herum – für alle Fälle.

Irgendwo in dieser Richtung müsste sich mein Hotel befinden. Aufgrund mangelnder Konkurrenz darf es sich mit drei Sternen schmücken und berechnet direkt fünf. In dieser brutal heißen Juninacht riecht es in der kleinen Straße mal nicht nach Müll, sondern ganz klar nach Dope. Etwas, das es in diesem Land eigentlich nicht geben darf, denn die Islamische Republik Iran verfolgt eine strikte Null-Toleranz-Politik in puncto Drogen und Alkohol. Ob hart oder weich, alles ist verboten. Gerät man an den Falschen, kann einen schon die Frage nach einem harmlosen Bier in Schwierigkeiten bringen. Über Drogen sollte man gar nicht erst nachdenken und sie definitiv nie auf der Straße konsumieren. Das iranische Anti-Betäubungsmittel-Gesetz fordert für mehr als ein Dutzend drogenbezogene Tatbestände die Todesstrafe. Dass das Land gemessen an der Bevölkerungsstärke dennoch so viele Abhängige zählt wie nur wenige andere Nationen (rund 1,2 Millionen, neunzig Prozent davon sind Männer), unterstreicht, dass selbst die heftigsten Strafen bei Betroffenen kaum Eindruck machen. Dem UN-Drogenbericht lässt sich für den Iran die gigantische Zahl von knapp dreitausend Drogentoten pro Jahr entnehmen – in Deutschland sind es nicht einmal halb so viele bei einer vergleichbaren Bevölkerungszahl.

Auch vermeintliche Bagatellfälle können ernstzunehmende Folgen haben. Der Fastenmonat hat gerade begonnen. Immer wieder muss ich an einen Vorfall in der Stadt Kermānschāh im Westen des Landes denken, über den ich dummerweise vor meiner Abreise gelesen habe. Ein Richter beschloss dort, dass fünf Männer, die sich nicht an das Fastengebot hielten, mit siebzig Peitschenhieben zu büßen hätten. Die Strafe wurde auf einem öffentlichen Platz der Stadt vollstreckt. Einem iranischen Christen, so eine weitere Meldung, drohte für sein Vergehen – auch er hatte während des Fastenmonats vor Sonnenuntergang gegessen – das Verbrennen der Lippen mit Zigaretten. Vor ein paar Tagen mailte mir ein Freund: «Na, bist du noch am Hungern, oder verheilen die Narben auf deinem Rücken schon?» Ich fand den Gag irgendwie nicht so richtig witzig, denn der ganze Scheiß fühlt sich viel zu real an.

Noch immer habe ich den Dopegeruch in der Nase. Im Lichtkegel einer Straßenlampe steht da dieser junge Typ in Stonewashed-Jeans mit Löchern an den Knien, engem T-Shirt und Undercut-Frisur. Daneben eine Frau: eleganter gekleidet, High

Heels und ein blauer Hidschab, der wie ein modisches Accessoire wirkt. Frauen im Iran müssen ihr Haupt in der Öffentlichkeit bedecken, immer und überall. Steigt man in ein Flugzeug, um das Land zu verlassen, kann man etwas Bemerkenswertes beobachten: Fast alle lüften ihr Kopftuch, sobald die Maschine von der Startbahn abgehoben ist – grenzenlose Freiheit über den Wolken? Das luftige Tuch der jungen Frau vor mir verhüllt jedenfalls kaum etwas. Eine blondgefärbte Strähne hängt in ihr hübsches Gesicht, zwischen den knallrot bemalten Lippen glüht eine Tüte auf. Sie bläst eine beachtliche Wolke in meine Richtung.

Ich muss grinsen, wir nicken uns zu. Nur langsam realisiere ich, was ich sehe. Was, wenn ausgerechnet jetzt und hier mal wieder ganz plötzlich ein Gesetzeshüter aufkreuzt? Bisher wurden an jedem Tag der Reise meine Papiere kontrolliert, meist rund um die Bahnhöfe, aber auch in anderen Gegenden. Dabei konsumierte nie jemand neben mir irgendwelche Drogen. Sofort denke ich an drakonische Strafen, die Islamische Republik fackelt bekanntlich nicht lange. Journalisten, selbst wenn sie gerade Urlaub machen, mag die Regierung ungefähr so gern wie den Staat Israel. Mein Wort würde hier kaum etwas zählen, so viel ist sicher. Ich stelle mir vor, wie es sich anfühlen muss, wenn bei Peitschenschlägen die Haut am Rücken aufplatzt. Und mir wird klar, worin das System ganz hervorragend ist: im Spiel mit der Angst in den Köpfen der Menschen. Lässt man sich davon vereinnahmen, hat man direkt verloren. Bewahrt man sich den Mut, raucht man vielleicht doch mal ein bisschen Gras und träumt. So wie das junge Paar im Laternenlicht. Frei sein für einen Moment. Ich atme durch und komme runter.

Was es bedeutet, frei zu sein, weiß jemand, der in Freiheit aufgewachsen ist, oft kaum mehr zu schätzen. Oder eben erst dann, wenn diese Freiheit ernsthaft bedroht ist. Momente, wie ich sie im Iran erlebt habe, sensibilisieren zwar, doch wie nachhaltig sind solche Erfahrungen, und was lässt sich daraus für die Zukunft ableiten? Sicherlich sind Demokratie und Freiheit zwei der höchsten Ideale und Errungenschaften unserer westlichen Gesellschaft. Dennoch wirkt diese Freiheit irgendwie leer, weil sie uns für alle Zeit gegeben scheint, ohne dass wir selbst etwas dazu beigetragen hätten. Was gratis und ohne Aufwand zu haben ist, kann ja nicht allzu wertvoll sein. Ein Irrglaube in einer durchökonomisierten Welt, in der das Prinzip von Angebot und Nachfrage ethische Erwägungen zu ersetzen droht. Das alles färbt auch auf unseren Umgang mit Visionen ab. Das «Reich der Notwendigkeit» steht über dem «Reich der Freiheit», um Marx ins Spiel zu bringen. Thomas Morus war in «Utopia» vor fünfhundert Jahren weiter, Wirtschaft und Devisen spielten eine untergeordnete Rolle in seinem Idealstaat. Woher sollten Träume heute ihre wirklichkeitsverändernde Kraft beziehen? Und warum mangelt es an den ganz großen Utopien?

Wer nicht frei ist, sehnt sich nach einem gänzlich anderen System, das Freiheit bringt. Viele der Menschen, denen ich in Isfahan, Ghom, Kaschan oder auch in Teheran begegnet bin, wünschten sich ein autonomes Leben. Sie wollten reisen ohne jede Einschränkung, phantasieren und Phantasien verwirklichen, sich kleiden, wie es ihnen gefällt, lieben, wie und wen sie möchten, und sie wollten das auch öffentlich zeigen. Sie wollten über Alternativen reden, ohne Angst haben zu müssen, weggesperrt oder auf andere Weise bestraft zu werden, sie wollten Entscheidungen treffen und diese Entscheidungen konsequent leben. Um die Perspektive einmal umzukehren:

Zigtausende Menschen in Deutschland leben eine Utopie, von der ganz bestimmt nicht weniger Menschen an anderen Orten der Welt träumen.

Wir sollten nicht länger darauf warten, dass uns Politiker, Lehrer, Therapeuten oder sonst irgendjemand Lösungen für unsere drängendsten Probleme servieren. Verstehen wir die Hoffnungen der Menschen, von denen ich in diesem Buch erzähle, als Impuls zur Veränderung. Vielleicht machen sie uns Mut, selbst zu handeln. Die Freiheit, die Utopie zu wagen, besitzen wir bereits.

DANK

Ich danke dem Team des Rowohlt · Berlin Verlags. Besonders meinem Lektor Frank Pöhlmann. Seine Anmerkungen haben mir sehr geholfen und das Buch zu einem runderen, besseren gemacht.

Für den ganzen Lesereisewahnsinn, der war und kommt: Ertu Eren von Tom Produkt in Hamburg, merci.

Natürlich meiner Familie und den besten Freunden in Berlin, Köln und dem Bergischen Land.

Und ich danke ausdrücklich all denen, die den Versuch wagen, ihre Träume zu verwirklichen, und mir davon so viel erzählt und gezeigt haben.